不可不知的美国常识

中国華僑出版社

图书在版编目（CIP）数据

不可不知的美国常识 / 左岸编著. —北京：中国华侨出版社，2015. 11

ISBN 978-7-5113-5801-1

Ⅰ. ①不… Ⅱ. ①左… Ⅲ. ①美国—概况 Ⅳ. ①K971. 2

中国版本图书馆 CIP 数据核字（2015）第 286622 号

不可不知的美国常识

编　　著 / 左　岸
策划编辑 / 周耿茜
责任编辑 / 文　喆
责任校对 / 志　刚
封面设计 / 一个人 · 设计
经　　销 / 新华书店
开　　本 / 710 毫米×1000 毫米　1/16　印张 /20　字数 /295 千字
印　　刷 / 北京中印联印务有限公司
版　　次 / 2016 年 2 月第 1 版　2016 年 2 月第 1 次印刷
书　　号 / ISBN 978-7-5113-5801-1
定　　价 / 39. 80 元

中国华侨出版社　北京市朝阳区静安里 26 号通成达大厦 3 层　邮编：100028
法律顾问：陈鹰律师事务所
编辑部：（010）64443056　64443979
发行部：（010）64443051　传真：（010）64439708
网　址：www. oveaschin. com
E-mail：oveaschin@sina. com

前　言

随着现代科技的快速发展，国与国之间的联系越来越密切，特别是一些发达国家，更能够引起人们的关注。所以，美国在世界范围内，关注度一直居高不下。走进美国、了解美国、认识真实的美国是许多人的梦想。那么，除了高度发达的物质文明外，美国还有哪些吸引人的地方呢？回答这样的问题，要涉及到美国的方方面面。正因为这个国家高度发达，它的方方面面均具有无穷的魅力。

我们常说，要想了解一个人，最好先了解他的过去。对于一个国家也不例外。美国从诞生到现在，不过才 200 多年的历史，在人类的发展史中短暂如眨眼的工夫。然而，正是在这短暂的 200 多年时间里，美国人民创造了许多伟大的奇迹，谱写了许多华丽的篇章。美国之所以能成为世界强国，这与它的教育体制和教育理念有很大的关系。在教育方面，美国更是具有与其他国家不同的教育理念。美国制定了初等、中等和高等三级制的教育制度，并对其进行了分类管理。而大学的管理制度更是具有多样化等特点，使学生们能够对自己喜爱的专业进行自主选择，给予了孩子们充分自主选择的权力。现在，美国教育一直吸引着世界各地的学子纷至沓来，学习相关的知识和技术。一个国家即便再强大，但它自身所具有的一些风俗习惯，自始至终会流淌在每一个国民的血液中。美国虽然是一个多元文化并存的国家，同样有自己的风俗习惯。这些风俗习惯的形成，是多种文化融合的产物，它们并非短期形成，而是经历了一个漫长的过程。在美国，有些风俗习惯有时可能会颠覆我们对某些风俗习惯的认知，同样有些则让我们觉得似曾相识。了解一些美国的风俗习惯，可以让我们增长见识，为日后或即将前往美国做好铺垫。去美国，观光旅游是必做的一件事情，从自由女神像到黄石公园，美国的景色可谓美不胜收，让每一位到访者流连忘返，在赞美自然景观神奇的同时也为人文景观竖起大拇指。所以，自然人文景观是美国生命的一部分，缺少这一道风景，美国就失去了应有的魅力。

总之，本书从地理、历史、政治、教育、自然人文景观、文化艺术等方面介绍一些美国常识性的知识，让读者对美国有一个全面的了解，成为一名真正的“美国通”。相信读者阅读本书后，收获的不仅仅是对美国的认识，更重要的是能够提升我们远眺的目光，开阔我们的视野，增长我们的见识，因为世界本身就是一本书。

目录

生活篇：五彩斑斓的每一天

美国传统的一日三餐吃什么 / 002
省时和廉价的快餐食品 / 003
在美国用餐如何给小费 / 003
如何在美国住店 / 004
如何在美国租房 / 005
租房押金有何作用与如何退还 / 006
在美国要学会上酒吧 / 007
随处可见的咖啡馆 / 008
各种各样的超市 / 009
庭院销售和跳蚤市场有哪些作用 / 010
如何在美国购买二手车 / 011
如何给汽车买保险 / 012
如何避免交通事故 / 012
发生交通事故如何处理现场 / 013
发生车祸时不要用武力阻止对方离开 / 015
发生车祸后有哪几种理赔方式 / 016

什么情况下会被吊销驾驶执照 / 018
如何乘坐美国航班 / 019
如何进行健身运动 / 021
如何在美国找工作 / 021
使用产品造成意外伤害如何索赔 / 022
如何维护社区的安宁 / 023
婚姻家庭在美国是否过时了 / 024
刑事案件中被告有哪些权利 / 025

风俗习惯篇：来自不同地域中的组合体

美国人如何送礼 / 028
怎样在美国约会 / 029
如何在美国家庭中做客 / 030
美国人怎样称呼别人 / 031
美国人如何打招呼 / 032
美国人如何自我介绍和为人介绍 / 032
美国人通常使用哪些礼貌用语 / 033
为什么要女士优先 / 034
美国高中毕业舞会有什么作用 / 034
美国人的婚姻习俗 / 035
火爆的拉斯维加斯婚礼 / 036
有趣的单身派对 / 037
美国女性专属的迎婴聚会 / 038
具有象征意义的复活节 / 038
开心又刺激的万圣节 / 039
欢聚团圆的感恩节 / 040
疯狂的圣诞大采购 / 041

美国独立纪念日的庆祝 / 042
如何在美国逛郡博览会 / 042
美国人有哪些礼节 / 044
如何在美国逛农民集市 / 045
什么是百家餐会 / 046
美国传统的丧葬习俗 / 047

移民签证篇：进入美国的必备通行证

最常见的移民签证代号及其内容 / 050
最常见的非移民签证代号及其内容 / 051
什么是 B 类非移民签证 / 053
如何申请 H－1B 类非移民签证 / 054
如何申请 H－2B 类非移民签证 / 057
办理移民签证需要哪些前提条件 / 058
如何识别移民中介的优与劣 / 060
哪些原因导致移民签证被拒绝 / 063
如何办理移民用的出生证明 / 065
移民签证时经济担保是怎样的 / 067
如何应对移民局的递解令 / 069
如何办理亲属移民的签证申请 / 070
如何办理杰出人才移民的签证申请 / 071
如何办理 EB－3 移民的签证申请 / 072
如何办理投资移民 EB－5 的签证申请 / 073
亲属移民获取绿卡的基本资格 / 075
结婚时的临时绿卡如何转为正式绿卡 / 077
哪五种工作类别可以优先获得绿卡 / 079
投资移民如何获取绿卡 / 081

教育篇：新思维一直在改变明天

殖民地时期教育是什么样的 / 086

建国至南北战争时期的教育是什么样的 / 087

南北战争至二战时期的教育是什么样的 / 088

第二次世界大战以后的教育是什么样的 / 089

当代美国教育的基本理念是什么 / 090

父母为什么要参与到孩子的教育中 / 092

教育工作者和学生的社会地位如何 / 093

政治对美国教育有何影响 / 093

美国学校面临着哪些问题 / 094

美国人的家庭学校是什么样的 / 095

美国的助学贷款为什么让人欢喜让人忧 / 096

美国青少年课余兼职行为的是与非 / 096

如何理解美国的间隔年教育 / 097

美国学生如何考大学 / 098

美国大学有哪些特点 / 099

美国大学分为几大类 / 101

美国大学的学位制是怎样的 / 103

美国大学有哪些招生标准和制度 / 107

美国大学生有哪些课外生活 / 111

留学篇：用行动照亮梦想

如何申请心仪的学校 / 116

写申请短文时要注意哪些事项 / 121

学生如何申请 F 类签证 / 122

去美国留学带什么上飞机 / 123
开学前需要办理哪些手续及相关事宜 / 126
如何办理转学手续 / 129
如何与银行打交道 / 131
如何申办美国手机 / 132
大学生如何找实习工作 / 134
留学生如何与当地人和谐相处 / 135
怎样在美国勤工俭学 / 137
如何解决日常饮食 / 139
如何节省口袋里的钱 / 141

旅游篇：从黄石公园到自由女神

黄石国家公园 / 148
景色宜人的科罗拉多大峡谷 / 150
锡安国家公园 / 151
火山胜景万烟谷 / 151
世界著名的尼亚加拉瀑布 / 152
华盛顿纪念碑 / 153
林肯纪念堂 / 154
国会大厦 / 155
美国国家博物馆 / 156
联合国总部 / 158
自由女神像 / 159
大都会歌剧院 / 160
麦迪逊广场公园 / 161
帝国大厦 / 162
纽约的中国城 / 164

华尔街金融区 / 165
维克斯堡国家军事公园 / 166
爱佛格勒国家公园 / 167
金门大桥 / 168
好莱坞 / 168
迪斯尼乐园 / 170
迪那利国家公园和保护区 / 171
夏威夷大岛 / 173

军事篇：美国武装力量

参谋长联席会议是个什么机构 / 176
联合司令部和特种司令部的基本组成形式 / 176
美国陆军是怎样的编制 / 177
美国陆军装备是怎样的 / 178
怎样认识美国陆军的王牌作战师 / 179
世界上最早的陆军航空队经历哪些过程 / 181
“绿色贝雷帽”是一支怎样的特种部队 / 182
美国海军 / 184
为什么海战在美国独立战争中起到巨大的作用 / 185
“三角洲特种部队”的前身是一支怎样的部队 / 186
美国海军有哪两大舰队 / 188
美国空军有哪些组织结构 / 189
美国的战略空军 / 191
美国空降部队如何组建与发展 / 192
美国军队院校有哪些组织结构 / 192
塞耶对西点军校有哪些贡献 / 194
西点军校如何招收学员 / 195

美国海军战斗机武器学校是什么样的学校 / 197

政治篇：驴象共治下的社会

美国总统的产生、任期与职权 / 200
白宫的主要作用是什么 / 201
美国参、众议院有哪些作用 / 202
美国政府由哪两种行政机构组成 / 203
美国国务院是什么样的单位 / 205
神秘的中央情报局 / 205
联邦调查局的职责是什么 / 206
美国州政府的基本组成形式 / 206
美国地方政府的基本组成形式 / 208
哪些是美国地方政府不管的事 / 209
美国地方政府的议会有哪些责任 / 210
美国文官制度的基本运行形式 / 213
美国政党有哪些沿革与特点 / 217
美国民主党共产生了多少位总统 / 220
美国共和党共产生了多少位总统 / 223

历史篇：从殖民地到全球霸主的蜕变

美洲有哪些土著居民们 / 230
英属北美殖民地共有哪些 / 231
什么是“五月花”号事件 / 232
什么是大陆会议 / 233
独立战争经历了哪些过程 / 234
西进运动的目的是什么 / 236

什么是门罗主义 / 238
废奴运动有哪些过程 / 239
南北战争是怎样的过程 / 240
什么是排华运动 / 243
什么是大棒政策 / 245
什么是金元外交 / 246
什么是加维运动 / 246
大萧条指的是什么时候 / 247
罗斯福新政的实质是什么 / 248
美国中立法的产生与废除 / 251
睦邻政策有哪些基本内容 / 252
二战后美国占领日本起到什么作用 / 252
什么是杜鲁门主义 / 253
什么是马歇尔计划 / 254
什么是尼克松主义 / 255
水门事件有哪些过程 / 256

地理篇：两洋之间的超级航船

科迪勒拉山系贯穿美国全境 / 260
北美洲的“脊骨”落基山脉 / 260
形成于侏罗纪末至白垩纪初的内华达山脉 / 261
被印第安人誉为“太阳之家”的麦金利山 / 261
阿巴拉契亚高地 / 262
世界第四长的河流密西西比河 / 262
有“大泥河”之称的密苏里河 / 263
美国流量最大的河流俄亥俄河 / 264
闻名于世的田纳西河 / 264

有“美洲尼罗河”美称的科罗拉多河 / 265
让美加两国受益的圣劳伦斯河 / 265
世界面积最大的淡水湖苏必利尔湖 / 266
美国最大的淡水湖密歇根湖 / 267
风景优美的休伦湖 / 267
最具人文气息的安大略湖 / 268
伸入内陆最深的海湾切萨皮克湾 / 269
富饶的墨西哥湾 / 269
火山喷发堆积而成的阿留申群岛 / 270
美国的海外属地关岛 / 271
军事禁区中途岛 / 272
远离美国大陆的波多黎各岛 / 272

文化篇：多元与包容并存的精神产物

美国哲学中的人格主义有哪些核心内容 / 276
美国哲学中的实用主义有哪些核心内容 / 277
美国哲学中的新实在论有哪些核心内容 / 278
美国哲学中的批判实在论有哪些核心内容 / 279
美国哲学中的自然主义有哪些核心内容 / 280
美国哲学中的操作主义有哪些核心内容 / 281
美国哲学中的普通语义学有哪些核心内容 / 282
如何理解美国文学中的重农派 / 283
如何理解美国文学中迷惘的一代 / 284
如何理解美国文学中的黑山派 / 286
如何理解美国文学中的垮掉的一代 / 286
如何理解美国文学中的黑色幽默派 / 288
如何理解美国爵士乐 / 289

如何理解美国乡村音乐 / 291
如何理解美国摇滚乐 / 293
如何理解美国群众歌曲 / 295
灵歌是什么歌曲 / 297
如何理解美国民间舞蹈 / 297
如何理解美国哈得逊河画派 / 299
如何理解美国垃圾箱画派 / 299
如何理解美国行动绘画 / 300
如何理解美国波普艺术 / 301
如何理解美国观念艺术 / 302
如何理解美国照相写实主义 / 302
如何理解美国新表现主义 / 303

生活篇：
五彩斑斓的每一天

美国不像传说中那么好，也不像传说中那么坏，但的确是一个值得身临其境地去体验的地方。本篇主要讲述美国人的生活细节，还原最真实的美国社会，给你提供最有价值的生活信息，让你在短时间内融入他们的生活节奏中。

美国传统的一日三餐吃什么

大多数传统美国食物是早期的欧洲移民带来的，但是进行了改良以利用本土原材料。炸鸡、烘肉卷、烤土豆、玉米饼、烘豆、苹果派都被认为是美国的传统食品。

不同的州有不同的地域性烹调风格，并且受到当地原材料的种类和当地人文背景的很大影响。产生于东北部各州的新英格兰菜深受早期英格兰移民烹调风格的影响。南部地区的烹饪有着鲜明的非洲特色。新奥尔良地区的 Cajun（移居美国路易斯安那州的法人后裔）菜，非常辛辣，是西班牙、法国和非洲风格的混合。加利福尼亚州的烹饪因使用新鲜的水果蔬菜，以及与亚洲、墨西哥和西班牙调味料的奇异结合而闻名。

一份典型的美国早餐包括煎蛋或煎蛋卷、果汁、培根或香肠、吐司、饼干或者百吉饼。另一种美国早餐的搭配可以是麦片加牛奶、果汁，还有涂上黄油的吐司、薄煎饼或华夫饼干。午餐一般有三明治、蛋卷、汉堡包、热狗、披萨饼、墨西哥玉米卷、鸡肉、沙拉、水果、牛奶、软饮料、茶或者咖啡。晚餐通常是最丰盛的一餐，一般的食物包括有披萨、肉类（牛排、鸡、鱼、猪肉、火鸡），配上土豆和蔬菜（玉米、四季豆、胡萝卜、菠菜、豌豆、芦笋、花椰菜、硬花甘蓝），意大利面配以番茄酱或肉酱调味，烤宽面条、墨西哥玉米饼和甜点（蛋糕、曲奇、派、冰激凌和糖果）。主菜之后用甜点。火鸡是感恩节大餐的传统食物。

值得一提的是，在美国正常的吃法是在主菜之前吃沙拉。沙拉吧是一个极有趣的美国发明。在有沙拉吧的餐馆，沙拉并不是由服务生端上来，而是顾客去沙拉吧自行拿取，通常想吃多少取多少。一般在您点餐完毕之后就可以去取沙拉了，然后在等主菜上桌时，享用您的沙拉。

省时和廉价的快餐食品

美国被称为“快餐王国”，其有足够的理由拥有这个称号。每天，每四个美国人中就有一个会吃快餐。在迈阿密，汉堡王的数量是日光浴吧的两倍。在拉斯维加斯，赛百味的门店和婚礼教堂几乎一样多。而在纽约，你在一个街角就能看到三家星巴克。尽管美国人的饮食品种不只是汉堡、披萨和快餐，但是美国的快餐连锁店已经极其成功地将美式快餐推广到全世界，以至于现在很多国家的人认为那是美国人所有时候都在吃的东西。

快餐食品不仅成为了人们的日常饮食、加大了人们的腰围，还渗透进了城市景观和文化。一方面，连锁店的大量存在带来了便利——不管去哪儿，一杯星巴克焦糖玛奇朵都触手可得；另一方面，这是连锁店逐渐占上风而独立餐厅吸引力减退的一个信号。有些城市曾经试图阻止程式化的食品售卖店的涌入，例如犹他州的斯普林戴尔就通过了一条法令，禁止在市区内新建连锁餐饮店。但是，另外一些人却欣然接受这些连锁店，因为的确很难想象其他别的什么能像快餐那样代表现代社会的快节奏。

快餐省时和廉价的诱惑可能令人难以抗拒。遗憾的是，它不是一个健康的选择。吃一顿快餐就能摄入一整天所需的热量、钠和脂肪。但好消息是，美国食品药品管理局要求餐馆提供所售食品的营养成分，使人们可以进行更为健康的饮食选择。外出就餐时，留意一下大多数菜单上都有标注的快餐营养成分，你可以做出明智的选择。记下你最喜欢的快餐连锁店里哪些三明治脂肪含量最多，哪些含量最少，了解某些食物中卡路里和脂肪含量的差别会是件很有趣的事。这样在你享受外出就餐便捷的同时就能够做出明智的选择。

在美国用餐如何给小费

在美国，有三种基本职业需要付小费，分别是服务员、出租车司机和理发师。当不知道该付多少时，额定价格的百分之十五是个保险的做法。

但是却不必每次外出吃饭的时候都牢记这个一成不变的百分比。因为很多因素决定了在餐馆用餐时该支付多少小费合适，包括你支付小费的对象、你用餐的餐厅类别，以及你对用餐经历的整体满意程度。

举个例子说，在那些既不是完全的自助，也不是坐下来点菜的地方，可能客人自己在柜台点餐，然后服务员负责送上来，在另一些地方甚至由顾客自己拿取食物，服务员的工作只剩下在顾客用餐结束后清理一下餐桌而已。那么，既然一半的服务是我们自己做的，是否可以只付一半的小费呢？是的，我们可以少付一些——但只是少付一点点哦，付全部金额的百分之十好了。当然，如果服务员跑回厨房帮你拿不含糖的特制甜味剂，或者厨师把你的菜搞砸了，他却愉快地加以弥补，你也可以多付些小费以示对其积极行为的鼓励。那么在咖啡店又如何付呢？一杯一点一滴煮制的定制咖啡当然要付小费，起码得一美元吧。但这只是对于那些精心煮制咖啡，把服务当艺术的地方而言，普通的连锁店除外。大多数连锁店都用机械化的咖啡冲泡工艺，服务员只需按一下按钮让咖啡流出来，他们的工作就完成了。这种情况下小费不给也罢。

当人们在某家餐厅经历不愉快时，可以完全不支付小费。有时用餐者的遭遇与服务员无关——想点菜单上的某道菜，却没有了。也有时是服务员自身缺乏经验、有意怠慢或态度冷淡，从而导致客人分文不给。

如何在美国住店

美国旅店种类繁多，从只提供床铺的山间小屋到设施齐全的豪华旅店应有尽有，既能满足爱好旅行却囊中羞涩的年轻人，又能满足名流政要、贵族大亨等各类旅客的需求。

美国旅店的客房既能网上预订，又可电话预订。电话预订时，对方的语速可能会很快，这时只要对他/她说："Sorry！I am not a native speaker, but a Chinese. Would you please speak slowly?"通常，他们的语速就会尽量放慢。网上预订就简单多了。

需要注意的是，网上预订时，页面上往往会出现优惠范围，因此可以看看自己是否能享受到折扣、促销活动以及与之签订优惠协约的公司或其他实体的专享折扣等。

进了旅店，到前台对接待员说明已预订过房间（“I have booked a room here.”），并出示身份证件，如护照或驾照。接待员在核实身份后，会要求客人提供信用卡并划卡核实其有效性（可以视作押金）。进入房间，可先阅读房间内的各种文字说明，以了解旅店的有关规定和服务项目等。美国各州的旅店做法不尽相同，对结账时间、每晚房价的最高限额及安全责任等都有具体规定。

结账最好不要超过旅店规定的结账时间，否则就要多付一天的房费。结账时只要通知前台服务员“1 want to check out.”由于旅店在您入住时已经划过卡，也就有了您的信用卡信息，这时会直接从卡上扣钱，非常省事（事实上，也很安全）。关于支付方式，多数情况下，旅店都接受信用卡、借记卡和旅行支票。付款后，前台会出具账单和打印发票，拿上即可走人。

如何在美国租房

如果长期在美国旅居，租房肯定要比住旅店便宜很多，可租的房屋类型有许多，比较常见的有客栈、公寓、双拼房、三拼房、独立家庭住房等。

了解到想租的房的基本信息后，即可与房主联系看房。看房时，有必要详细询问相关信息，包括各种条件设施，如水、电、气、有线电视、洗衣房、停车场地等。如果相中了房子，双方同意，就可以准备签租房协议。签协议前，房主一般会要求租户提供先前租房的信息，以便和以前的房东联系，了解该租户的情况和信用。如果这是第一次租房，可以向房东说明情况，一般不会有什么问题。合同或协议一般很复杂，有的地方可能会搞不清楚。这个时候，一定要看清楚后再签订协议，这样就可以避免日后引起不必要的麻烦。

租房协议签订后，就可以直接入住了。通常情况下，房主都已打扫干

净甚至重新粉刷完毕。剩下还需和房主打交道的事情当然就是交房租了。交房租后，别忘了索要收据。

租房押金有何作用与如何退还

押金是承租人根据租赁合约，为担保承租义务的履行，向出租人预付的保证金。在租赁关系结束时，出租人应将押金全部退给承租人。

租房需要交多少押金，一般分两种情况。第一种情况是，没有家具的房屋，需要交的押金相当于 2 个月的房租；第二种情况是，有家具的房屋，租房者需要交的押金相当于 3 个月的房租。需要说明的是，如果家具比较齐全并且比较值钱，还可以再加收半个月的房租，也就是说，租房者需要交的押金相当于 3 个半月的房租。

在房客搬出后，通常情况下，房东要在 21 天内把押金退还给房客。如果房间里的设备完好无损，并且又很干净，房东就要全数把押金退还给租客。如果租房者破坏了房屋原来的结构，例如打破了窗玻璃，损坏了家具，弄脏了地毯或墙壁等，房东就要在押金中扣除部分或全部押金，这些费用用于修理或清洁房间。有些房东在租房者搬出时，故意找茬要求扣下部分押金作为清理费，这种做法显然是不合法的。如果租房者将房间保养得很好，维持了当初入住时的原貌，房东就不可以收取清理费，除非房间同原来的样子相差甚远，才可以扣除部分押金作为清理费。此外，房东不可以用押金去修理一些并非使用不当，而是因年久自然损耗的设施，例如水管破裂，灶头生锈等。

那么，租房者是否可以用押金来抵偿最后一两个月的房租呢？答案也是不可以的。因为在租房者搬出后，房东要对空房间进行检查，认为完好无损、清洁如初，才可以退还押金。反过来说，如果租房者拖欠房租，房东可以扣除押金来抵偿房租的。

在房东扣除部分押金作为维修费后，租房者有权要求房东出示清单，了解被扣除的押金的用途。如果房东无理扣除一部分或全部押金，经索讨后不还，租房者可以通过司法途径追讨。如果被扣除的押金在5000元以下，租房者可以去小额法庭控告房东。

如果在租房者租用期间，房东已将房产售出，租房者如何索回押金呢？有两种方式。一是房东视租出的房间使用情形，先行退还一部分或全部押金。二是老房东将押金全部移交到新房东处，并且书面通知租房者，由新房东退还。

在美国要学会上酒吧

酒吧是美国人交朋友、放松自我的场所，也是美国人生活中不可缺少的一部分，即使在最偏僻的小镇上，什么都没有也不会没有酒吧。

酒吧始于美国西部大开发时期，最初仅供人们工作之余小饮一杯，后来有些酒吧又增加了娱乐表演等服务项目。酒吧的构造和主题不尽相同。一般的酒吧分为“bar”和“pub”，虽然中文翻译都叫“酒吧”，但前者更加侧重于销售各种饮料和酒调制出来的饮品，且食物的选择很有限，一般都是非主食类的小食。而后者则侧重于销售啤酒、葡萄酒这种非调制饮品，而且会卖主食类的食物。一般酒吧的构造都少不了一个长长的吧台。顾客可以坐在吧台边饮酒。吧台后面的墙架子上摆着各式各样的酒瓶，这里就是调酒师的工作间。顺便说一下，调酒师在美国是个很受年轻人追捧的职业。调酒师的收入主要来源是小费，买一杯售价6到7美元的饮品，一般要给调酒师2美元左右的小费。生意好的时候，调酒师一小时赚个二三十美金不成问题，这对兼职的大学生来说是个很不错的报酬了。

美国酒吧业的竞争日趋激烈，因此很多酒吧都会有自己的主题，以保持独特性和竞争力。比如以放爵士乐为主的爵士酒吧，专门供大家观看体育比赛的体育酒吧等。几乎每家酒吧都会有“Happy hour”（欢乐时光），也就是在一天的某个时间段，往往是生意比较清淡的时候，比如晚上7点到9点，酒品打折促销，以此来吸引顾客。

酒吧既是老朋友休闲娱乐联络感情的好地方，也能让陌生人结交新朋

友。大家去酒吧一般就是抱着放松、交朋友、度过一段好时光的目的去的，因此彼此之间都很有“诚意”。陌生人可以就着一杯酒，天南海北地拉家常——说说自己的学校生活，或者说说自己的工作、个人生活等等。在酒吧，人们终于可以卸下面具，畅所欲言，也不用担心自己的老板就在身后。

随处可见的咖啡馆

咖啡馆诞生于15世纪，那时咖啡馆是奥斯曼土耳其帝国的主要社交中心；在美国，咖啡馆直到“二战”后才开始繁荣发展。

在20世纪50年代，对于缺乏娱乐场所的美国人来说，咖啡馆开始成为广为流行的夜生活场所。咖啡馆伴随着美国爵士乐、垮掉的一代一起发展起来，它们激发了诸如杰里·加里亚、詹尼斯·乔普林、保罗·坎特纳这些在20世纪60年代迷幻摇滚运动中非常活跃的音乐人的创作灵感。蓝调音乐人约翰·李·胡克、莱克林·霍普金斯和乔什·怀特等也在咖啡馆巡演中重新受到追捧。那时，咖啡馆是受欢迎的低消费娱乐模式，自然而然地迅速发展起来。

在20世纪90年代，咖啡馆行业经历了巨大的转变，这一转变是由诸如星巴克这样备受年轻人喜爱的连锁经营模式的成长导致的。批评者猛烈抨击了这类连锁公司，因为它们提供了更倾向于一体化的，而且是高价的公司经营方式，这种方式使咖啡馆脱离了它反主流文化的本质。

“9·11”恐怖袭击爆发后，经济开始衰退，之前的经济繁荣成为遥远的记忆，如同其他产业一样，咖啡馆产业开始进入寒冬。虽然广泛提供免费电脑和免费网络的确让该产业有所增长，教堂也继续以咖啡馆为途径扩大服务范围吸引那些没有信仰的人，但2007年至2008年美国经济的萎缩对于连锁咖啡馆来说意味着更大的麻烦，许多连锁咖啡馆被迫裁员或关闭经营不善的店面。

无论被视为小镇的社交中心还是被视为向低收入人群提供低消费的夜晚消遣去处，咖啡馆都提供了无与伦比的娱乐消遣。对于那些常去咖啡馆的人来说，在那坐上一整晚，闲聊、听音乐和饮品是他们社交生活的一部分。

各种各样的超市

零售业自店铺出现以来，销售形式发展到今天已经发生了翻天覆地的变化。19 世纪中叶百货商店兴起被视作第一次革命，连锁商店的兴起被认为是零售业的第二次革命，第三次革命则诞生了“超市”。20 世纪 30 年代经济萧条时期，迈克尔·库伦在美国纽约开设了第一家超级市场。超市诞生之初，人们纷纷怀着好奇心前往光顾，逛超市也就成了当时的一种时尚行为。超市的自助式、低售价、便利性优点让人们尝到了甜头，超市购物发展到今天，已融入人们的日常生活。

第一家超市创立于美国，世界最大的超市成立于美国，美国的超市在全球来看都是最具特色的。每个品牌，甚至每家店都有自己的特点，美国的超市有着非常发达完善的细分市场甚至地域划分。在综合大型超市里，人们可以买到几乎所有日常生活需要的东西。家居用品超市适合装扮自己的家。家电超市分为大家电和小家电超市。儿童用品超市里，有主营母婴用品的，还有主营儿童玩具的。甚至办公用品乃至装修建材都有自己专业的超市。地大物博、人口适中，这样的先天优势，是美国各类型超市得以生存发展的先决条件。其他任何国家想效仿这样的超市细分，都是行不通的。

美国超市文化中最有特点的莫过于便利店（常被称为小型超市）和会员制仓储式量贩店（仓储式批发超市）。

便利店常常开设于加油站、市区街角，麻雀虽小五脏俱全，不仅各色货品齐全，更重要的是，无论何时光顾，便利店一直都亮着灯营业。

美国人人高马大，什么都喜欢大，超市也特别大。美国超市里，三层楼高的货架令人瞠目结舌，超大号购物车能装下一个家庭一周需要的所有东西。而在申请成为超市会员后，享受的优惠也大得惊人，所以周末一家人开着大型豪华越野车去仓储式量贩店采购也是美国人特有的一种生活

方式。

美国是一个移民国家，居民来自世界各地。在某个族群人口相对集中的地区，比如唐人街，几乎都会出现有该族群特色的超市。它们大多由各族群的人自己创办，可以买到更多符合自己传统习惯的东西。例如，在华人超市可以找到二锅头、豆瓣酱这样的家乡货。超市带来的便捷性，使得多元的文化能在美国的土地上更迅速地扎根，这也促使美国成为世界上最热门的移民国家之一。

庭院销售和跳蚤市场有哪些作用

在美国，人们有两种方式处理闲置物品，庭院旧物销售和跳蚤市场。

庭院旧物销售的规模不必太大。一个家庭甚至一个人就可以办一次庭院旧物销售。这样的销售模式是基于这样一个理念的：对一个人来说没用的、破旧的物品对另一个人来说可能是有用的便宜货。随着时间的推移，家庭中可能堆满了各种各样的东西：一本没有人想再去读的书或者现在已经读大学的孩子儿时的衣服。这些物品对其所有者而言不再有用。可扔掉又很浪费。人们会选择办一次庭院旧物销售，通过这样的方式，他们就不用把那些不再需要的东西扔掉了，同时还能赚点钱。人们会花钱在当地的报纸上刊登一个公告，说明庭院旧物销售的时间和地点，也会列出他们出售的物品名称。例如在华盛顿，每个周末就有近200场庭院旧物销售。在一些社区，10到20个家庭会在周末一起办庭院旧物销售。这是一场很重要的社交活动。

还有一种跟庭院旧物销售相似，但规模稍大的有组织的旧物出售形式，美国人称之为跳蚤市场。一些跳蚤市场是以社区为基础的，许多家庭把东西拿来售卖。跳蚤市场会在学校或公园这样的场所进行。多数跳蚤市场会在春、夏、秋季的周末在户外开市。有些组织会为特殊项目而每年组织一次跳蚤市场筹款。

职业卖家也会办跳蚤市场。卖家通常需要有当地政府颁发的商业许可。

他们也会为他们出售的物品缴税。跳蚤市场中，有的卖家出售各种各样的物品，有的卖家只卖一种物品，例如玻璃制品，还有些卖家只卖有百年历史以上的古董。

对于一些人来说，庭院旧物销售和跳蚤市场说明美国人对物质财富颇为在意。然而，对另外一些人来说，它们只是获得乐趣的一种方式。

如何在美国购买二手车

美国的汽车市场上有新车和旧车两种。新车性能良好，但折旧快、价格高；旧车性能难以确定，却价格便宜；人们依照自己的实力与需要选择。留学生、访问学者和旅居美国的人刚开始一般都是买旧车。买旧车的原则是安全、便宜、省油以及预期的转手价格较高。这样用了两三年后，仍能卖个不错的价钱，而且，买辆车的实际开销就等于油钱加少量的维修费和折旧费。旧车既可从车行买，又可直接从车主手中买。旧车中，有 certified pre-owned（CPO），One owner，Repo car 等，CPO 一般指车龄 5 年以下，行驶里程约 13 万千米以下的旧车。车行或工厂把它们翻新、保证它们像新车一样性能良好，并且延长保修期，提供特殊的融资，此外，工厂还给予额外的优惠。One owner 指汽车仅仅曾有一位前任车主（车况一般应该不错）；Repo car（repossessed car）指因购车人未付已到期的分期付款，车行或银行重新收回的汽车。

购车前，可邀一位懂车的朋友一起去，了解性能、检查车况并试驾。关于价格，一般总是可以在报价基础上向下浮动。另可通过旧车估价网站等渠道迅速查到参考价格。关于贷款，许多车行会打出自己贷款的广告，不过他们的利率并不一定是最低的，贷款的渠道很多，不一定非得找他们。此外，车行经常会推销各种附件，尽量提高配置以赚取利润。购车时，可根据自己的需要，只买必需的配件，如防抱死系统、安全气囊和后窗除雾器等。另外，如果有 8 岁以下的子女，最好买一个儿童座椅，因为根据美国联邦政府的指导意见，身高 1.45 米或体重在 36 公斤以下的儿童（一般是 8

岁以下儿童）坐车时都应使用儿童座椅。而且，12 岁及以下儿童必须坐在后座上，如果可能，最好坐在后座的中间位置。美国许多州已经或正在据此修订法律以更好地保证乘车儿童安全。

签购车协议前一定要先核实卖方的车主身份（可查验卖方驾照）。有人为了减少买方须付的税而将合同价格写得低一些，但这样做不仅是违法的，而且，日后车子一旦出问题，绝对不会按价赔偿，因此，为避免日后麻烦，在合同里一定要如实填写价格。签订完购车协议后，你的购买过程基本也就完成了，你就可以拥有一辆自己的座驾了。

如何给汽车买保险

众所周知，在美国大部分地区没有车子等于是没有脚了，所以，你必须要拥有自己的车子，且要懂得如何开车和投保车险等。保险，对你来说，是非常重要的，不考虑它，那你是在为你自己制造麻烦。在美国，各种保险都很普及。当你申购保险时，保险公司的人会将车身照下来，以归档。找全国通行的保险公司比较方便。

有些保险公司很不干脆，在你要求索赔时，会和你讨价还价，到时赔的费用也不够，还得自己贴本。故请注意找较正规、有信用的保险公司，千万别随便找一家就买了。货比三家不吃亏，也不要一味买便宜的，万一有事就不好办了。哪怕只是车子划了几道痕，修车的单子动辄就上千美元。

如何避免交通事故

如何避免交通事故，防御性驾驶是一个很重要的概念，除了自己小心开车、遵守交通规则外，也要注意周围其他的车辆驾驶人有无违规行为，预防他们驾驶不当殃及自己。

什么叫防御性驾驶？简单说来，上车系好安全带，行车道路尽可能选择中间，开车注意周围和远处的车辆，留心左右两侧的车况，充分利用后视镜了解后面的车辆，既不要跟随妨碍视线的车辆，也要让其他车辆的驾驶员看得见自己，掌握道路全貌，保持最佳行车状态。

上车系好安全带是司机和乘客都要养成的好习惯，如果没有系好安全带，即使行车速度只有40千米/小时，一旦撞车仍然会造成重大伤害。警察经常发现的一种违规状况是：大人开厢形车，小孩坐在后面没有系安全带。在美国，有些州的交通法律规定，如果小孩没有系安全带，由驾车人承担法律责任，车内有多少小孩，警察就开出多少张罚单，一人一张，统统算到驾车人头上。如果小孩在4岁或18公斤以下，还必须使用安全座椅。

如果在高速公路上行驶，最好选择中间车道，比较安全。因为右边是慢车道，出入口都在这一条道上，不断有车子从各个入口处进来，同时也不断有车子要离开高速公路，从各个出口下道。由于车辆进出频繁，比较容易发生擦撞事故。高速公路的左边车道通常是快车道，车速自然会比较快，一旦前面发生情况，刹车不及时，也很容易撞上前面的车子。所以比较而言，快车道和慢车道都比较容易发生事故，中间车道因为车速不快不慢，进出的车辆也比较少，所以相对来讲安全一些。

发生交通事故如何处理现场

新移民因为不了解法律，英语能力也不够，发生车祸时往往不知如何处理。记住，停车留在现场，配合警察调查。无论事故牵涉到行人、行驶中的车辆、停泊的车辆或是他人的财物，都必须停车处理。

相关法律规定，驾驶人发生交通事故时必须停车，无论责任在谁，都不能立即离开现场，否则就是犯了撞车逃逸的刑事罪，将会受到严厉惩罚，包括判罚巨款或者入狱，也可能既罚又判，还有可能吊销驾驶执照。本文详细介绍一般车祸发生后的最基本也是最重要的处理要则。

1. 撞到路边车辆怎么办

如果驾驶人撞到了一辆停泊在路边的车辆，当时车内没人，驾驶人先要设法在附近找到车主，如果一时找不到，驾驶人应当留下姓名、电话、地址

以及简要说明，然后才可以离开现场。为了避免造成撞车逃逸的误会，驾驶人最好与当地的警察联络，例如打电话或亲自前往警局或公路巡逻队报告。

2. 车祸中有人死亡怎么办

如果车祸造成他人伤亡，驾驶人必须立刻电话告知警察局或公路巡逻队。警察到现场后会填写一份报告。如果警察没到现场，或者警察到场后拒绝写报告，驾驶人自己应该在 24 小时内撰写一份事故报告交给警察局或公路巡逻队，如果英文能力不够可请朋友帮忙。

3. 车祸中有人受伤怎么办

如果有人在交通事故中受伤，法律规定肇事者应立即向受伤者提供合理的帮助，例如叫一辆救护车，如果懂得救护应及时施救等。万一受害人伤势严重，肇事者又没有受过救护训练，请不要随便移动伤者，因为不经意的搬移，可能会加重对方颈部和背部的伤势。只有在不移动伤者便可能会造成他死亡的情况下，才可以不论后果如何，把伤者迅速移离现场。譬如有人被抛出车外横卧在高速公路上，为了避免过往车辆从他身上碾过，应当把他移到高速公路旁，安放在安全地带等待救护车。

4. 发生车祸如何求援

首先，要将车子移到路边，不要堵塞交通。如果车子无法移动，为避免过往车辆碰撞到车子，应当尽可能发出警告信号，例如将车子的紧急信号灯打开，或者打开车头盖，总之，要让过往车辆注意到发生了情况。

其次，要设法为受伤者求援。如果车祸发生在高速公路上，路边一定有电话装置，可通过这些电话向指挥中心报告，或致电公路巡逻队。如果事故发生在市区，可向附近的加油站、商店或居民求助，或致电给当地警察局，详细讲述事发地点，方便警察赶至现场。如需要救护车或消防车，也要在电话里说明。自己有手提电话会更方便。

5. 车祸现场如何搜集资料

发生交通事故后，如果涉及两部以上的车辆，驾驶人需要搜集的基本资料包括：对方的姓名、驾照号码、地址、车辆牌照号码、汽车注册单、车辆型号及出厂年份，以及对方保险公司的名称、电话等，相互抄录下来。

如果对方驾驶人不是车主，还需要把车主的姓名、电话及其保险公司等资料抄写下来。如果有目击证人在场，也要记下他们的姓名、地址、电话，因为他们的见证对事故处理有一定的帮助。此外，还要把双方车辆的损毁情况记录下来。

除以上资料外，当事人最好能画一份事故现场草图，把双方汽车在事故前、事故中、事故后的位置，以及车轮滑行的位置标注出来，用脚步大约度量距离后画出草图。若附近有行人的横道线、停车标志、交通灯、路灯、路面状况等，也应该画在草图上。如果事故发生在晚上，最好记下路灯是否亮着，凭自己的记忆估计双方驾驶的速度以及事故发生的时间、地点。若车祸造成死亡或重伤等后果，应要求警察把事故现场拍录下来存档。

6. 记录车主和证人的资料

为何要记录车主的资料？因为相关法律规定，如果车主把车辆借给他人驾驶，发生意外后，车主需要承担赔偿责任。因此要留意驾驶人和车主的姓名是否为同一人。

车祸发生后要保持镇定，现场如有目击者不仅要留下他们的地址、电话，最好请他们也留在现场，等待警察或公路巡逻队到达时作证备询。如果他们没有时间留在现场，最好请他们作一个笔录。

有些目击证人不肯透露姓名和作证，譬如有一位太太看到了车祸发生的经过，但随即又开车离去。这时驾驶人应该立刻抄下她的车牌号码，交给律师事务所。律师可以到车辆管理处查询，只要付少许费用，便可查出这位太太的姓名地址，然后再与她联络，请她如实说出车祸的经过。在警察到达现场后，也应该抄下警察的姓名和警徽号码，也需要询问警察，车祸报告何时完成，在何处可以领取副本等。

发生车祸时不要用武力阻止对方离开

发生车祸，无论谁负主要责任，通常双方首先要交换驾照和保险资料，及时抄写或复印下来，至少要将对方的车牌号码先记下来，即使对方将车

开走，有了车牌号码，照样可以在车管局查出车主及保险公司的资料。

但是，也有人不愿意出示驾照和保险公司资料，遇上这种情况怎么办？不要使用武力阻止对方离开现场，重要的是迅速记住或抄下对方的车牌号码，对方要跑就让他跑，跑得了和尚也跑不了庙。

有些华人不相信对方拿出的驾照或保险资料是真的，试图将人扣住，这样做是违法的。如果事后证明对方的资料是真的，人家可以告你。即使对方愿意交换驾照和保险资料，也只能拿来抄写或复印，不能私自扣下。扣押人家的驾照是违法行为，还可能被人家告上法庭说是“抢劫”。

发生车祸后，不论是谁的过错，在现场最好不要争论，更不要骂人吵架，只要交换资料即可。如果对方在交换资料后要先离开，应同意他走人，警察填写事故报告在他走后也可以补写。

美国相关法律规定，出车祸后，若车内有人受伤，一定要报告车管局。因此，双方一定要交换资料，包括驾照、姓名、地址、保险公司等。如果一方拒绝交换资料并且驾车跑了，则属于肇事逃逸，其罪名可大可小。如果汽车损坏较轻，车内也没有人受伤，可判轻罪，处 6 个月有期徒刑及罚款 2 千元。如车子损坏较严重，而且有人受伤，可判重罪，处 1 年以上有期徒刑及罚款几千元。但如果死了人，他还驾车逃跑，则属于开车杀人，最高可判重刑。但如果汽车损坏在 500 元以下或无人受伤，不一定要交换保险公司的资料，也不一定要报告车管局。

至于车祸发生后是否要叫警察来，则视情况而定。如果车祸没有造成损害，可以不叫警察，如果有损害，特别是有人受伤，则一定要叫警察，一是警察要写现场调查报告，二是可以处理驾车人或乘客的伤势。

发生车祸后有哪几种理赔方式

美国是一个车轮子上的国家，无数辆机动车日夜行驶在大街小巷，虽然有先进和完善的交通管理制度，即使自己小心开车，遵守驾驶规则，车祸伤亡事故仍是层出不穷，包括车辆毁损，人体伤害等等。常见的理赔方式有以下几种：

1. 经济性赔偿和非经济性赔偿

车祸赔偿有经济性赔偿和非经济性赔偿两种方式。经济性赔偿是补偿车祸造成的实际损失，但是这些金额常会受到保险公司的质疑，例如，他们会指责3000元的修车费或5000元的医疗费过高，要求减少一半等等。非经济性赔偿是指赔偿对人体的精神、心理、功能等方面造成的伤害，这也是重要的赔偿依据。

2. 惩罚性赔偿

有经验的律师往往会调查肇事者以往的车祸记录，以及在同类案件里陪审团如何裁决赔偿金额，采用何种解决方式为妥等等。如果发现对方因醉酒或吸毒驾车肇事，还要追加“惩罚性赔偿”。

法律规定，如果肇事者只是一般驾驶疏忽，受害人最多只能向法院要求经济性赔偿。如果要求惩罚性赔偿，一定要证明对方是故意伤害，而且罪名成立，受害人才能拿到惩罚性的赔偿金。如果肇事者明知酒醉或吸毒失控，仍然要驾驶车子，结果造成了严重事故，据此，可以要求惩罚性赔偿。

3. 比较性责任赔偿

市区内发生交通事故，常会采用“比较性责任赔偿”，即如果双方都有过失，过失比较多的一方要承担赔偿责任。换言之，在比较性责任的车祸事故里，并不需要证明对方的疏忽责任是100%才能拿到赔偿，即使自己在车祸中有过失，也有机会索取赔偿。

4. 庭外和解协议

有时候因为车祸双方开出的条件不一样，达不成庭外和解协议，只好对簿公堂。但打官司既劳民伤财，又浪费时日，不如双方权衡得失各退一步，达成庭外和解，从诉讼中解脱出来，不失为一种聪明的方法。最重要的是，有经验的律师明白，在什么条件下可以接受对方提出的赔偿金额，免去法律诉讼，或者是拒绝对方的条件，选择法庭仲裁或是陪审团裁决。

什么情况下会被吊销驾驶执照

一般车祸的发生，通常是因为驾驶人疏忽造成。第一大原因是超速驾驶；第二是疲劳驾驶；第三是健康状况不佳。车祸发生后，除了处理有关责任人、赔偿各类损失外，车管局还可以根据某些因素认为驾驶人已经不再能够保证安全驾驶，吊销其驾照。

这种事可能发生在老人身上，也有可能发生在其他人身上。如果在一个追尾事故中，前面车里的人描述说，他从后视镜中发现后面的驾驶人神情恍惚，所以撞了车。在这种情况下，后面车辆的驾驶人就有可能遭受更严格的调查，警察不仅会开罚单，而且会通知车管局，要求吊销这个人的驾照。车管局在接到通知后，通常会约见这位驾驶人，一方面看他言谈是否正常，另一方面可能会让他再次接受路考。

车管局为什么可以吊销驾驶人的驾照呢？这是美国相关法律中的汽车条例规定的，条例赋予车管局调查驾驶人能否安全驾驶车辆的权力，如果发现由于生理或精神的原因，驾驶人已无法保证安全驾驶车辆时，车管局就有权吊销他的驾照。发生这种情况时，车管局通常会再发一张传票，要求肇事驾驶人出席车管局的听证会，以决定他是否有驾车的能力。听证会上肇事驾驶人可以请私人辩护律师，如果不服第一审判决，还可以上诉。

那么，最常见的被吊销驾驶执照的情况有哪些呢？譬如，当警察拦下一辆车，发现驾驶人回答问题语无伦次（并不是因为语言不通的原因）；或是让驾驶人下车，向前走一条直线，这位驾驶人做不好；或是发现驾驶人生理或精神方面的某些问题可能会影响到他安全驾驶车辆时，这位驾驶人的驾照就有可能被吊销。而且，不一定需要医生开具的关于该驾驶人身体状况不良的证明。

驾驶人如有中风的疾病，仅发作一次就可以被吊销驾照，即使其在康复期间也会被吊销。某些疾病，比如糖尿病等造成不能控制的行为，仅发现一次就会被吊销驾照。另外是某些渐进式的问题，比如老年痴呆症，或某种精神疾病有越来越严重的情况，也有可能被吊销驾照。

如果你发现你的朋友或邻居有影响安全驾驶的疾病或其他情形，可以用写信的方式向车管局举报，但要求在信中写明被举报人的全名，如有驾照号码当然更好，地址及出生年月也应写明。还要能够描述影响这位驾驶人安全驾驶的原因，及曾发生过什么样的异常情况等等。同时，在信中还要写上自己的名字和地址，如果没有举报人自己的资料，车管局也不会受理这种举报。当然，车管局会根据举报人的要求，为举报人保密。以上所讲的是一般民众义务举报的情形，并不是法律要求非做不可的。

但是，依照相关法律，医务人员却有这方面的法律责任，那就是：当他们知道自己治疗的病人，因身体的某些原因，已不再能够保证安全驾驶时，他们有责任向车管局报告。应该理解的重要一点是，车管局吊销某些人的驾照，并不是要找这个人的麻烦，而是为了他本人及其他人的安全，使我们这个社会少一些危险，多一些安全。理解这一点，对保障交通安全非常重要。

如何乘坐美国航班

美国虽然号称“汽车王国”，但是飞机凭其快捷高效的优势，成为人们远程旅行，尤其是跨国旅行的首选。对于即将开始第一次跨国空中之旅的人来说，行前未免稍感不安。购票、办理登机手续、转机、通关各个环节都怕出差错。下面几点务必记牢：

1. 购票与确认机票

从 2008 年 6 月 1 日起，国际航空运输协会强制使用电子机票。电子机票可以在网上或通过电话订购，如果有直达和转机两种选择，一般转机票价要便宜些。如果转机，可购买起点到目的地的联票。订票后，航空公司的电脑系统里就会留存乘客的机票信息，购票者即可自行打印电子机票及行程单以便随身携带，并且随时了解机票信息。办理登机手续时只需报自己的姓名或机票号即可，也可以直接向工作人员出示电子机票或行

程单。

有的航空公司要求提前 24 小时再次确认机票，再次确认时可顺便查一下登机口、机上是否免费供餐等等。

2. 办理登机手续

尽管各家航空公司的具体要求不尽相同（相关信息可以在网上或通过电话查询），但是他们通常都要求搭乘国际航班的乘客在飞机起飞前 1～2 小时办理登机手续。登机手续既可以在机场的航空公司值机柜台办理，并领取登机牌，也可以在机场里的航空公司的自助登机手续服务机上办理，并打印登机牌。接着，在柜台办理行李托运。工作人员一般会将行李票贴在装登机牌的信封上。然后，您就可以带着随身行李和登机牌，到安检口通过安全检查，再到候机大厅等候登机了。

3. 登机与飞行

持登机牌登机后，找到自己的座位，将随身行李放入头顶上的吊挂行李箱里（小包可塞入前排座位底下）。起飞和降落前，空服人员会通知乘客关闭手机、手提电脑、电子游戏机、调频收音机等可能影响飞机导航的电子产品。飞机顺利升空后，他们会再告诉乘客可以重新使用哪些电子产品（如手提电脑等）。飞行中，全程禁烟；乘客可以阅读前排座位插袋里的杂志，收听播音或收视节目（这些娱乐设施在不同型号的飞机上会有所不同）。如果想购物，可以阅读插袋里的免税商品目录并填写订购单，有时从订购单上还可以了解到免费飞机餐的信息。

转机时，因为购买了联票，只要顺着航空港的 connection 标志走就可以了；而且，只要不出关，就不用取托运的行李。

4. 通关

入关前，须填写出入境记录和海关申报表。机上空服人员会在降落前分发这两种表。需要注意的是，在到达要转机的机场之前，空服人员也会在乘客中分发这两种表，但这是给那些要在转机的机场出关的乘客。填表出错也没关系，可重填一份；或在飞机降落后，途经海关时再填。

如何进行健身运动

运动的目的在健身，地理环境加上人文因素，新奇的运动在美国也是特受欢迎。健身房的有氧运动是现代生活的产物，已然成为美国人生活中不可或缺的一部分。

美国人建立了他们强大的世界。特别是在运动方面，不论在天空、海洋、陆地，均使你觉得生活在美国是有趣而不一样的。想要滑雪，科罗拉多州的 Spring 城要算是最出名了，但小心那里经常有山崩发生。缅因州的滑雪也挺刺激的。想游泳便去迈阿密。别忘了佛州的迪斯尼 EPCOD 是世界有名的哟!

在美国有教开飞机的补习班，一个月中上飞机的时间约一二次而已，另外，登山、跳伞、潜水也是胆大的美国人最衷心的运动。

如何在美国找工作

找工作前应先准备些什么文件呢？求职信及履历表是必须预先寄出的。一旦对方有了信息就应回信。有一点预先要了解的是，在美国找工作，求职信可能得半年以前就寄出，换言之，就是在毕业前一学期就该准备了。

找工作要准备履历表、求职信件、成绩单、毕业证书和自传等。信件内容要坦诚、准确、简单。由于美国地大路遥，通常应该在毕业前 6 个月，就开始寄履历表找工作。

若是对方不聘用你，通常都会寄一封信给你，告诉你：我们会将你的文件归档，以后再考虑。若是要聘用你，即使彼此隔着遥远的州，也会写信告诉你，你是他们考虑的对象，这时，就别傻傻地等着对方再次来函，应该赶紧写一封信告诉对方说：等待着再次的通知。否则对方以为你已找到工作，或已经搬家了，他会另寻他人。等对方再次来函时，他会寄机票和食宿费等给你，请你过去面谈。

别忘了，面谈时衣着端庄整洁是最重要的，女孩子化点妆以不失礼仪。面谈时，并非话越多越好，问什么答什么，可能就是最好的办法，该说时则多说，不该发问时，则少问一些。保持微笑是必须的，说话时，别手舞足蹈，也别开口大笑。

种族问题、政治问题少搬到商场上谈，因为商场和政体是有密切关系的，而且这类问题令人相当敏感。面谈之前，先了解你寻找的是何种工作，若能先了解求职单位各方面情况就最好了，先自问自答一些对方可能会问到的问题，尽量准备充足资料，以便对方问到时，自己能做适当的表达。

在美国面试，自己有何优点就该多说，但也不要自视太高，恰到好处就可以。

使用产品造成意外伤害如何索赔

一位女士在一家商店买了一双高跟鞋，她穿着它上班时，突然鞋跟断掉了，她一下子摔倒在地，并撞到了门扶手上，结果脸部被撞伤了，同时身上也有瘀伤，后来还发生长期严重的头痛，嗅觉、味觉都受到一定程度的影响。这位女士看病花了2000多美元。她后来请了律师，援引产品意外伤害法，找到生产鞋子的厂家，希望能庭外和解，得到一定的赔偿。所幸，在事发后，这位女士拿这双鞋子到她买鞋子的商店，售货员看到鞋跟断掉的情况，很同情这位女士，不仅为她换了一双新的鞋子，而且用公司的信纸、信封打了一封信给那位女士。信中写道，她看到鞋跟这样断掉，认为应是鞋子制造过程中存在问题，导致了那位女士受伤。

女士将这封信交给了自己的律师，就开始跟对方的保险公司谈索赔。这个案子主要引用的是产品意外伤害法。一个制造商在将自己的产品推上市场销售后，如发现产品有质量问题，可能导致消费者面临危险的情况，那么就应回收这个产品，并公开提出警示，提请消费者停止使用，或小心使用。

在这个案子中原告开始要求的赔偿金额为15万美元。制造商和这家商店的保险公司一开始就同意赔偿，但只愿支付4万美元。最后在开庭之前达成了庭外和解，金额达到7.9万美元。这个案子让我们大家看到，即使一般的生活用品使自己受到伤害，也可以向对方索赔，而且成功的概率很高。

但是，如果没有那封信，事情可能就完全不同了。因为原告首先要证明，这双鞋子是从这家商店买的；还要请专家证人证明鞋跟断掉是鞋子本身的质量问题而不是使用不当；还要有专家证人证明自己所受伤害的严重程度等等。不过，应当主张民众有权利维护自己的利益，是否要打官司，可根据自己所受伤害的严重程度来决定。日常生活中的小纠纷，最方便运用的维护自己利益的方式，就是到小额法庭去起诉。美国的小额法庭就是专为解决这些小纠纷而设的。

如何维护社区的安宁

维护社区安宁，保障生活质量，人人有责。但是也有个别邻居在半夜里播放音乐，强烈的节奏使左邻右舍无法入睡。有时房东或邻居会去敲门劝阻，有的人不但不听，反而会加大音量，甚至大唱卡拉OK。还有些人半夜里在自家车库或者门前修汽车，马达声响个不停，扰得周围邻里不得安宁。这种行为虽然不是刑事犯罪，但也违反了治安管理条例，对社区邻里造成了直接的危害。

如何维护一个和睦安宁的社区生活环境呢？建议如下：

（1）对那些缺乏公德心，在半夜里制造噪音的邻居，可以在白天找他谈谈，讲明社区的政策，午夜12点以后，一般都不可以大声播放音响或者以其他形式制造噪音，影响社区安宁。因为有些人可能不清楚，以为在自己家里放音乐，或者在自家车库修汽车，不会对别人造成很大的困扰。

（2）房东或邻居可以去市政府了解相关法律或法规。有很多城市规定，在午夜和清晨之间，汽车不可以按喇叭，居民不可以制造噪音，狗儿也不可以吠叫，否则邻居可以引用这些法规向警察报警，或者请动物管制委员会的官员来现场察看。

（3）向制造噪音的邻居寄送一封信和有关法规副本，通知他们遵纪守法，改正前非。如果情况依旧没有改善，这封信可以作为日后诉讼的呈堂证据。

（4）大多数城市为保障社区安定，都设有专门的仲裁机关，邻居遇有此种争端可以请求仲裁，或者自己去小额法庭投诉，指控某邻居经常制造噪音，影响自己的日常生活和工作，要求对方赔偿金钱，补偿自己的损失。

（5）警察对于屡次破坏社区安宁、制造事端者，可以以警告、罚款或者拘留等处罚。房东对于这样的房客，可以以违反租房契约为由，要求他们迁出，强制收回房间，不再续租。

婚姻家庭在美国是否过时了

2010 年皮尤研究中心与《时代》周刊联手进行了一项调查，强调了快速转变中的美国家庭观念。当被问到一个家庭的构成时，绝大部分的美国人同意一对已婚夫妇，无论有或没有孩子，都符合家庭的描述。但也有五分之四的调查对象认为，有孩子的未婚异性情侣或者是单亲带孩子都可以视为一个家庭。大约 39% 的美国人认为婚姻已经过时了。更多的人接受不一定要敲响婚礼的钟声才算是组建了一个家庭的观念。

在美国，婚姻家庭呈现弱化之势。1960 年，18 岁以上的成年人中有 72% 是已婚的。到 2010 年，这一数字已下降到了 51%。人们通常倾向于指责 20 多岁的年轻人，因为 18 至 29 岁的成年人中已婚的比例从 1960 年的 59% 猛跌至 2010 年的 20%。结婚人数的减少由于同居人数的增加而得以弥补。此外，男人或女人结婚的平均年龄，特别是女人的结婚年龄在渐渐地推迟。

为什么 40 年前，情侣们很有可能步入婚姻，而今天却有不计其数的情侣不结婚呢？这是个极为复杂的问题。同居是一个因素，离婚也是。但与结婚年龄推迟、结婚率下降有关的原因还可能包括先进的生育技术，宽松的离婚法律，甚至洗衣机、甩干机也成为原因之一，因为这两样发明既降低了男人娶个挣钱少的女人来做家务的需求，也把女人解放出来让她们能工作和学习。但是，经济因素也是一个原因。美国人口调查局最近有报告显示，2011 年未婚同居异性伴侣增加了 13%，达到 750 万人。分析人士多把同居人数的急剧攀升归因于人们面对持续失业不愿做出长期的婚姻承诺。鉴于近年来未婚同居情侣的猛增，人口调查局也计划在衡量贫困标准时扩大对家庭的界定。

刑事案件中被告有哪些权利

在美国生活或多或少会接触到有关刑事的问题，如果对美国的刑事制度不熟悉，很可能会丧失应有的权利。当成为刑事案件的被告后，一定要懂得如何运用法律维护自己的权益。

第一，在被逮捕时，警方必须告知被告，美国宪法所赋予的相关权利。在许多电影、电视节目中，我们都可以看到警察在逮捕任何人时，都会说一大串话，这就是美国人人皆知的“米兰达”警告。美国联邦最高法院在“米兰达”一案中裁定，警察在查问、扣押及逮捕嫌犯前，都必须告知嫌犯：他们有权保持缄默；他所说的一切东西，都可能在法庭上作为不利于他的证词；如果没有钱聘请律师，政府将会提供公共辩护律师，替他辩护。

许多新移民由于不知道这警告之中所包括的宪法赋予公民的权利，可能在警察给予警告后，依然会在情绪紧张的情况下，不断地讲述一些可能对自己不利的话。如果已被告知“米兰达”权利后，仍不断地向警察解释，此行为已表示你放弃了自己的权利。人们应该了解，一旦触犯法律，遭扣押或逮捕，在自己的律师到达前保持沉默，这是保护自己的最佳办法。

在被关进监狱时，警方会给被告提供打电话的机会，被告应该利用这个机会通知家人或自己的律师，并请自己的律师尽快赶到。在律师到达前，依然要保持沉默。在警员面前替自己辩解往往有害无益，正确的做法是通过自己的律师在法庭向陪审员解释。

第二，被告有权得到一个公平合理的审判。公平合理的审判程序包括：

被告有权在合理的时间内，尽快被告知自己被起诉的罪名；有足够且公平的机会来辩解其罪名；有权让公正的法官及陪审团来裁定案件；有机会在法庭上提供自己版本的解说；有权不被警方逼供或被强迫认罪；有权查问及交叉盘问所有提供不利于被告证词的证人；有权由律师代表自己辩护；如果案件在某个地区，人人皆知有可能会影响到陪审员的立场的话，被告还有权要求换到另外的地区审理。

美国宪法第 6 项修正案还规定：被告有权要求案件得到快速的审理，案件不能无故一直拖延。此外，被告有权出席其案件的审理，并且法庭的审理应是公开的。

第三，美国宪法第 5 项修正案还规定：在刑事案件中，任何人都不得强迫被告作为提供不利本身证词的证人，被告有权保持沉默。而检方则不得因此而向陪审团指称被告因畏罪而不敢上庭作证。

风俗习惯篇：
来自不同地域中的组合体

每一个地区都有自己的风俗习惯，美国虽然是一个多元文化并存的国家，同样有自己的风俗习惯。这些风俗习惯的形成，是多种文化融合的产物，它们并非短期形成，而是经历了一个漫长的过程。在美国，一些风俗习惯有时可能会颠覆我们对某些风俗习惯的认知，同样有些风俗习惯让我们觉得似曾相识。总之，了解一些美国的风俗习惯，可以让我们从中汲取养分，增长见识，为日后或即将前往美国做好铺垫。

美国人如何送礼

通常情况下，美国人不喜欢随便送礼。当有的人意外接到礼物时，显得有些难为情。如果收礼者有礼物回赠，心里多少还坦然些；如果没有礼物回赠，那么收礼者就变得极为尴尬。所以，在美国送礼要慎重。当然，并非不送礼物，但一定要把握好度，例如节日、生日、婚礼或探视病人，带一些礼物还是可以的。

圣诞节互赠礼品在美国最流行。圣诞节时，那些天真烂漫的孩子会收到各式各样新奇而好玩的玩具，特别是圣诞老人送给他们的礼物，更让他们爱不释手。除了孩子们会收到礼物外，大人们之间也有送礼物的习惯，一般是送一些书籍、文具、巧克力糖或盆景等。礼物大多用花纸包好，再系上丝带，看上去很精美。

探视病人时，大多是送鲜花，有时也送盆景。花朵的芬芳给人带来春天的气息，可以给病人精神上的安慰。如果自己亲自去看望病人，就没有必要在礼物中附上名片；如果请花店代送，就须附名片，让病人知道是谁送的礼物。

送朋友去远方时，也可以赠送礼品。礼物往往是鲜花、点心、水果或书籍杂志等。礼品中要附有名片，这样朋友在远方就可以与你保持联系。

此外，美国人认为单数是吉利的数字。比如，有人给朋友送三个梨，收到礼物者就非常高兴，认为送礼者与自己是非常要好的朋友。在收到礼物时，一定要当着送礼者的面打开，与送礼者一起欣赏或品尝礼物，并立即向送礼者道谢。

礼物在包装方面也颇为讲究，外表富丽堂皇，里面却不一定是太贵重的东西。有时打开里三层外三层的精美包装，露出来的只是几颗巧克力糖而已。

怎样在美国约会

美国人向来讲究办事效率，非常重视如何安排自己每一天的时间。不仅平时合理安排自己的时间，即便是星期天也是如此。换句话说，什么时间做什么，都是提前安排好的，中途基本上不会更改。因此，他们不希望别人打乱自己的计划，除非至亲好友。美国社会是一个巨大的竞技场，在繁忙而紧张的工作之余，美国的男性会利用节假日等休息时间，与妻子、孩子们一起享受天伦之乐。如果外人不提前预约，贸然打扰对方的生活，这种行为不会受到欢迎。因此，要拜访一个美国家庭，事先必须给对方打招呼，对方同意后，按照约定的时间登门拜访，双方皆大欢喜，否则就会被当成不速之客，甚至吃闭门羹。

在美国男女交往比较开放，约会、看电影、吃饭是普遍存在的现象。男女双方均可以主动提出邀约，一般情况下男性比较主动。约会时所产生的费用，可以各自付账或一方请客。如果约会的地点选在餐厅，餐后可提议给服务人员小费，倘若邀请方坚持不付小费，被邀请方就不要勉强。

约会，中国人的理解通常是发生在恋人之间的交流行为，但在美国，约会的定义被扩大化，除了恋人之间外，也适用于普通朋友之间。所以，如果你想和某人见面谈事情或一起看电影、吃饭、听音乐会，就不必拘束，尽可主动大方地去邀约。如果你不想接受对方的邀约或对方的言行举止让你感到不舒服，你就可以客气而肯定地说“NO”，这样既是对对方的尊重也维护了自己的尊严。答应与对方约会后，一定不要拖延时间，如赴宴则最好晚到几分钟，如果早于主人先到，反而失礼。倘若出现紧急或意外情况，必须及时联系上对方，向对方解释原因，获得对方的谅解，千万不可一声不吭，让对方空等。

如何在美国家庭中做客

到美国人家中做客时要彬彬有礼，自然大方。当来到对方家门前时要敲门或按门铃，征得主人同意后再进门。有些人家的门口专门放有擦鞋的棕毡，这时就应该把鞋上的泥土擦拭干净，避免弄脏主人家里的地毯。若戴着帽子，进门后摘掉帽子，因为在房间里戴帽子，在美国人看来是一种不礼貌的行为。如果是雨天拜访，进门前要把雨伞、雨衣放在室外。进入室内后，要主动脱下大衣、外套，这时主人一般会主动为你挂起来。然后，先向女主人问好，接着再向男主人问好。如果主人家坐满亲朋好友，那么只需要同主人和一些认识的人握手，对于不认识者点头致意就可以了。

一番寒暄后，不要过于拘束。如果主人邀请你就座，你就按照主人的指示坐下，如果你为了表示客气而不马上坐下，反而会让主人感到不安，主人会误以为椅子不干净或有其他不便张口的地方。做客时，不要随意翻看主人桌上的文件和写有字的纸张；不要随便抚摸室内摆设的古董珍玩，更不要向主人询问室内各种用具的价格。

有抽烟习惯的人，做客时，不要轻易抽烟。如果想抽烟，应该首先询问在座的女士们是否介意，对方要是不介意，就应该拿出自己口袋中的烟，散发给在座的抽烟者；如果主人主动拿出烟，请你抽，那么即使自己有烟或不喜欢主人所拿出的品牌，也要接过主人递来的烟，千万不要拒绝对方而抽自己的。否则，主人会觉得你是看不起他而感到很不愉快。

餐桌上，美国有许多习惯和我们不同。就餐时，倘若不太熟悉吃西餐时的礼节，那么你就别轻举妄动，最好的办法是按照女主人的动作去做。人们常常会发现一个有趣的现象：为了表达同样友好的感情，不同国家的人却有截然相反的说法和做法。中国人请客吃饭时，往往是自谦地表示饭菜做得不好，请客人多多包涵。而美国人却要说“这是我最拿手的菜，希望你们喜欢吃”一类的话。所以，在美国人家中做客，听到主人自夸饭菜做得好，不必奇怪，而且应对女主人的手艺夸赞几句。中国的主人为客人夹菜时，客人总是尽力推让，表示客气。在美国这样做是不礼貌的。主人第一次为你夹菜，你不必客气推让，否则女主人会以为你是嫌她的菜做得不好。在餐桌上，女主人是无形中的首脑人物。上菜之后，客人一般要待女主人动手吃后才开始吃。饭后。也应由女主人领头离席客人才离席。

在美国人家中做客，停留的时间不宜太长，以免耽搁主人办其他事情。但是，饭后不要立即起身告辞，应该和主人攀谈一会儿，然后再道谢离去。如果是夫妻一起去别人家里做客，应该由妻子先起身说告辞，然后丈夫接着妻子的话说下去。征得主人同意后，夫妻才可以正式离开主人的家，临出门前，一定要说一些感谢的话。在比较正式的宴会上，如果参加宴会的客人较多，应该等到年长位高的宾客或重要的女宾先行告辞后，自己才可以起身向主人告辞。如果客人中途有事，必须要提前离开，应该向主人请求原谅，征得主人的同意后，才可以离开。

如果与主人不是很熟悉，那么回来后应该打电话向主人表示感谢，或者写一张“谢谢您”的短笺寄给主人，这样在礼仪上就显得更为周全。主人接到电话或收到短笺，心里会很开心，认为你是一位很懂礼貌的人。

美国人怎样称呼别人

大多数美国人不喜欢用先生、夫人或小姐这类称呼，他们认为这类称呼过于郑重其事了；在美国，男女老少都喜欢别人直呼自己的名字，并把这视为亲切友好的表示。人们初次见面，往往是连名带姓一起介绍，譬如说：“我叫玛丽·史密斯”，这时对方可以随便叫她“玛丽”或“史密斯小姐”。常见的情况是，交谈之初可能互相用姓称呼，过不了一会儿就改称名字了。有时刚同一个美国人结识，不知如何称呼好，你可以只称先生或女士。这时，对方会很快理解你的心理。热情地告之：“我叫詹姆斯·威尔逊，叫我詹姆斯好了。”或者“别叫我史密斯夫人，叫我萨利好了”。

的确，美国人之间，不论职位、年龄，总是尽量喊对方的名字，以拉近相互间的距离；美国有家刊物曾专就称呼问题在150种工商行业中做过调查，结果发现85%的被调查者称呼时只用名字。美国人很少用正式的头衔来称呼别人，正式的头衔一般只用于法官、高级政府官员、军官、医生、教授和高级宗教人士等；例如：哈利法官、史密斯参议员、克拉克将军、布朗医生、格林教授、怀特主教等；值得注意的是，美国人从来不用行政职务如局长、经理、校长等头衔称呼别人。

美国人如何打招呼

美国人打招呼的方式很多，告别的方式也很多，就连政治性的拥吻也分左右。拥抱的轻重，也代表多层不同的意思。就连最基本、最普通的打招呼——握手，都有讲究。

美国人性情开放，走在路上就算不认识对方，仍会说“Hi”或“Hello”，甚至连小孩子都会向你说一声“Hello，there!”

见了面最平常的是握手，较亲近的朋友，则以拥抱替代。西方人见面时互吻面颊是极正常的，热情而爱占便宜的男子往往吻在女性嘴上。表示友善的方式是男左女右式的相吻，政治场合也是一样。商务活动中此种表达方式似乎不多见。握手的轻重代表多层的意义。握手是由女性主动的，如果女性不主动，男性是绝不会率先主动伸出手的；可一个女性如果冲戴黑帽的正宗犹太人或阿拉伯人伸手，那可是文化修养不够而颇为令人尴尬的了。

美国人如何自我介绍和为人介绍

初次见面，最普通的自我介绍方式是先伸出手与对方握手，在握手的过程中说出自己的名字和职业。在一些正式的场合自我介绍时，越是简单明了越好。介绍自己带去的朋友给大家认识时，也要简单一点。如果你无论是介绍自己或者介绍朋友，都说一大堆的话，别人就会产生反感情绪，因为时间是大家共有的，不是让你一个人来发表演讲或长篇大论的。当然，初次见面或面对不太熟悉的朋友，语气不要怪声怪调或轻浮随意，要沉着干练，给人一种稳重感，从而可以避免不和谐的气氛。

如果带朋友去别人家中做客，介绍朋友时，除了介绍朋友的名字与自己的关系外，还要顺便说一点朋友的优点，从而让对方对眼前的陌生人产生好感。政治及宗教是初次见面者的应景话题，不过要注意，这样的话题很容易引起冲突，很容易让朋友引起误会，这个时候能不说就不说，不得不说时，最好用顺水推舟的方式，把敏感的话题推到一边去。如此一来，双方皆大欢喜，气氛自然就和谐融洽。

美国人通常使用哪些礼貌用语

不少到过美国的人，都有这样一种印象：美国人都非常礼貌，他们对好听的话从不吝啬，常常让听者心情愉快；的确，在美国“请”、“谢谢”、“对不起”之类的语言随处可闻，不绝于耳。在美国，不论什么人得到别人的帮助时都会说一声“谢谢”，即使总统对侍者也不例外；在商场里，售货员的脸上总是堆着笑容，当顾客进门时，他们会主动迎上来，问一声“我可以帮助你吗?”当顾客付款时，他们会微笑着道谢，最后还会以谢声送你离去；同样，顾客接过商品时也会道谢。

美国人在一家人之间也是客气话不离口，不但夫妻是这样，就连孩子们之间讲话也常带有“请”和“谢谢”。这样，孩子便自然而然地养成了讲礼貌的好习惯。

美国人还习惯于对别人说“对不起”。当人们发生小摩擦时，一声“对不起”，常使芥蒂烟消云散；就是遇到一些微不足道的小事，例如向别人问路、在剧场中从别人座位前走过等，美国人也会连声表示歉意；美国人把在公共场所打嗝或与别人交谈时打喷嚏、咳嗽都视为不雅，遇到这种情况，他们就会说声“对不起”，请对方原谅。

为什么要女士优先

美国妇女在社会政治生活中的地位究竟如何，这里姑且不论。但在社交场合中，她们总是会得到格外的优待；尊重妇女是欧美国家的传统习俗，从历史角度分析，是受到欧洲中世纪骑士风度的影响；若从宗教的角度分析，它是出于对圣母玛利亚的尊敬。

按照美国人的习惯，在社交场合，男士处处都要谦让妇女、保护妇女；步行时，男士应该走在靠马路的一边；入座时，应请女士先坐下；上下电梯，应让女士走在前边；进门时，男士应把门打开，请女士先进；但是下车、下楼时，男士却应走在前边，以便照顾女士；进餐厅、影剧院时，男士可以走在前边，为妇女找好座位；进餐时，要请女士先点菜；同女士打招呼时，男士应该起立，而女士则不必站起，只要坐着点头致意就可以了；男女握手时，男士必须摘下手套，而女士可以不必摘下；女士的东西掉在地上时，男士不论是否认识她，都应帮她拾起来。

总之，美国男士在社交场合同女士接触时，一方面事事尊重她们，另一方面又要处处以保护人的姿态出现，以显示男士的风度。

美国高中毕业舞会有什么作用

在美国，毕业舞会是一场正式舞会或高中生聚会，通常在高中学年即将结束时为给毕业生庆祝而举行。对许多学生来说，毕业舞会是整年中最为重要的社交活动。毕业舞会从 20 世纪 50 年代的简单舞会演变为今天每年一次的重大活动，它需要投入大量的时间、精力和金钱。

美国家长和教育工作者认为学生在毕业舞会上可以学到适当的社交礼仪，因此，他们把毕业舞会看作一门很重要的社交技能课程。家长们愿意花大把的钱在豪华轿车和昂贵的礼服上，以确保这个活动对他们的孩子来说是难忘的。对大多数美国青少年来说，高中毕业舞会是第一次正式的社交活动，也是一种成人礼。在20世纪下半叶，高中毕业舞会的传统扩展至包含一系列为舞会参加者精心策划的活动。传统上来说，美国高中生在每年的春季参加毕业舞会。由低年级学生为毕业班举办舞会，算是送给即将毕业的学长们的礼物。在舞会上，会公布舞会皇后和舞会国王。这些荣誉称号通常是授予毕业班学生，由舞会前在全校范围内投票产生。许多学校还会雇摄影师在舞会上拍摄专业的照片。情侣们可以一起摆姿势拍照，并把照片买下来做纪念品，以帮助他们记住这个特别的夜晚。

高中毕业舞会让学生们对这个尤为特别的夜晚有个美妙的记忆，这或许是他们第一次正式约会或跳舞。此外，毕业舞会以一种特别的形式在毕业生们即将毕业时为他们的高中生活画上句号。

美国人的婚姻习俗

美国人在对待婚姻问题上，一直追求的是交往自由、择偶自由、爱情自由。男女恋爱，通常不需要中间人介绍，父母也很少干涉子女与异性的交往。在美国人的爱情观里，性爱自由占有一定的位置。在他们的思维中，男女双方不需要做过多的了解，也就是说家庭背景、教育程度、社会阅历、工资待遇等方面都不是阻碍恋爱的因素，男女双方只要喜欢对方美丽的外表、强壮的体魄、性感的身材，就可以构成感情的基础。但就这一方面而言，美国人在对待恋爱的态度上，趋于感性，属于视觉动物，只要双方彼此欣赏，就可以坠入爱河，而在中国的传统恋爱婚姻中，有很多讲究，所谓的“门当户对”，一直在恋人们之间反反复复地上演着。

中国人恋爱的最终目的是走向婚姻的殿堂，而美国人也有同样的看法，他们很重视婚姻合同。结婚前，男女双方到律师事务所签订一份“婚姻合同”，主要内容是婚后的钱财归属、家务分担、离婚的前提条件等。而许多中国人对待这份“婚姻合同”有着不同的看法，在中国的婚姻中，两个人结婚了，你的就是我的，我的也是你的。当“婚前财产公证”（婚姻合同）逐步被部分现代人接受后，也就导致很多甜蜜的恋人最终无法走进婚姻的

殿堂，他们主要因“婚前财产公证”而分道扬镳。由此可见，爱情经不起物质的考验。

美国人传统的婚礼仪式无奇不有。一般来说，他们的婚礼着重突出“新、旧、借、蓝”的特点。所谓“新”，是指新娘须穿着崭新的雪白长裙，以示新生活的开始；“旧”是指新娘头上的白纱必须是旧的（一般是其母亲结婚时用过的），以示不忘父母的恩情；“借”是指新娘的手帕是向女友借来的，以示不忘友情；“蓝”是指新娘身披的缎带必须是蓝色的，以示她已经获得了赤诚的爱情。现代美国人的婚礼多在当地法院举行，由一名法官证婚并主持。新人往往不穿礼服，不收礼品，也不设喜宴。还有的婚礼在户外以野餐的形式举行，仅有双方的父母、兄妹等人参加即可。他们十分重视结婚周年纪念日，认为随着时光流逝，一年比一年珍贵。他们为各个婚后周年所取的名称很有趣：第一年叫纸婚，第二年叫布婚，依次下去是皮婚、丝婚、木婚、铁婚、铜婚、电婚、陶婚、水晶婚等。从第十五年以后，每五年有一个名称，它们是：瓷婚、银婚、珍珠婚、玉婚、红宝石婚、蓝宝石婚、金婚、钻石婚。每逢这些纪念日，夫妻双方常互赠礼品、互致赞美和谢意，让对方感到欣慰。

火爆的拉斯维加斯婚礼

拉斯维加斯有许多引人注目之处，奢华的饭店、耀眼的赌场，但最受欢迎的事情就是结婚。1985 年以后，有 200 多万人在拉斯维加斯喜结连理，使这里成为世界上最受欢迎的结婚地之一。在这里找个有趣的地方结婚是轻而易举的。

内华达州的拉斯维加斯城有 50 多座小教堂，坐落在主街北侧。几乎所有的宾馆都提供婚礼场所，许多甚至位于赌场内。在花园教堂结婚会是一次优雅难忘的经历。这家教堂甚至参与录制了 TLC 电视台真人秀“更快幸福”。南内华达州最著名的教堂之一，拉斯维加斯万岁婚礼教堂可以通过网络摄影机承办一场独特现代的婚礼。在这里结婚可以把自己最难忘的时刻通过因特网与他人分享，而这些人都不必到场。

在拉斯维加斯举行一场新潮的主题婚礼是以一种很时尚的方式来共筑永恒的回忆，它还提供给你一个走出传统模式、发挥创造力的机会。由猫王的模仿者在一家赌场中的小教堂主持婚礼仪式可能是拉斯维加斯最受欢迎的主题婚礼之一。其他的主题包括科幻小说婚礼如星际迷航，还有中世纪主题婚礼。此外，在拉斯维加斯结婚的开销很低：婚礼注册只要 60 美元，其他的基本服务也不贵。

名人们也喜欢拉斯维加斯婚礼。特别是情人节这天，在拉斯维加斯举办婚礼的新人非常多，一些教堂在这一天会举行 80 多场婚礼。

有趣的单身派对

单身派对或单身女郎派对通常不只是聚会，更是一种庆祝仪式。派对标志着单身生活向婚姻生活的转变。通常由伴郎和伴娘负责组织聚会。

近年来，单身派对或单身女郎派对变得更加有创意。饮酒和性不再是这些派对的主要活动。友谊和庆祝成为最重要的主题。男士们会参加一些运动项目或是去树林里徒步旅行。女士们则喜欢泡温泉、露营或是去餐厅吃晚餐。如果派对组织者足够了解准新郎，例如他喜欢什么、不喜欢什么，那么他在策划派对时将会有创意一些。如果准新郎爱运动，那么买几张大型比赛的门票。如果准新郎爱旅行，那么安排准新郎和参与派对的朋友进行一次周末休闲。拉斯维加斯和纽约是极好的选择，有很多值得一去的地方。

最新的形式是开一场单身汉和单身女郎的共同派对，女士和男士共同出席。这是一种很有趣的形式，准新娘和准新郎与他们最亲密的朋友共同度过美好的时光。

美国女性专属的迎婴聚会

迎婴聚会对准妈妈来说是最为珍贵的时刻。准妈妈总会认为生产后的生活会一团糟。但是迎婴聚会会让准妈妈感受到成为母亲的喜悦。在迎婴聚会中，朋友和家人会送上他们的祝福。

传统上来说，迎婴聚会只为家中的第一个孩子而办，并且只邀请女性参加。起初的目的是让女性们分享为人母的智慧和经验教训。随着时间的推移，给其他的孩子或是收养的孩子开迎婴聚会已变得很平常。根据礼节，由于派对以送礼物为主，一般都由准妈妈的好友而不是家庭成员来安排和主持，因为对家庭来说代表家人要礼物有些无礼。关于何时何地举办迎婴聚会没有特别的规定。通常迎婴聚会在产前一到两个月举办，以便给准爸爸、准妈妈时间购买那些在迎婴聚会中没有收到又必备的物品。客人数量和聚会风格由主人决定。虽然没有明确规定男士不能参加，但大多数主人只邀请女士来参加迎婴聚会。如果迎婴聚会是在孩子出生后举行，那么孩子也会被带去参加聚会。通常，迎婴聚会上会有食物，但不是丰盛的大餐。

有些主人会安排以婴儿为主题的活动，例如品尝婴儿食品的游戏或是猜婴儿的生日或性别。成功地召集一次迎婴聚会要让客人们觉得有趣并带着快乐离开。要确定安排每个人都喜欢的游戏。主人也可以给游戏获胜者一些奖品。为感谢客人送的礼物和客人抽出时间来参加派对，自制的感谢卡是主人表示感谢之意的好办法。

具有象征意义的复活节

在美国，复活节是仅次于圣诞节的主要节日。在日历上，复活节的日期并不固定。它是一个以庆祝耶稣基督被钉死在十字架上后的第三天复活而设立的节日。按基督教教义耶稣基督之死，是为世人赎罪，他的复活是基督教信仰的基石。这一奇迹表明生命能够战胜死亡。通过对上帝的信仰，基督教徒在精神上与耶稣一起复活，由此他们可以踏上人生新的旅程。因此，在基督教中，复活节具有重要意义。但是，和圣诞节一样，随着社会进步，复活节的宗教色彩也越来越淡薄，作为一个民俗节日的特征，则越来越明显。

复活节有很多象征，其中之一就是鸡蛋。对于基督教徒来说，当鸡蛋被砸开的时候，它们代表的是空空如也的坟墓。组织寻找复活节彩蛋游戏也是很常见的。人们假设兔子或野兔把各种形式的彩蛋藏起来。之后，人们，尤其是孩子们，去寻找这些彩蛋。除了鸡蛋，复活节还有一些其他的标志，例如鸟巢、羊羔和兔子或野兔。有时，这些复活节元素会混合在一起出现，例如，兔子形状的糖果和装在鸟巢中的彩蛋放在一起。此外，既有基督教徒又有非基督教徒参与的复活节游行是复活节的另一传统。

复活节星期日并非全国性的假日，但是美国许多地方的商店会歇业，如果它们营业的话，也会限制营业时间。在许多城市，公共交通系统通常是按照常规的星期日时间表运营。在复活节星期日这一天，许多教堂会提供特殊服务来庆祝耶稣的复活。在一些地方，当地的商家会通过组织寻找复活节彩蛋的游戏提高自己的营业额。

总的来说，复活节期间的所有活动都是庆祝自然的重生，大地复苏与万物生长。

开心又刺激的万圣节

在每年的10月末，来到美国的游客会发现一些奇怪现象，美国家庭一般都在准备庆祝万圣节。万圣节的名称源于“万圣节前夜”。它是指圣徒日的前一天晚上，圣徒日在11月1日，是基督徒开创的节日，用来劝说异教徒皈依基督。天主教堂在这一天纪念圣徒们。万圣节的庆祝方式则要追溯到凯尔特人的宗教仪式，在宗教仪式中，人们绞尽脑汁把亡灵吓跑。

据记载，在美国城市中最早的万圣节庆祝仪式发生在1921年的明尼苏达州。20世纪，庆祝万圣节的活动在美国日益流行。在10月31日晚上，

数以百万计的孩子穿上或是有趣或是恐怖的万圣节角色服装，喊着“不给糖果就捣蛋”以收集糖果。

现在，人们不再把万圣节当作仅持续一天的节日。而是把它当作一个会持续一个月甚至一季那么长的节日，因此，参与万圣节活动的人越来越多，呈现出更多的商机，例如万圣节主题公园和果园，人们以万圣节为主题开发许多活动。

传统上来说，万圣节服装以超自然人物为模型，例如怪物、幽灵、骷髅、巫婆和恶魔等。随着时间的推移，美国万圣节服装的选择也扩展到诸如忍者和公主等流行的小说人物和名人。流行文化会影响到人们对万圣节服装的选择，例如，由于电影《加勒比海盗》的热映，那一年许多孩子都选择海盗装扮。

节日期间，人们会用与万圣节相关元素装饰房屋。万圣节形象包括死亡主题、恶魔主题和神话怪物主题。传统的万圣节颜色有黑色、橙色和紫色。如今，万圣节越来越受欢迎。最主要原因就是在享受节日快乐的同时还会受到一点惊吓。

欢聚团圆的感恩节

感恩节是美国法定假日中最地道的美国式节日，也是和美国早期历史关系最为密切的节日。1620 年，英国清教徒乘坐“五月花”号帆船驶向美洲大陆寻求宗教自由之地。他们在海上的风浪中颠簸了两个月，终于在寒冷的 11 月份，在今天的马萨诸塞州普里茅斯登陆。由于没有带足够的粮食，又来不及现种庄稼，因此在第一个冬天，半数以上的移民都死于饥饿和传染病。活下来的人在第一个春季开始播种。当地万帕诺亚格部落的印第安人向他们传授如何种植玉米和其他庄稼，帮助他们掌握狩猎和捕鱼的技巧。1621 年秋天，移民们大获丰收。他们大摆宴席，邀请万帕诺亚格部落的恩人前来享用野火鸡、鸭、鹅、鱼和贝类、玉米，还有多种蔬菜和干果。丰收庆典逐渐成为新英格兰地区的固定节日。多少年来，各州往往在不同日子庆祝感恩节，直到 1941 年，罗斯福总统签署法律，将感恩节确定为 11 月的第 4 个星期四。

如今，感恩节已经彻底成为一年一度的国家法定假日。在这一天，有着各种信仰和背景的美国人共同为一年来上苍的慷慨表示感谢，并虔诚地祈求上帝继续赐福。各个家庭会想一切办法举家团聚。丰盛的家宴早在几个月前就开始着手准备。其中最有特色的和最吸引人的大菜是烤火鸡和南瓜饼。人们喜爱的一些娱乐活动包括观看每年一度的纽约市梅西百货商店大游行的电视直播以及全国各地举行的橄榄球比赛。感恩节后的第二天标志着圣诞购物季节的开始，这对美国零售商来说是一个重要的促销季节。

疯狂的圣诞大采购

对成千上万的美国人来说，一年中最重要的日子就是 12 月 25 日——圣诞节。因为圣诞节意味着一年的忙碌接近尾声，此外，这又是美国的购物季节。购物季通常从 11 月末开始，到 1 月初结束。这期间会有几个宗教节日，人们在这些节日期间交换礼物，因此圣诞节和假期与购物季融为了一体。这是一个购物的旺季，为销售商带来了可观的收益。

许多美国人在此期间都忙于为家人、亲戚和朋友选购和包装礼物；他们会花上几周的时间去买礼物，参加聚会，组织旅行并为节日装饰房间。在美国，圣诞节购物季的个人支出占到全年个人支出总额的四分之一。虽然大减价和存货出清曾是主要消费动力，但是现在次年 1 月的节后销售对销售商来说也很重要，节后销售主要包含两部分，一是冬季清仓销售，二是因为有些人仅在节日的时候送出自制的贺卡，而在节后才补上礼物。

尽管在圣诞节前商场会大幅打折和促销，当整个国家的经济陷于衰退时，2012 年美国的圣诞假期销售额是 2008 年以来最低的。因此，现在许多商场依靠节后销售来收复失地。

在美国，孩子们兴奋地期待着圣诞节，然而有时成年人会因存款不足而惧怕这个节日。但是，如果有计划制定购物预算的话，成人们也能够加

入到节日的庆典中来，还可以把一些现金留到节后，因为圣诞节后的大抢购期间商品会有巨大的折扣。

美国独立纪念日的庆祝

独立日是美国的联邦假期，其目的是为纪念1776年7月4日《独立宣言》正式通过，它正式宣布美国脱离大英帝国的统治。在1776年夏天，美国殖民地居民分裂为两个阵营。约有三分之一的人对大英帝国保持忠诚。而更多人对英国政府的不平等待遇日益不满。到7月份的时候，殖民地武装与英国政府开战。独立的观念迅速在殖民地传播开来。来自13个殖民地的代表齐聚宾夕法尼亚州的费城。大陆会议决定起草一份宣布脱离英国统治的文件，也就是《独立宣言》。

美国独立日是以诸多爱国主题的展示为标志的国庆日。通常会举办焰火表演、游行、烧烤、赛会、野餐、音乐会、棒球比赛、家庭聚会、政治演讲和政治仪式等活动。与其他夏季主题活动相似，独立日庆典多在室外进行。许多政客都会在这一天特别出席公共活动并赞扬这个国家的传统、法律、历史、社会和人民。通常家庭会通过举行或参加野餐、烧烤来庆祝独立日。装饰品，例如飘带、气球和服饰，通常以红、白、蓝为主色调，这些是美国国旗的颜色。庆典游行通常在上午举行，而烟花表演则于晚间在公园、游乐场或小镇广场举行。独立日的烟花表演通常会伴有爱国歌曲，如《上帝保佑美国》《美丽的美利坚》《这片国土是你的土地》《星条旗永不落》，或地方歌曲，如东北部的《扬基歌》和南部各州的《迪克西》。歌曲中的歌词让人们回想起美国独立战争和1812年的南北战争。

如何在美国逛郡博览会

郡博览会，顾名思义是一个郡举办的博览会，一般一年一次，地点通常选在一片开阔地，在那儿搭建帐篷、戏台、摊点及各类游乐设施等。从四面八方赶来的人们还可以交上10美元左右在附近宿营。

博览会的内容丰富精彩，妙趣横生。首先，与中国的庙会一样，会有一些表演节目，如乐队演出、脱口秀表演、小丑表演，甚至警犬训练表演等。看了社区大爷大妈热情洋溢的舞蹈，您准会赞叹美国的老人居然也这么活力四射；看了女牛仔洒脱的脱口秀，不少在场的男子也自愧不如。

几乎与此同时，千奇百怪的比赛也拉开了战幕。比赛分场地进行，有针纺服装类、农牧园艺类、食品类、环保类、艺术工艺类、宠物类等。各类比赛都不乏另类搞笑内容。所有比赛的奖金都由企业或机构友情赞助，金额不高——第一名才只能获得5～100美元的奖金或购物券，而且还得在博览会结束后某段时间内才能领到。相对于不多的奖金，获奖者更重视的是现场颁发的、代表荣誉的蓝丝带。尽管奖金很少，参加者却极其踊跃。有的参加者根本就不是冲奖金和比赛而来，索性就在展品上标记“仅作展示”。

针纺服装类包括工艺被、十字绣、绒绣、刺绣、纺织类服装、针织类服装、花边、节庆布艺、挂毯和地垫、纺纱、织布、印染、缝纫机操作等各项比赛。参赛者必须亲手用家用缝纫机、纺纱机或纯手工完成参赛作品。由于参赛人数太多，各项比赛又细分为若干子项，如纺织服装类包括大衣、婚纱、晚礼服、运动服、夹克、衬衫、短裙、内衣等子项，不少子项又分成年组和少年组分别评比。参赛作品水准颇高，一看就知道那是美国人民，尤其是妇女们一贯热衷于传统手工艺并且长期操练的结果。举办方还经常征集民意，别出心裁地举办一些有趣的比赛项目，如“最佳第一床被子比赛”，为年长妇女的怀旧情结和年轻一代跃跃欲试的心态提供一个出口。

农牧类比赛也是有声有色，欢腾喜庆。土豆、庄稼、牛猪羊鸡是主角。各家的黑牛、白兔、俏猪、乖羊、火鸡，甚至鹌鹑和驼鹿等都粉墨登场，比比谁的身体最健硕，姿态最优美，神态最可人，还有的比赛也要看看它们的配角，即饲养它们的小主人的风采能加多少分。农民们还要进行各项谷物、种子、干草、蔬菜、水果大赛，比比谁家的大麦粒儿规格最高（按联邦标准并结合商业尺度评判），向日葵的脸盘儿最大，玉米长得最高，西

红柿的模样最俏等。令人捧腹的农牧类比赛有“土豆头儿一家亲”比赛、“自然之怪”比赛和“公鸡打鸣”大赛等。

其他类的比赛也都精彩纷呈，典型的有提倡环保的环保艺术品大赛、美不胜收的园艺设计大赛、色香味俱全的甜点大赛、令人忍俊不禁的小狗摇尾巴时间最久比赛、高雅的诗歌创作比赛等等。

郡博览会的另一项刺激好玩的内容是各种游乐活动。过山车、海盗船、蹦极、摩天轮、打靶、超级滑梯等不仅拴住了孩子们的视线，就连成人们也乐此不疲。给带孩子去玩的中国父母一句有价值的忠告就是——索性给孩子买张通票吧！否则，孩子一玩起来就一发不可收，一张张零票攒起来，没准儿最后会比迪斯尼门票还贵。

郡博览会还有各式展览。每年总是有一些展览令人回味，如“老爷”拖拉机展和缩微铁路展等。其中的缩微铁路展是由一群退休铁路职工聚在一起自费共同设计制造的，所有的元件包括火车各部件、铁轨、隧道、山脉、金门大桥、沿途电线、房屋等都是微缩全真模拟他们当时的工作场景和典型路线。虽然，铁路在美国运输业的地位已一落千丈，但是从这件如此庞大而且精细的浸透老人们心血的作品中，仍然能看出铁路当年的辉煌和它在老人们心中永不衰落的神圣地位。

美国人有哪些礼节

1. 鞠躬礼，是下级对上级或同级之间的礼节。行鞠躬礼时要脱帽，右手握住帽檐中央将帽子取下，左手下垂，上身前倾约十五度，两眼注视受礼者，同时表示问候。

2. 握手礼，是全世界通行的礼节。起源于欧洲，最初是表示手里没有武器或亲切的意思。行握手礼时要客人先伸出手才能握手。握手时一般不戴手套，但地位尊贵的人和女士可戴手套。行礼时忌交叉行礼，和女士握手不可太紧。

3. 点头礼，是同级或平辈人之间的礼节。如在路上相遇，可在行进间进行。如遇见长官、上级或长者，不宜行点头礼，而行鞠躬礼。

4. 举手注目礼，这是军人礼节。行礼时举右手，手指伸直并齐，指尖接触帽檐右侧，手掌略向外，手臂与肩齐高，两眼注视受礼者，待对方答礼后将手放下。

5. 吻手礼，是欧美上层社会的礼节。和贵族妇女或夫人见面时，如果女方先伸出手作下垂式，则将手掌轻轻托起吻之。如果女方不伸手，则不行吻手礼。

6. 接吻礼，是上级对下级、长辈对晚辈或朋友、夫妻之间表示亲昵、爱抚的一种礼节。通常是在受礼者脸上或额上亲吻。在高兴、喜庆或悲伤时，一般也行接吻礼，表示亲热或安慰。

7. 拥抱礼，是欧美各国熟人、朋友之间表示亲密感情的一种礼节。见面或告别时互相拥抱，表示亲密无间，感情深厚，拥抱礼通常和接吻礼一起进行。

如何在美国逛农民集市

通常情况下，美国的农民集市设在每周六（冬季，一些寒冷地区的农民集市会取消）。最初举办农民集市的目的主要有三点：一是提高农民的收入，使农民手中的农产品不经过中间商的盘剥直接到达购买者的手里；二是让购买者吃上新鲜有机的瓜果蔬菜；三是增进城乡交流，搞活地方经济。

但是，现在的农民集市出现了很大的变化。首先，参加农民集市的人不再局限于农民，市民和小饭馆从业者，只要交10美元左右，就可以申请加入。再者，商品变得丰富化，不仅有瓜果蔬菜，还有花艺、手工艺、小百货、自制家具、奶酪果酱、面点甜点、熟食烧烤和饰品等。第三，不再限制卖主只销售自己生产的商品，允许他们可以转卖其他的货物。值得注意的是，如果卖主所卖的商品，是自己生产的，购买者就不需要交消费税，但对于卖主转卖的商品，消费者购买后必须交消费税。

农民集市给当地的市民带来许多乐趣和实惠。参加农民集市的农民是

头一天，甚至是当天清早五点钟才从地里或园里摘下西瓜、鲜桃、玉米等农产品，市民购买时，瓜果上还挂着闪亮的露珠。消费者通常在农民集市里购买生活必备的农产品，基本上不会讨价还价，卖主也不会漫天要价，农产品的价格是根据当地的行情而定。由于购买者非常踊跃，卖主一个人忙不过来，他们往往是一家老小齐上阵，搬运、过秤、收钱、装包，流水作业，忙而不乱，一切都显得有条不紊。

农民集市不但为农民与市民提供了一个交流的平台，也为市民与市民之间提供了一个绝好的交流机会。大家一边挑选农产品，一边聊上几句，一切都显得亲切而和谐。随着绿色食品日渐深入人心，保护“菜篮子”显得愈发重要。所以，在经济全球化和进口廉价食品的强烈冲击下，美国的农民集市不但没有减少，反而有大幅度的增长。

什么是百家餐会

Potluck 起源于英国。相传中世纪的时候，有钱的富人外出旅行，住宿在乡间小旅馆里，富人可以花高价让旅馆的工作人员现做新鲜的食物，而没有钱的人则只能吃旅馆做好的食物，也就是说，旅馆里提供什么食物，没有钱的客人就吃什么。锅里做好的食物，味道是好是坏，是否对自己的口味，全凭运气了，因此人们把盛着已经做好食物的锅叫 potluck（直译为运气锅）。后来，随着时代的发展，potluck 偏离了原来的本意，现在通常指各人带着在自家准备好的饭菜，在约定的时间和地点摆开食物，大家一起分享。基于此，将 potluck 意译为百家餐会。

百家餐会在美国非常流行。餐会的地点一般会选在公园、教堂或某个人的家中。每家带来的食物也有所不同，如果有中国、日本、欧洲、非洲等国家或地区的人士参加，百家餐会简直就成了小型的国际菜肴展，比如有中国的木须肉、韩国的泡菜、日本的寿司、印度的咖喱饭、加纳的 shitto 酱、波兰的面食色拉，美国人的汉堡、色拉和甜点等。美中不足的是，如果餐会选在户外，中国菜只好吃凉的了，口感也会大打折扣。尽管如此，凉的中国菜，如木须肉、西红柿炒鸡蛋、青椒土豆丝等，照样很受欢迎。

百家餐会的气氛祥和而随意，参加餐会者没有太多的约束，大家可以来回走动，品尝不同风味的美食，畅谈来自不同地域的风俗习惯以及饮食方式。为了增加餐会的浪漫气息，有时参加餐会者会带着小提琴，在徐徐的微风中一边品尝美食，一边拉小提琴。优美的琴声伴着食物的香味，给每一位参加者带来难以忘记的味觉和听觉享受。可以说，美国的百家餐会，吃是主题，人与人之间相互交流，各种文化相互碰撞与融合，让每一位参与者心灵愉悦，才是餐会的魅力所在。

美国传统的丧葬习俗

1. 守灵。美国的传统葬礼大多采用宗教形式，一般在教堂里举行。葬礼前，灵柩要停放在教堂中，亲友们轮流为逝者守灵。学者分析，守灵这一习俗是由古时人们心理上的原因所形成的，主要表现在两个方面：一是死者的亲属无法接受失去亲人的事实，对亲人会苏醒过来抱有极大的幻想；二是他们曾在死者生前对其精心照顾，死者现在已经不需要照顾了，但他们不肯轻易放下自己的责任。就这样一代一代地传下去，天长日久，守灵自然就成为对死者表示尊敬的一种做法。

2. 墓地风情。在墓地上，有一个有趣的现象，所有墓地的东、南、西三面排满墓碑，而北面的墓碑却少得可怜。这到底是什么原因呢？答案很简单，北面通常是埋葬犯人、凶手或自杀者的地方。据称，基督教的教堂中，宣读福音的地方在圣坛北面，福音的主旨就是让犯罪的人进行忏悔，因此有罪的人死后埋在北边，是让他们的灵魂对生前所犯下的罪行进行忏悔。除了墓碑的位置这一特色外，美国的陵园中，种植有郁郁葱葱的树木。最常见的是水松和垂柳。水松枝繁叶茂，代表着旺盛的生命力；垂柳枝条拖曳，代表着亲人对逝者的无限哀思。

3. 入葬。美国在埋葬死者的时候有一定的规定。传统风俗中，死者生前要是信奉基督教，就要在死者胸前放上十字架，或把他的手交叉放在脑

前，然后头在西，脚在东，面向东方埋葬。据说，这是由早期“拜日说”演变而来。未成年人死去后，埋葬的方式与成年死者有所不同。古罗马时，孩子夭折后，父母会把孩子埋在自家的屋檐下，这样做孩子的灵魂可以得到父母的护佑。时代发生了巨大的变化，人们对死亡的认知也出现了巨大的变化，在美国仍有一些现代人，按照传统的方式安葬未成年的幼儿，有所不同的是，不是把夭折的孩子埋在自家的屋檐下，而是装在已故成年妇女的棺材中，象征着孩子能够继续得到母爱的呵护。

移民签证篇：
进入美国的必备通行证

要想顺利进入美国，必须要获得签证。非移民签证，顾名思义就是访美的人员只能在美从事与其签证类别相关的事务。而移民签证就是发给在境外的移民人作为入境签证国家的凭证。美国是世界上最大的移民输入国，同时也是最大的非移民输入国，对于想要移民美国或非移民进入美国的人，首先就要对美国签证的常识有一个大致的了解，然后才能根据自身的情况确定移民和非移民的方式。

最常见的移民签证代号及其内容

美国是世界上最大的移民输入国，200多年来，世界各地不断有移民迁往美国，使得外来移民及其后裔占据美国总人口的大部分。第二次世界大战后，移民美国的热潮更是一浪高过一浪。

根据《美国移民法》规定，移民指的是那些意图放弃原来居住地和国籍，进入美国永久居留并申请成为美国公民的人。移民签证就是以移民美国为目的的一种签证。一般来说，申请移民的人先要向美国移民局递交申请，移民局经过严格的审核后，会为审核通过者签发一份“批准文件”，然后申请人可以拿着这份文件去美国驻外使领馆申请移民签证。

现在美国的移民签证大致可以分为亲属类、职业类两大类，而根据申请者自身情况不同，还有优先类和非优先类之分。每一种移民签证均有其特殊的代号，下面就来介绍一些比较常见的移民签证代号及其所代表的内容。

1. 美国公民的直系亲属类

IR-1：美国公民的配偶；

IR-2：美国公民的未婚子女（未满21岁）；

IR-3：美国公民在国外收养的孤儿；

IR-4：美国公民在美国境内收养的孤儿；

IR-5：美国公民的父母。

2. 优先类移民

P1-1：美国公民的未婚子女（年过21岁）；

P1-2：P1-1之未婚子女（未满21岁）；

P2-1：合法永久居民的配偶（附条件者为C2-1）；

P2－2：合法永久居民的未婚子女（附条件者为 C2－2）；

P2－3：P2－2 之未婚子女（未满 21 岁）；

P3－3：P3－1 之未婚子女（未满 21 岁）；

P4－1：美国公民之已婚子女（附条件者为 C4－1）；

P4－2：P4－1 之配偶；

P4－3：P4－1 之未婚子女（未满 21 岁）；

P5－1：美国公民的兄弟姐妹；

P5－2：P5－1 的配偶；

P5－3：P5－1 之未婚子女（未满 21 岁）；

P6－1：美国境内缺乏的工作人员；

P6－2：P6－1 的配偶；

P6－3：P6－1 之未婚子女（未满 21 岁）；

C2－3：C2－1 或 C2－2 之未婚子女（未满 21 岁）；

C4－2：C4－1 之配偶；

C4－3：C4－1 之未满 21 岁的未婚子女。

3. 非优先类移民

NP－1：非优先类移民。

4. 特殊签证移民

SB－1：返回美国的合法永久居民；

SD－1：宗教传教士；

SE－1：美国政府在国外雇用的员工。

最常见的非移民签证代号及其内容

A－1：外交官以及眷属。

A－2：外国政府官员及眷属。

A－3：A－1、A－2 签证持有人之随员和雇员。

B－1：短期考察人员，可在美从事业务，但不可从美国任何来源领取

酬劳。

B－2：短期旅游，一般停留 6 个月。

C－1：过境美国去他国，绝不可以在美国工作。

C－2：过境美国进入联合国纽约总部的外国人。

C－3：过境美国的外国政府官员及眷属、随员。

D：船员或飞机机组成员，原则上不可在美改变身份，只能停留 29 天。

E－1：与美国有贸易协定国家的商人、配偶及未成年子女，无限期。

E－2：与美国有投资协定国家的投资者、配偶及未成年子女。

F－1：全时学生，找工作有限制。

F－2：F－1 之配偶和未成年子女。

G－1：美国承认的外国政府驻国际组织的主要代表、职员及家属，未经移民局许可不能在组织外工作。

G－2：美国承认的外国政府驻国际组织的其他代表。

G－3：美国不承认的外国政府驻国际组织的代表及家属。

G－4：国际组织的官员和家属。

G－5：G－1、G－2、G－3、G－4 签证持有者之随员和家属。

H－1a：专业护士，来美担任有期限的注册护士的外国人。

H－1b：具有特殊才能和专业的临时工作人员，须经移民局批准，期限 6 年。

H－2a：短期或季节农工。

H－2b：临时性服务或劳工工作的技工、非技工，须在美国找不到人的情况下方可雇用。

H－3：受训人员，不从事任何生产性或在课堂，在职训练、学习、观察等。

H－4：H 类签证之配偶和未成年子女，来美后不转成 F－1 也可就读。如转成学生，则可有工作权利。

I：外国媒体驻美代表。

J：交换访问者，多数情况下，须返国 2 年后才能转换别的身份。

K：未婚夫（妻），须在90天内与公民结婚并申请绿卡。

L－1：跨国公司内部被调动人员，经理为7年，专业人员为5年。

L－2：L－1之配偶和子女。

M：短期职业技能学习的受训人，到司法部认可的学校作全时学生，可带家属。

O－1：在科学、艺术、教育、商业或运动方面有特别才能的外国人，不受返国居住规定。

O－2：随同O－1签证的外国人。

O－3：O－1之家人。

P：运动家、艺术家和演艺人员。

Q：参加国际文化交流计划者，不超过15个月，酬劳与美国人一样。

R：宗教人员，停留不超过5年。

什么是B类非移民签证

B类非移民类别签证用于外国人到美国进行商务活动（B－1）或其他活动（B－2）。一般而言，B类签证可用于经商、探亲、看病及各种活动，条件是短期内不得受雇或就读，但特殊情况可以特殊对待。B－1商务访问按其需要签发，大部分不超过3个月，有时为6个月。B－2探亲访友签发通常为6个月，有需要可以延长6个月。

B类签证最大的优点是简单，不必得到移民局事先批准，直接去当地美国使领馆签证即可。美国移民局对办理B类签证申请主要考虑5个方面：在美国逗留有期限；到期后打算离开；不放弃海外的居住地；有适当的财务安排；从事合法活动。B－1访问签证的活动范围为：不能在美从事生产性雇用，包括领取工资和受雇用；在美活动应与国际贸易和商务有关，如谈判合约、生意；B－1访问签证持有者的酬劳一般应在海外获得。出席法庭讼案，参加董事会议；参加科学、教育、专业或商业会议；或从事独立的研究工作；其他类别签证不能归类的访问者。

如果申请B类签证者曾申请或正在申请H、L或者其他类非移民签证，只要他（她）能继续维持在自己国家的永久居所，保证签证到期前离开美国，到美从事B－1活动，其B－1签证申请仍可批准。到美后，如申请人试图再申请改变身份，理论上仍是可能的。

办理B类签证，可以向领事馆申请，申请前要填写（B－1）表；156表（所有非移民申请的标准表格）；担保函和邀请信，如果申请者是业主或自雇者，担保函由自己出；担保文件，包括非移民倾向说明和在美活动的说明；申请者的护照；签证用照片（护照尺寸）；申请费。

按规定，护照在到美合法居留期满6个月后仍应有效，B－1的配偶和子女可申请B－2，但很不容易批准，他们必须证明自己一定会返回本国。

申请B－1，准备的文件越仔细越好，根据不同的实际情况，这些文件可能包括：生意往来信函、报价单、合同复印件、订货单，到美国购买东西比推销东西更容易获得签证。

申请人最好也能出示飞机票、旅馆订房证明、旅程安排及详细之会议、约会时间表，到美国花费的财务证明。邀请赴美考察或参加商务活动公司的邀请信特别重要。原则上，著名大公司的邀请信比较有效。

如何申请H－1B类非移民签证

H－1B类非移民签证用于美国公司或机构临时雇用在某一领域有建树的外籍专业人员或知名人士。

1990年的美国移民法以前的专业人士概念主要指医疗卫生行业专业人员、大学教授和教师、工程师、系统分析员及其他计算机行业专业人员、财会人员及其他有助于生意发展的专业人员、律师、建筑师，其他服务行业专业人员。

1. 期限

一般为3年，期满后可再申请延长，共计6年。

注意，H－1B与L－1一样，其6年期限将包括为前雇主雇用时期。例如，以H－1B身份到美为A雇主工作，两年后转为B雇主工作，其在美停留期则只剩下4年。同样，以L－1身份为A雇主工作两年，经移民局批准变成H－1B身份，他也只有4年时间停留美国。

在此期间，他可以随时出入美国。

注意，6年期满后，应离美一年以上才可以用H－1B和L－1身份再返美国。

2. 申请过程

申请以前，雇主须从劳工部得到许可，将此许可附在向移民局申请的H－1B表格中，如果申请得到批准，外国雇员可在美国领事馆得到签证。如果申请时该人已在美国（持其他非移民签证来美），则要填写分开的H－1B表格。

3. 有关担保文件

（1）资格及学历评定

在某些情况下，经验可以取代学士或硕士学位的规定。一般而言，在专业方面的3年专业训练或工作经验，相当于1年大学教育。因此，没有接受大学教育，可是在某个专业领域拥有12年经验的人，可以合乎申请H－1B签证的资格。在寻求用经验取代大学学位时，移民局将审核当事人在此专业方面的教育、训练或工作经验，以及他因此种训练和经验而在此专业方面获认可的能力，是否相当于从事此专业所需的学位规定。这种规定并不只靠年数来计算，移民局审查人员的做法和当事人拥有的经验的性质也有决定性的影响。

如果从事某个职务至少需要硕士学位，则当事人至少必须拥有学士学位，外加5年工作经验，才能符合以工作经验代替学位的规定。这套模式并不适用于博士学位。如果某个职务需要拥有博士学位才能胜任，当事人必须拥有美国的博士学位或其他国家的相当学位。

如果申请人未在美国就读或不拥有美国学位，须将原学位或学历折算成美国学历标准，其学历评定由专门的评估机构进行。

（2）外国医生

根据1990年的美国移民法，外国医生获准在美国行医。以前在外接受

训练的医生只可以到美国教学或从事研究。要以外国医生身份获得 H－1B 签证，在申请书中必须附上申请人通过美国医科执照测验的证明，或得豁免此种要求，以及申请人在他打算工作的州已获得工作许可的证明。此外，申请人必须证明他已通过美国各州医学理事会联盟主持的联盟执照测验，或者是联邦卫生暨人类服务部所认定的同等资格考试。

（3）外国雇员所涉及的专业领域的专业证明

一些很明确的领域不用雇主证明，包括：律师、会计、工程师、教师、教授、心理学家、化学家、图书雇员。在 I－129H 表格及公司信函中简略描述已经足够。

另外一些领域需要雇主清楚界定工作职责和专业范围，包括：经济学家、计算机专家、科学家、商人等。

美国劳工部有一本《专业名称辞典》对职业描述很有帮助。同时，美国劳工部还有一本《职业一览手册》亦有用处。其他一些行业标准及各类出版物，视需要程度也应准备。最有帮助的证明材料当然是外国雇员本身的资历证明材料，这方面应视移民局要求准备得越详细越好。

（4）外国雇员所需的专业执照或雇主认为不需执照的声明

某些专业可能需要外国雇员拥有专门执照，某些州也可能要求一些专业必须要拥有专门执照。如果雇主认为其需要雇人的职位并不必须要有专门执照，则应该在其公司信函中做出专门的声明。

（5）外国雇员的各种证书

学位证书、职称证书、相关工作经验证书、学历协会会员证书、各种受训或奖励证书。

（6）经双方签字的雇用合同

此合同并不必须上交。但如果有双方签字的雇用合同，则应上交。

（7）过去 6 年之内外国雇员的身份证明

作为申请的一部分，雇主必须附上一份有关停留日期的声明，表示会按照移民局 H－1 外国雇员的要求行事。换句话说，用 H－1B 或 L－1 身份在美居留 6 年期满，外国雇员必须在美境外停留一年以上才能再申请返美。

当然，这一年中也可以用 H－1B 身份到美短期停留，其停留期不计入一年离境期。也就是说，在美停留的每一天都会加入必须离境的计算天数之中。

（8）文件的基本要求

移民局会接受复印件，也不要求移民官或律师在复印件上特别说明。但是，复印件须由雇主作如下声明：

本复印件与原件相符，我理解，如有需要我会呈交原件。

所有文件都必须翻译成英文，译件与原文件应附在一起。

如何申请 H－2B 类非移民签证

H－2B 签证主要用于美国公司临时雇用外国非农业职位的技术性和非技术性人员到美工作，这类工作是临时性的，而美国劳工市场又找不到合适人选。雇主要先在美国劳工部申请劳工证（DOL），其目的是不影响美国工人的就业机会（美国工人主要指：公民、永久居民、法律允许的临时性外国雇员，难民及政治庇护者，不包括非法居留的外国人及非移民）。此类签证原则上允许留美期限不得超过 3 年。

1. 申请程序

第一步：申请劳工许可，可申请一人或多人，向美国当地劳工部门申请。

第二步：得到劳工许可证或 DOL 通知后即可向移民局申请 H－2B 签证。

第三步：持移民局批准通知到当地美国领事馆签证。注意，如果延期，所有三步都须重复。在美也可以申请延期，不必马上离开。

2. 申请 H－2B 签证的基本要求

（1）H－2B 可以由个人或多人申请，其身份应很明确；

（2）雇用外国人前的 DOL 必须证明：

失业而有资格的美国工人不合适这个职位；

雇用外国雇员不会影响此行业的工资水平和工作条件。

（3）雇主对于外国雇员技术的需要是暂时性的；

（4）雇主须表明雇用外国人员是暂时性的；

如果雇主曾为某些外国人申请过移民或劳工证，即使这次提供的工作不同，移民局也会拒绝 H－2B 申请。

（5）尽管外国雇员可以是技术性的，但申请者还是须提供相关受训、教育及技术职称等文件；

（6）外国雇员必须保留其本国的住所，目的在于证明其在美属于暂时性；

（7）目前每年只有约 50%的申请获批准；

（8）期满后回国交通费用由雇主付给。

3. 准备文件

（1）劳工证（DOL）；

（2）公司信函及其他表明必须雇用外国雇员的文件；

（3）填写 I－129H 表及附表；

（4）按 I－129H 表及附表要求提供有关文件。

4. 从其他类别转为 H－2B

如果申请人已经在美，这种情况很少见，因为实际上此类别特别指定临时性的进入美国，原则上只有 1 年时限。

办理移民签证需要哪些前提条件

移民申请要提交给美国的移民局审核，只有通过审核的人才能顺利拿到移民签证。那么，移民局在处理这些申请的时候会考虑哪些因素，移民美国又需要哪些具体条件呢？

移民美国主要分为亲属移民和职业移民两大类，根据移民类别的不同，所需要的前提条件也不同，接下来就分别介绍这两类移民方式需要的前提条件。

1. 亲属移民需要的条件

亲属移民主要分为两类，一类是不受全球移民人数限制的亲属移民，即直系亲属移民。这类移民包括的对象是：美国公民的配偶；美国公民的未成年子女（未满 21 岁）；美国公民的父母。这个划分为最亲亲属。还有一类是受到全球移民人数限制的亲属移民，按优先顺序可以分为四个等级：

（1）第一优先：美国公民的成年已婚子女（年过 21 岁）以及他们的子女。

（2）第二优先 A 类：美国永久居民的配偶以及未婚子女（未满 21 岁）；第二优先 B 类：美国永久居民的已婚子女（年过 21 岁）以及他们的子女。

（3）第三优先：美国公民的已婚子女（不计年龄）以及他们的子女。

（4）第四优先：年满或者超过 21 岁的美国公民的兄弟姐妹。这里所说的兄弟姐妹包括了同父同母的亲兄弟姐妹、同父异母/同母异父的继兄弟姐妹，以及被领养的养兄弟姐妹。

2. 职业移民需要的条件

职业移民又叫工作移民，是那些在某些领域有职业优势的人通过赴美工作的方式申请移民的一种途径。对于那些不具备亲属移民条件，本身又有一定特长的人，职业移民无疑是一条重要的途径。美国现行的移民法规定，每年以职业移民到美国的人数总计有 14 万个配额，其中又根据不同的职业和不同的条件划分为五大优先类型。

第一优先：优先劳工。此类劳工不必得到美国劳工局的认可，但要具备如下条件：

（1）具有特优、特殊或特异技能的外籍人士；

（2）著名的教授或研究人员；

（3）跨国公司的高层管理人员。

第二优先：具有学士学位或学士以上高学历的专业人士，或者是在科技、艺术、商业方面有特殊才能者（需要美国劳工局的认可），要具备如下条件：

（1）高学历（最低要拥有学士学位），并且有 5 年以上的工作经验；

（2）具备特殊才能且其才能能够为美国带来实际利益。

第三优先：技术劳工、初级专业人员、非技术劳工（需要美国劳工局的认可），技术劳工要求具备 2 年以上职业训练或实际工作经验。

第四优先：特殊移民

（1）希望重新获得美国国籍者；

（2）宗教人员、牧师；

（3）美国政府驻外单位的特定雇员；

（4）驻在巴拿马运河的员工；

（5）国际组织或机构的某些退休官员及其配偶、子女；

（6）希望重新获得永久居留权者；

（7）某些被少年法庭宣布没有生活能力的儿童；

（8）某些外国医学院的毕业生；

（9）经常来往于美国边境的人员。

第五优先：投资移民。投资移民指的是在新的移民法生效后，申请此类移民的人，需要在失业率比较高的地区或郊区投资至少 50 万美元，并且间接为当地人提供 10 个新的工作机会。如果是在其他地区投资，必须要投资至少 100 万美元，并且确保直接提供 10 个新的工作机会。

如何识别移民中介的优与劣

近些年来，我国的海外移民人数一直呈上涨态势，也随之涌现出了一大批移民中介公司。办理移民手续，到底需不需要中介？如果需要求助于中介，哪些公司值得信任，哪些公司又应该小心提防？

是否需要移民中介的帮助，因人而异。国外一些国家的移民是很少去找中介的，如印度、墨西哥等，因为它们和美国有比较相似的语言环境。而中国和这些国家的情况又有所不同，首先我们国家的语言和美国的语言不同，文化差异也很大，加之申请移民的工作量相当大，手续又十分复杂，所以如果不是对移民这方面有很深了解的话，还是应该去委托可靠的移民中介公司来操办相关事宜。

1. 选择中介移民可能遇到的四大陷阱

现在中国的移民中介公司良莠不齐，其中有创办多年，声誉很好的专业移民中介，不过更多的是创办时间短、信誉低、办事效率低下的小中介公司。在选择移民中介公司的时候，一定要仔细甄别，避免陷入以下四大陷阱。

（1）能包办热门国家的移民的陷阱

有一些移民中介机构为了吸引更广泛的客源，鼓吹自己可以包办所有热门国家的移民，其实只要稍加了解就会发现其中的荒唐之处。到目前为止，我国公安部几乎对每一家批准的移民中介机构都做了移民国家的限制。比如，资质上只有美国的移民机构，即使具备了在其他国家开展业务的能力，也只能开展在移民美国方面的移民业务。

（2）4 个月移民美国的陷阱

每个申请移民的人都希望尽快把手续办下来，因此有些中介机构利用了人们的这一心理。他们宣称几个月就可以完成移民，以此来争取申请者的信任。事实上，所谓 4 个月移民纯粹只是一种噱头，有很多公司 4～6 个月只能完成申报的一个阶段。

（3）100%拿到签证的陷阱

有些移民中介机构对申请者许诺可以 100%拿到签证，虽然这个承诺很有诱惑力，但很可惜只是一个弥天大谎。即使是全世界最顶级的移民中介公司，也不敢保证自己能够做到 100%拿到签证。签证是由美国政府颁发的，被拒签是很正常的一件事，敢如此对申请者郑重承诺的公司，是完全不值得相信的。

（4）移民业务零花费的陷阱

移民中介公司招揽生意的花招可谓层出不穷，而“零花费”就是其中的一招撒手锏。这样的广告无疑很具诱惑力，但如果你真的和这些公司签约你就会发现，所谓免费办理只是无稽之谈，他们会在办理签证的过程中向你索要名目繁多的费用。

2. 判断优秀移民中介的五大标准

什么样的中介公司才是值得信任的呢？下面就来说一下选择优秀移民中介公司的五大标准。

（1）选择具有特许经营许可证的移民中介公司

国内移民中介服务行业实行资格准入制度，从 2002 年起公安部门就开始在全国范围内颁发因私出入境特许经营许可证，对移民行业进行统一监管。所有获得许可证的移民中介服务公司都必须按照规定缴纳一定的押金，以达到更好地保障客户安全利益的目的。

（2）选择成立早且存续时间长的移民中介公司

近年来移民中介行业的规模不断扩大，一大批新成立的移民中介公司相继涌现。这些公司有的经营时间比较长，有的只是昙花一现。有移民打算的人最好选择那些成立比较早，存续时间长的移民中介公司，相对来说这些公司提供的服务更有保障。

（3）选择注重专业与务实的移民中介公司

在选择移民中介公司时，我们一定要对那些暗示申请人“不符合标准，也可以包装”的中介公司提高警惕性。无论是移民中介公司还是移民申请人，一旦进入了移民局的“黑名单”之中，会给以后的移民办理带来很大的麻烦。所以，我们应该尽量选择那些注重专业和务实的移民中介公司，这样才能比较顺利地办理移民的相关事务。

（4）选择以往有诸多成功案例的移民中介公司

在咨询服务行业，实际操作经验丰富与否往往代表着一个公司的整体服务水平，移民中介行业当然也不例外。挑选移民中介公司时，要适当考察其办理过的那些成功案例，把自己的移民事务交给经验丰富的移民中介公司能够减少很多不必要的麻烦。

（5）选择具有经验丰富的专业团队的移民中介公司

办理移民事务会经历这样一个过程：前期咨询——资格评估——文案制作——后期补件——客服跟踪——行前指导——落地服务。这一系列的工作步骤，需要一支经验丰富的专业团队来运作。优秀的移民中介公司会在每个环节设置相应的部门或人员来进行处理，确保每一个移民申请都能够得到最专业和最规范的办理。

哪些原因导致移民签证被拒绝

移民签证是进入美国的一块敲门砖，每天都会有很多人去领事馆办理签证，有人兴高采烈地拿到了签证，也有人因为遭遇拒签而垂头丧气。

遭遇拒签对谁来说都不是愉快的经历，但也不要因此就不知所措，一片茫然。第一次签证拒签，不代表因此就丧失了拿到签证的机会。只要认真总结失败的原因，再对其加以纠正，第二次申请签证的时候成功率还是比较高的。

办理签证最忌讳的就是在第一次遭遇拒签后，什么都不去改变就选择盲目再次申请。美国领事馆没有规定被拒签后不能再次申请，但是根据以往办理签证的经验，如果第一次申请签证失败，第二次还是同样的申请条件，没有主动做一些改变，那么很可能连续遭遇拒签。问题出在哪里，就在哪里解决，解决了问题，你就可以顺利拿到签证。调查了多年来美国大使馆拒发移民签证的种种原因，大致可以归纳为以下几个方面：

1. 经济方面的原因

经济方面的原因是拒签签证最为常见的原因之一，主要是申请者无法出具有力的证据证明自己进入美国后不会成为美国公众的负担，或者是谋求工作却没有得到美国劳工部的认可。每个申请的签证人需要用不同的方式来证实自己有足够的经济实力，或是在美国有亲属能够提供足够的经济支持，或是已经在美国找到合法的工作，或是在银行里有足够数目的存款等。

2. 政治及违反移民法规方面的原因

因为政治原因被拒签的人数并不多，主要是以下几类人：

（1）对美国政府心怀不满的人；

（2）被美国移民局遣送出境不到 1 年时间，并且在没有得到当局的认可

下再次申请入境的人；

（3）交换访问学者离开美国后，在中国居住时间没有达到 2 年的；

（4）没有合格的护照，编造不实文件企图骗取签证者；

（5）曾经试图帮助他人非法入境者。

3. 刑事方面的原因

依据美国移民法的规定，触犯刑法的人不能获得美国的入境签证。在某些情况下，美国公民或者永久居民的配偶、子女及父母可以不受这条法律的限制。如果申请者因为这个原因被拒签，应该通过移民律师寻求必要的法律帮助。

4. 申请手续方面的原因

不能提供必备的证明文件也是很多申请者遭遇拒签的原因之一。或是提供的各种证明不真实或者不齐全，或是仅仅因为移民签证官对申请人进入美国的目的表示怀疑，而申请人又无法消除这种怀疑，从而遭遇拒签。解决这种问题最好的方法是遵照签证官的要求以及美国移民法的规定，准备好应该出具的各种文件，实事求是地办理各种证明资料。

5. 道德方面的原因

申请者在道德方面有问题，也是遭遇拒签的原因之一，这方面的情形主要包括：

（1）以卖淫活动为生者，其中包括了卖淫者本人和皮条客；

（2）进入美国的目的是企图以非法方式谋生或谋利的；

（3）有赌博行为的；

（4）有贩毒行为或者吸毒行为的；

（5）奉行或鼓吹多妻主义者。

年满 16 岁的申请人，如果不能阅读或理解任何一国的语言，也会被拒发签证。这里的语言指的不仅仅是英语，还包括中文。

6. 生理医疗方面的原因

美国移民法规定的因生理医疗方面的原因会遭遇拒签的情况包括：

（1）患有严重精神病，以至于生活不能自理的人。这里并不包括轻微或间歇性的精神病患者；

（2）艾滋病患者、肺病患者以及患上易发生传染病症的患者；

（3）心理变态的性变态者；

（4）酗酒和毒瘾者；

（5）白痴；

（6）因身体有缺陷、残疾而影响谋生能力者。

虽然美国是一个移民大国，每年都有无数移民蜂拥进入美国，但是美国当局并没有放松对移民申请的限制。甚至有时候个别申请人完全符合资格，移民局也会拒发签证。拒发签证除了上述这些原因外，大多是因为证件或者手续不全导致的。

被拒签之后不要太过沮丧，要仔细分析自己是因为何种原因被拒签的。如果是因为财力不足，或者证明不够充分，不足以证实本人有足够的经济实力，应该及时补充有力的证明。遭遇其他原因的拒签也是如此处理。有时候领事馆会将拒签原因用书面通知的形式告知申请人，这时就可以根据书面通知书来完善不足之处。

如何办理移民用的出生证明

什么叫出生证明？顾名思义，出生证明指的就是一个人来到人世的证明材料，是证明身世来源的法律文件。美国的移民法要求所有移民美国的外籍人士必须出示自己的出生证明，这是不可缺少的文件之一，如果没有的话移民申请就不会被通过，不过申请者可以在移民局规定的期限内按要求补足。

中国大陆出具的出生证明叫作“出生公证”，网上有很多人自称可以轻松为人办理出生证明，但那些都是骗人的把戏。如果你去找这些人办理所谓的出生证明，不但不可能移民成功，甚至还有可能因为欺瞒的行为致使自己的移民计划受到严重影响。

移民用的出生证明，需要到户口所在地的派出所进行办理，之后再去

当地的公证处进行公证。出生证明上必须要有出生地、出生年月日以及生父母的姓名。用来申请移民美国的出生证明必须要有英文的，如果没有可以找专业人士进行翻译。

1. 办理出生证明需要哪些材料

（1）申请人需要带上居民身份证、户口簿以及护照复印件，如果申请人已经被注销户口，应该提交原住地派出所开具的户籍情况证明。

（2）申请人可以提供出生时医院签发的出生证，或与父母在一起的户口簿，或申请人所在单位的人事部门开具的和父母关系的证明（注明父母姓名），或父母单位人事部门开具的关系证明，或户口所在地派出所开具的父母关系证明，或街道办事处开具的父母关系证明，或收养证明，在校学习的学生由学校开具父母关系证明。除出生证以及和父母在一起的户口簿，其他的证明在不同的公证处要求都不同，最好在公证之前做详细的咨询。

（3）申请人应该提供近期大一寸照片4张，彩色或黑白的都可以。

（4）如果申请人因个人原因无法前来公证处办理，也可以委托亲朋办理相关事务，受托人应该提供本人的身份证。申请人身居国外无法来办理证明的，要提供本人的委托书正本、身份证复印件以及书面申请一份，申请中要详细说明申请人的出生年月日、出生地点、生父母姓名、什么时候出境、派出所管辖以及委托谁来办理。

（5）检查父母和自己的名字是不是填写正确，特别是名字的拼音是不是有错。

2. 办理出生证明公证的注意事项

申请者可以先到公证处领取出生调查表，然后再由户籍注销地的派出所根据原来的户籍档案填写出生调查表并且加盖公章，也可以由申请人的人事档案存档部门根据档案记录填写出生调查表并且加盖公章，然后即可持有效身份证件和调查表前往公证处进行公证。

如果申请者不能去公证处领取调查表，或者公证处没有出生调查表，也可以由申请者户籍注销地的派出所或者人事档案的存档部门开具相关出生情况的证明信。证明信应该包括这些内容：当事人的姓名、性别、出生日期、出生地、生父母的姓名等。开出证明信的部门还应该在证明信上盖章，派出所需要加盖公章，人事存档部门加盖人事章，然后申请者就可以携带有效身份证件和证明信前往公证处办理公证了。

值得注意的是，发往美国使用的出生公证书还需要加贴申请人的照片，所以申请者还要按照公证处的要求提供相应的照片。

移民签证时经济担保是怎样的

美国对于某些移民种类做出了经济担保的要求，主要是为了避免那些没有足够经济能力的移民进入美国后成为社会的负担。美国的移民法规定，无论移民是选择长期在美国定居，还是想通过美国移民到其他国家，都需要在办理移民签证时提出一个美国居民作为经济担保人，以此来确保移民进入美国后有可靠的经济来源。

美国移民申请需要经济担保的移民类型包括所有的亲属移民和以劳工移民名义申请赴美为其亲友或亲友持有 5%以上股份的公司工作的申请人员。这些人在提交移民申请时，都需要有美国居民为其提供经济担保。

1. 美国移民法对于经济担保人要求的条件

（1）担保人必须是居住在美国境内的美国公民或者永久居民（绿卡持有者），年龄须满 18 岁；

（2）担保人在经济担保书有效期内的年收入不能低于联邦贫困线的 125%。其计算方式是担保人全家人数加上被担保人收入的总和，与联邦政府所规定的同样人数家庭的贫困线收入相比所得的百分比；

（3）担保人需要承担被担保人全部法律上的财务责任，其中包括被担保人和提供贫困公共福利的联邦、州或地方政府以及其他组织负有法律上的责任；

（4）在得知被担保人领取贫困公共福利时，提供福利的政府组织或机构有权要求担保人偿还或者强迫偿还这笔福利费。担保人必须服从联邦法

院对相关诉讼做出的司法判决。法律追诉有效期为 10 年；

（5）如果被担保人的亲属年收入没有达到要求的水平，可以允许亲属以外的人和亲属共同担保，担保人数没有限制，但任何经济担保签署人都必须符合上述要求。

2. 生活担保书需要提供的支持性文件

（1）担保人最近 3 年的税单，如果家庭成员的收入也计算在内，应该同时提供其最近 3 年的税单；

（2）担保人的雇主证明，如果家庭成员的收入也计算在内，应该同时出示；

（3）如果担保人要使用他的资产，或家庭成员的资产，或被担保人的资产来达到符合要求的收入水平，其资产的现金价值至少应该是担保人收入与最低收入线之差的 5 倍。这些资产包括最近一年的银行证明、股票证券、个人资产以及房产证明；

（4）如果家庭成员的收入也计算在内，要提供他们与担保人关系的证明；

（5）如果有共同担保人存在，那么这个人必须是美国公民或者永久居民，并且要提供他的护照或绿卡复印件。

3. 经济担保的有效期

担保人签署的经济担保书从签署当日即开始生效，直到被担保人归化成为美国公民为止，或是被担保人在美国满 40 个工作分为止。工作分的计算以“社会安全法”上面做出的规定为准。

4. 对变更居住地址的通知规定

如果担保人在经济担保书有效期内更换了家庭住址，应该在变更地址后的 30 天内通知司法部或相关的机构，并且通知被担保人居住地的州政府。如果担保人违反了规定，将可能被处以 250～2000 美元的民事罚款，如果担保人是在已经得知被担保人领取贫困公共福利的情况下选择更换家庭住址，将被处以 2000～5000 美元的罚款。

5. 美国移民经济担保的其他规定

担保人如果是美国军队的现役军人（不包括接受训练者），为其子女或配偶申请来美只需要收入不低于联邦贫困线即可。

如果被担保人属于极度贫困状态，不接受贫困福利机构的资助将无法解决食宿问题，可以作为例外处理并报司法部。

被担保人或其子女受到配偶或配偶的家人残酷虐待而求助于贫困福利机构的，将作为例外情况处理。

总的来说，美国政府对于移民要求的经济担保要求并不高，大多数人都可以达到这些要求。如果没有达到这些要求，也许申请移民美国不是一个好的选择。

如何应对移民局的递解令

很多新移民来到美国之后，出于各种各样的原因，在美国生活多年不但没有获得合法的身份，反而接到了移民局的递解令。虽然有递解令也算不上可怕，全美大约有 1000 多万人都接到了递解令，但是拿到这东西总归不是一件好事。那么，什么是递解令呢？获得递解令之后又该如何解除呢？

首先，让我们了解一下什么情况下会有递解令在身。一般来说，移民如果触犯了美国的移民法律或者刑事法律，联邦法院在发放递解令之前会先召开一个递解听证会，移民法院会在这次听证会上对两个问题作出决议：其一，该移民是不是应该被递解出境；其二，该移民是不是还有其他的救济方法。

如果法官决定发递解令，那么接到递解令的移民应该马上离境。离境有自愿离境和强制离境两种，前者的好处就是没有被递解出境的记录，以后再想进入美国也不会面临太多困难，不过如果该移民已经在美国非法滞留 1 年，仍然会面临 10 年之内不得再进入美国的处罚。大多数移民官的态度是，如果移民可以拿出有力的证据证明递解令已经被执行，则表示尊重美国的司法，日后提出豁免 10 年不得入境的限制时，只要解释合理，并且能够证明自己的离境给身在美国的家属带来严重的困难，再次入境也不是不可能。基于不让家人两地分居的人性化考虑，移民局对这种再入境申请的审核通过率还是比较高的。但如果移民当初是被强制离境的，再返回美国的概率就微乎其微了。

然而，有时候被递解人并不知道自己有递解令在身，因此没有选择离开美国，可是递解令并不会因为移民不知情而不产生效力，被递解出境的危机依然存在。这种情况移民应该如何去应对呢?

即使有递解令在身，但是在法律规定下依然可以寻求解除递解令的途径，其中最常见的情况有两种。

第一种情况，是为了避免对在美国替移民申请身份的家人造成严重的困难，申请的条件包括申请者没有犯罪的记录，在美国已经停留了相当长的时间。这里所说的家人只包括配偶、子女以及父母。

第二种情况，被递解人在美国遭遇配偶的虐待或殴打，或者被递解人的子女遭遇虐待，并且被递解人在美国住了一定的法律时间，而且没有犯罪和假结婚的记录。最重要的一点是，被递解人的离开将给在美国的家人带来极大的困难，在这种情况下也可以向移民局申请解除递解令。

如果被递解人觉得自己符合申请解除递解令的资格，可以向美国的国家安全局提出申请。在这个过程中官员会要求你做体检并提供相应的证明文件。法律上规定证明的义务在申请人这一方，因此申请人一定要仔细准备好各种应用的资料。在这种情况下最好是寻求律师的帮助，因为申请的手续比较烦琐，需准备的文件也非常复杂，只有专业人士来进行处理才有可能提高解除递解令的概率。

如何办理亲属移民的签证申请

美国高速发展的经济，带来了很多就业机会，吸引了许多国外的人前来美国发展。随着这些人的身份和生活渐渐稳定下来，就会开始考虑为自己的亲属办理移民。这里向大家介绍有关于办理亲属移民的申请情况。

在申请亲属移民签证时，有很多申请者准备为父母申请的时候会有一种圆满的想法，就是不仅仅为父母申请绿卡，也打算同时为与父母住在一起的兄弟姐妹一起申请，实现全家同时移民美国的梦想，和家人早日团聚。但是，根据美国移民法的规定，对于公民为亲属申请绿卡，只有父母、配偶和未成年子女这三类直系亲属是不需要等待移民排期的，其他种类的亲属关系都需要排期。即使兄弟姐妹尚未成年，并且在中国和父母住在一起，也不可以和父母一起移民，他们只能作为亲属移民第四类（公民的兄弟姐妹）申请移民，这类的排期距现在大约有 11 年时间。

此外还有申请者领养的亲属子女（比如过继兄弟姐妹的子女）作为自己子女申请移民的情况。按照美国移民法规，公民领养兄弟姐妹的子女是不能即刻进行移民申请的。领养的父母必须同被领养的子女共同生活 2 年才能为他们申请美国移民。但是，如果领养的是孤儿，像一些美国公民在中国福利院、孤儿院领养孤儿，这种领养无须要等待 2 年共同生活就可以申请移民。

对于获得绿卡的人，是不能为其父母申请移民的，但绿卡持有者可以为配偶、未成年子女和成年未婚子女申请移民。绿卡持有者在申请亲属移民上，不能为父母、兄弟姐妹申请移民，是一个很大的不便之处。

美国移民法对亲属移民有非常具体的规定，因此，具有美国公民身份或者绿卡持有人在为亲属办理移民时不能想当然，要事前详细了解相关的移民法律、法规，并向有经验的移民律师咨询。只有了解亲属移民方面的规定，才可以少走弯路。

如何办理杰出人才移民的签证申请

根据美国移民法，一个人既无亲属有美国公民身份，也不能享受特殊政策，但是如果符合拥有特别技能的杰出人才这一项条件，那么他可以在任何一个国家通过美国专业律师的协助成功申请到杰出人才移民签证，直至获得美国绿卡。

不少人认为“杰出人才”离自己很遥远，达不到它规定的条件，从而退缩。实际上，“杰出人才”的声誉不仅仅是属于少数社会名流，如果你在专业领域（即使该领域非常窄小）有一定的建树，并且得到权威机构的认可、表彰和奖励，就可以加入“杰出人才”的行列。在很多案例中，有很多的按社会标准并不著名也不够杰出的人得到了“杰出人才”移民签证和美国绿卡。比如特种工艺美术师、民族舞蹈家、声乐教师、画家、书法家、演员、记者、研究人员、高级厨师等。

实际上每一个学有所专、技有所长的人，只要能做出成绩和贡献，并且在其所从事的领域内有着不可替代性，可以对其价值和影响给予精彩的、说服力强的描述。只要有基础材料，并委托具有丰富移民办理经验的专家协助申请，即使看似普通的人也一样可以移民美国。申请人如何定位，选择好陈述角度是非常关键的。而承办人是否通晓杰出人才移民的申请程序，则又是直接关系到申请人能否获得批准的重要环节。

申请杰出人才移民的人，当然也不应是平庸之辈，最起码应有一定成绩，或有自己的作品，或有自己的专著，得到一定的社会承认，在社会上有一定的地位（如是一些专业协会会员或有专业职称）。但这些也并不是一成不变的，可根据申请人的情况进行具体设计。

能移民美国，是很多人的梦想，但是也有不少人苦于找不到门路，也有很多人可能了解了一些杰出人才移民的信息，但却认为自己不符合条件，从而错过大好良机。所以，如果你想移民美国，并在某方面有一定的成绩，那么请找有经验的移民专家进行评估，不能主观判断自己不行，有可能你就是一个杰出人才。

如何办理 EB－3 移民的签证申请

EB－3 签证是以就业为基础的签证，可签发给有技术和无技术的两类人。申请人只要是具备 2 年以上工作经验的专业人员，获得美国雇主提名，就可以向美国劳工局和移民局申请办理移民，一经批准就可合法移民美国。

这是美国移民局对 EB－3 移民签证申请者的基本要求。因为根据美国法律，任何美国劳工市场上短缺的合格人才，都可通过技术或特殊人才的资格，申请成为美国的合法职业移民（雇主移民）。申请 EB－3 移民，起码得满足以下 5 个要求：

1. 学历

虽然任何一个国家的移民都有学历的要求，但美国的 EB－3 移民对学历的最低要求是高中或同等学力即可。对于那些有技术，但没有高学历的人来说，这是一个非常有利的条件。

2. 工作经验

像澳大利亚、新西兰这样的移民国家一般都需要至少 2 年以上的工作经验，美国移民对工作经验的要求比较宽松。只要申请者受过 2 年以上的专业培训就可以申请。

3. 年龄

任何一个国家吸收新的移民都要把申请人的年龄列为考虑是否吸收为新移民的因素之一。但是美国移民局根据职位的不同把年龄适当地放宽到 50 岁左右，但最低年龄须满 21 岁。

4. 语言

现在的移民国家中（如澳大利亚、新西兰、加拿大）都需要英语成绩，如果没有英语成绩，移民申请很难进行，但美国对这类移民的语言要求相对比较宽松。这点对于英语不太好的申请者极为有利。

5. 品行善良

这一点主要表现在无犯罪记录和任何不良记录上，比如在美国没有非法居留超过 180 天。

如何办理投资移民 EB－5 的签证申请

EB－5 即“第五类优先就业型移民签证”。EB－5 项目又称“美国投资移民”项目，是 1990 年立法设定的美国所有移民类别中，申请核准时间最

短、资格条件限制最少的一个签证申请。此类签证每年有1万个名额。根据此方案，外国移民申请人在美投资、创设有利于美国经济的商业性企业，并创造10个全职的美国工人就业机会，即可获发2年期的条件式移民签证。2年届满前90天，若移民投资者的投资行为仍存在，可申请“条件移除”，而成为永久居民。

美国投资移民（EB－5）对申请人的资格条件制定得相当宽松，投资人无须受任何商业背景、年龄、教育程度以及语言能力的条件限制，只要证明其投资资金的来源合法即可。而且此资金不要求是通过自己经营企业所得，也可以是继承或者赠予。此移民类别的特色是“全家移民”，即投资人及其配偶和未满21岁之未婚子女均可以同时申请移民。

1. 投资移民对个人的要求

（1）投资人必须年满21岁；

（2）投资人不必有任何学历、经商或工作经验的背景；

（3）投资人必须拥有50万美元的资产证明（不需由申请人本人累积取得，赠予、继承等方式亦都可以，但必须是来自合法正当的途径）；

（4）投资人必须已经或正积极投入规定的投资金额；

（5）投资人身体健康，无犯罪记录。

2. 申请美国投资移民的具体要求

（1）建立一个新的商业企业；或购买一个现有的企业，加以改造或重组以成为一个新的商业企业；或扩大原有的企业使其净资产和雇用人员达到原来的140%或投资使一个困难企业，就是过去1～2年中净资产减值20%的企业，保住现存所有雇员的职位。投资必须用真实资金，包括现金、机器设备、存货及其他财产。如果是用银行贷款投资，必须是用投资人本人的私人财产作抵押而得到的贷款。投资人与投资的企业之间的债券、票据，或借款等都不是投资。如果投资人和投资企业之间有任何承诺保证投资能够收回或获利的，都不算为投资。

（2）投资额要达到100万美元。在某些特定地区可以投资50万美元，这些特定地区是指达到美国全国失业率1.5倍的地区或某些特定的农村地区。

（3）为不少于10个美国公民或绿卡持有人创造全职的就业机会。移民法对投资移民中“全职员工”的定义是一星期至少工作超过35个小时的员工。如果投资一个在过去1～2年中净资产减值20%的困难企业，要在随后的至少2年内保住所有的现有雇员的职位。

3. 可以投资的企业类型

（1）新的商业企业的投资，包括创新企业或重组旧企业。

（2）扩张现有的企业，可以投资或注资以增加资产或员工四成以上，也就是注资后，资产和员工人数，都为原有规模的1.4倍。

（3）困难企业之投资，企业在注资之前的12～14个月，损失了资产价值的1/5。美国的投资移民不需要有任何经营的经验或教育程度，唯一的条件就是有足够的资金。新企业必须保证能至少运行2年以上，如果新企业连续亏损难以维持2年，投资人可能会得不到移民绿卡。

虽然美国投资移民有诸多的方便，但它也有着一定的局限性和弊端。在美国投资和申请永久居留身份后，该投资者在世界上其他地方的收入也必须在美国纳税，这是很多投资者难以接受的。此外，投资人不能先申请移民签证而后投资，而是在确实进行了投资之后才能申请签证。即使移民局很快批准其投资移民的申请，只是一个有条件限制的临时绿卡。2年之后，移民局对其投资项目进行考察，合格者方能将临时绿卡转为永久绿卡。倘若投资人在这2年中投资失败，投资人不仅丧失了大笔资金，而且还可能得不到永久居留身份。

亲属移民获取绿卡的基本资格

1. 美国公民直系亲属

此类移民任何时候都可以申请绿卡，不受配额限制，主要包括：

（1）配偶。和美国公民结婚，可立即申请永久居留（绿卡），此绿卡是有条件绿卡，要2年后婚姻关系继续存在才能申请免去条件，成为永久

居民。

（2）子女。21 岁以下未婚子女可立即申请绿卡。

（3）父母。21 岁以上的公民可随时为自己的父母申请移民。

关于直系亲属的一些重要事项：

（1）直系亲属的家庭成员不能移民，尽管他们也符合直系亲属的定义。

（2）直系亲属不用等待移民配额，可以不受限制地移民美国，但直系亲属配额归类于亲属移民配额，亲属移民配额全年为 46. 5 万个。首先由直系亲属分配 23. 9 万个，余下的 22. 6 万个分配给 4 个家属优先项目。

（3）合乎移民局规定的寡妇和鳏夫也属于直系亲属。这类近亲在美国公民配偶死亡时他们必须已结婚至少两年，而且没有合法分居。

（4）直系亲属以非移民身份合法入境，其移民申请获得批准，即使曾非法工作，也可调整身份。

2. 美国公民和永久居民的其他亲属

美国国会和 1990 年移民法将此定为四类：

（1）美国公民的未婚子女：23400 个名额加上特殊移民项目没有用完的配额。此类子女为第一优先，指已成年的超过 21 岁的离婚子女。例如，美国公民的一个 24 岁的离婚儿子，他有一个 3 岁的女儿，他和女儿都属于这个第一优先类别。

（2）第二优先 A 类有永久居留权的外国人的配偶和未婚子女：11. 4 万个名额加上第一优先没有用完的指标的 23%，因为其余 77%是分配给有杰出能力的外国人用的。永久居民的成年未婚子女属于第二优先 B 类，名额共同使用。

（3）美国公民的已婚子女：23400 个名额加上任何以上两个项目未用完的名额。（这一类人以墨西哥、菲律宾和中国香港人居多）这个类别称为亲属移民第三优先。

（4）美国公民的兄弟姐妹：65000 个名额加上任何前三个亲属移民类别中没有用完的名额。此类别称为第四优先。

结婚时的临时绿卡如何转为正式绿卡

1. 基本条件

由于外国人利用“假结婚”途径取得移民身份的情形非常普遍，这种欺诈方式在美国属于刑事罪名。移民法规定，如果是以与美国公民或合法永久居民结婚的方式申请移民，这名外国人和配偶必须提出证据，证明他们的婚姻是合法而正当的，不是为了取得移民身份而结婚。

透过美国公民或有永久居留权的配偶申请到移民的外国人，最初拿到的并非永久性质的居留身份，这名外国人先获得有条件的永久居留权。所有永久居民所享受的权利、权益，应尽的责任、义务，也同样适用于有条件的永久居民。根据移民法，有条件的永久居民可以替符合条件的家属申请移民，也可永久住在美国。

结婚两年，在有条件居民身份届满两周年之前的 90 天内，与美国公民或合法永久居民配偶联合提出移除居留条件限制的申请。如果批准，即成为正式的没有条件限制的永久居民。如果在规定期限内未提出申请，永久居留身份将自动消失。

（1）正当婚姻

有血缘关系的亲戚之间的婚姻，不为移民局认可，同样地，双方因为有阻碍尚无法正式结合的婚姻也被认为无效。譬如，再婚前还没有拿到合法有效的离婚判决书即是一例。

如果移民局已批准了涉及这类婚姻的移民申请，可是领事官员对其是否合法有效提出质疑，并且认为没有必要将移民申请直接退回移民局，领事官员必须向国务院征求有关这宗申请案的意见。

（2）同居婚姻

如果近亲移民申请的基础——结婚，发生在美国，这宗婚姻是否合法有效，将由结婚当事人办理结婚登记所在的州的州法律来决定。因此，结婚所在地的州如果视同居婚姻为合法，并且被赋予与传统合法婚姻完全一样的法律权利和义务，移民局将接受利用同居婚姻关系提出的移民申请。当事人可提出确认所有婚姻权利（包括继承权在内）的正式法律文件，证明这类婚姻合法有效。

一名外国人即使已与配偶分居，只要婚姻关系尚未终止，仍可以“配偶”身份申请移民。另外，移民受益人或申请人以前的离婚判决必须有效合法，他们的婚姻才算有效合法。如果离婚判决是在受益人与申请人结婚之后批下来，他们的婚姻将不被认可，因为他们是在离婚之前结的婚。

2. 取消临时条件绿卡的申请

如果一名外国人经由与美国公民或有永久居留权的居民结婚获得有条件的居留权，必须在其有条件居留权届满两周年之前的 90 天内提出 I－751 表格——申请移除有条件居留权。这份申请表应由这名外国人和美国公民即有永久居留权的配偶联合提出。虽然移民局规定这类案子一般都要联合提出申请，可是也有某些例外。

（1）申请正式绿卡的主要文件

申请移除有条件居留权的外国人必须随表格附上本人的外国人登记卡副本以及申请表上所列的有条件居留权子女的外国人登记卡副本。

为移除有条件居留权，这名外国人必须证明，婚姻是基于“诚信”，绝对没有钻移民法的漏洞。有关这桩婚姻是否属实的证明文件，内容必须极为广泛足以具体说明两人结婚迄今的婚姻关系；如果婚姻关系中止，则必须具体说明关系之所以中止的任何原因。证明文件应该尽量涵盖结婚以来的所有时期。

（2）证明文件

——这桩婚姻所生孩子的出生证明。

——显示夫妻共同居住和（或）共同拥有住所的租约或抵押贷款合约。

——显示夫妻共同拥有资产和共同负担责任义务的财务记录，譬如联合储蓄和支票账户、联合缴纳联邦及州税款记录、显示另一半为受益人的保险保单、联合水电账单、联合分期付款或其他贷款的证明。

——其他足以证明这桩婚姻绝非钻移民法漏洞的文件。

——在这名外国人和其配偶结婚获得有条件居留权以来就认识这对夫妻，并且对他们的婚姻关系有密切了解的至少两个人所签署的宣誓书（他们可能要在移民官前就宣誓书的内容作证）。申请人必须递交宣誓书原本，宣誓书原本中必须附有宣誓人的全部姓名和地址，出生日期和地点，与这名外国人和其配偶的关系，以及宣誓人如何了解这对夫妻的婚姻关系属实的详细内容。

3. I－751 表的功能

外国人递上 I－751 表格后，其有条件居留权将自动再延长 6 个月。他（她）将接到一张申请收据。这张收据须随身携带。这名外国人这段时间如果出国旅行，他（她）在入关时只要出示外国人登记卡以及收据，即可重新入境美国。这张收据可让这名外国人在 6 个月期间出境、入境。一般说来，他（她）的申请案会在 6 个月到期之前裁定，届时移民局会在他（她）的护照上盖“I－551”印章，表示获得永久居留权。这名外国人不久将接获移民局寄发的永久居留卡，也就是所谓的“绿卡”。绿卡持有人可享有绿卡之权益，随时进出美国。

哪五种工作类别可以优先获得绿卡

美国永久居留权即俗称的“绿卡”，一般主要由两种途径获得：亲属移民和职业移民。职业移民通过美国雇主提供工作机会获得绿卡。当然还有诸如“抽签绿卡”之类的途径，但数量较少。亲属移民和职业移民通常都需要担保人，前者的担保人为近亲，后者的担保人为雇主，由担保人向移民局申请，被申请人通常称为受益人。

美国国会按轻重缓急给职业移民排定优先次序，第一类优先即最重要、最优先处理，逐次按顺序逐步处理。美国公民的近亲移民没有配额限制，职业移民前三类每年总共有 12 万个指标，后两类每年各有 1 万个指标，换言之，职业移民一至五类优先每年总共有 14 万个指标。

1. 第一类工作类别，即第一优先类别

此类优先工作人员每年有 4 万份的签证配额。

这个类别主要包括：

（1）拥有杰出能力的外国人（不需要劳工证）；

（2）杰出的教授和研究人员（不需要劳工证）；

（3）国际公司的多国业务主管和经理人员（不需要劳工证）。

2. 第二类工作类别，即第二优先类别

这个类别主要包括：

（1）拥有高等学位的专业人员；

（2）能力杰出的外国人。

这个类别每年有 4 万份签证配额，第一类工作类别没有用完的签证配额也移交到此类别。此类别需要劳工证和雇主担保，但经移民局批准按“国家利益豁免”的除外。

3. 第三类工作类别，即第三优先类别

这个类别主要包括：

（1）技术工人（至少需要两年的职位训练和工作经历）；

（2）专业人员（不够资格申请第二优先类别的持有学士学位者）；

（3）其他工作人员。

第三类工作类别每年有 4 万份签证配额，外加第一类和第二类工作类别没有用完的签证配额。不过第三类工作类别的第三类别每年核发的签证不得超过 1 万份。此类优先全部需要劳工证和雇主担保。

4. 第四类工作类别，即第四优先类别

这个类别主要包括：

（1）特殊移民（每年有 1 万份签证配额）；

（2）宗教人员。

5. 第五类工作类别，即第五优先类别

主要针对投资移民，这个类别的投资移民每年有 1 万份签证配额。

投资移民如何获取绿卡

职业移民第五类优先为投资移民，根据1990年法案而定，每年此类移民有10000个配额，投资者可分为“特定范围”和“不限制范围”。此类移民不需要劳工证。

1. 投资移民的基本要求

投资移民绿卡的基本要求如下：（1）投资额不少于100万美金。（2）投资者必须承担投资风险。（3）投资的企业必须创造不少于10个全时工作机会。（4）投资的企业必须是“新建企业”或“生意困难的企业”。（5）投资者必须参与企业管理，可以是日常管理或者是决策管理。

2. 投资人提供相关材料

申请人准备美国政府所要求的资料并不复杂困难。实际上，申请美国的投资移民签证的要求，比包括加拿大在内的许多国家的要求简单得多。

（1）护照：随同申请文件提交每位家庭成员的本国护照副本，如无法提供护照副本，则提交每人的本国身份证件。

（2）家庭关系证明：出生证明、户口簿以及其他证明婚姻关系和亲属关系的证件。如有领养子女，需要提供判决书的副本。若已离婚或有一方配偶去世，需有终止婚姻证明。申请中所包括的每位家庭成员的资料都需提供。

（3）个人简历：具体写明投资人的教育背景、工作经历和经营企业及投资方面的经验。需提交大学文凭或其他学历证书。若有申请人的公司营业执照、公司介绍手册等，将会很有帮助。如身为某专业组织的成员也请写明。投资人必须是成功的专业人士或商人，要能够提出公司、财务或家庭背景资料，以证明财务资料中的财产净值来源。申请人提供的有关个人经历或专业成就的资料越多越好。虽然法规并未要求必须提供这类文件，但提供尽可能完备的资料有助于完成您的申请。财务报告或财务资料包括由会计师、银行负责人或律师开具的表明家庭财产净值超过50万美元或

100 万美元的证明。净值财产可包括股票、不动产（如房产或不动产投资）或现金（如银行开具的账户资金款额证明信原件）等。净值资产总额中也包括首期投资款在内。需要提交财产价值核实报告。

（4）资金来源：资金来源必须合法，投资人必须出具由律师或政府所开具的信件，表明了解申请人及其企业的情况，并能证明投资人“获得资金的渠道合法”，必须包括证明文件。通过走私和贩毒等非法经营渠道赚取的资金是投资移民不容许的。资金合法来源可以是：出售资产所得、股票或债券、企业利润、企业转让所得、礼物和遗产等。必须提供说明礼品或遗产的证明信原件以供核实之用。也可以是接受由公司、银行或家庭成员提供的贷款。

（5）资金转移：在递交申请之前，投资人必须将其首期投资从私人资产中转移至可支付利息的美国境内或海外的银行律师托管账户中。

（6）身体检查：申请获得批准之后，投资人需做例行的身体检查。进行身体检查时，医生填写表格，由投资人将其递交给美国驻外使领馆或移民局。健康问题通常不会导致申请被拒绝，但是需要在问答表中如实填写，使律师能够确认申请人是否符合申请资格。

（6）无犯罪证明：申请获得批准之后，申请人及每位 16 岁以上的家庭成员需要获得由本国有关机构出具的无犯罪证明（在美境内，申请者则从美方取得此类证明）。轻罪可以申请免责，但是这类信息需在问答表中如实填写，使律师能确认申请人是否符合申请资格。申请人还需递交指纹卡，以便使美国政府完成对投资人及家人的无犯罪背景调查。

3. 注意事项

投资移民第一步所获得的是两年期的有条件的临时绿卡。

两年以后，投资人必须证明已按要求完成全额投资，并证明投资企业创造或维持了必要的就业机会，其目的是排除签证诈骗行为。

移民局不希望投资人取得绿卡后立即终止投资。法律要求投资至少需要维持两年。

撤销绿卡条件限制的移民法规，准许适当的弹性以考虑投资诚意。因此，即使没有足够的雇工人数只要有有力的证据表明投资诚意，仍有可能撤销绿卡限制，如婚姻移民。

如果在两年期中，移民局发现有以下任何情况，皆可否决条件绿卡：

（1）新企业的建立仅仅为了躲避移民法；

（2）新企业事实上不存在；

（3）投资不到位或不完全到位；

（4）投资者不继续支持新企业，有拿到绿卡即终止投资的意图；

（5）资金来源非法。

教育篇：
新思维一直在改变明天

美国教育一直处在世界教育的前沿，是世界教育发展的风向标，拥有哈佛大学、加州理工学院、麻省理工学院、耶鲁大学等世界知名高校。美国的高等院校培养出许多杰出的政治家、科学家、文学家、艺术家。美国高校为何会成为世界各地学子争相报考的对象呢？主要原因在于美国有前卫的教育理念和先进的教育管理以及合理的教育方式。

殖民地时期教育是什么样的

美国殖民地时期的学校基本上是殖民者按照欧洲的模式移植来的，主要有以下三种类型：

（1）初等教育方面主要有主妇学校和镇学。主妇学校在殖民地中比较普及，大概就是由懂得知识的家庭主妇向家长收一部分学费，儿童就可以在这位主妇那里进行学习，主妇通常在厨房里教他们，故而也称“厨学”。主妇主要教字母、计算、祈祷和教义问答等一些基本内容，有时也选学一些《圣经》里面的段落或句子。新英格兰（美国东北部六个州的总称，这六个州分别是：马萨诸塞州、康涅狄格州、佛蒙特州、新罕布什尔州、缅因州和罗得岛州。）以镇学为主。儿童的学习内容是阅读、书写、宗教，主要的读本是《新英格兰启蒙读本》。

（2）中等教育方面有拉丁文法学校和文实学校。创办于1635年的波士顿拉丁文法学校是美国第一所拉丁文法学校，该校属于贵族学校，有钱有势人家的孩子才能进入该校学习。拉丁文法学校规定年满7岁的男孩可以入学，学制通常为7年，然后通过考试进入高一等级的学院继续深造。这期间，学生熟练掌握希腊文和拉丁文，主要学习古典文化及宗教教义。这种拉丁文法学校最大的缺陷是，生搬硬套书本上的知识，忽略了学生技能方面的培养，导致学生无法适应社会的需求。针对这种弊端，1749年B. 富兰克林提出了《宾夕法尼亚青年教育的建议》，倡议建立面向实际的新型中等学校，即文实中学。建议修习科学，学习历史、数学以及采用本族语进行教学等。富兰克林的倡议得到了广泛的支持，1751年费城学校挂牌成立，算术、会计、英文文法、簿记、公共演讲、书法、绘图、航海、科学、测量等是该校的主要课程。由于文实中学适应社会的发展，深受家长们的喜爱，他们都乐意把孩子送到这种学校里学习，很快就取代拉丁文法学校成为美国主要的中等学校。但它基本上是私立收费的，因而入学人数有限。

（3）高等教育方面以学院为主。1636年哈佛学院成立，该学院是殖民地第一所高等学府，主要以培养牧师为主。到1769年，殖民地共创办了9所这样的学院。开设的课程都以学习古典文化为主，学院在招收学生方面，要求十分严格，只有少数富家子弟才能通过考试，被学院录入。

建国至南北战争时期的教育是什么样的

1776年7月4日，《独立宣言》在费城正式通过，美国宣告诞生。建国初期政府把教育与巩固新政权紧密联系起来，这时的教育要适应政治、经济的发展。早在T. 杰斐逊总统（第三任）任弗吉尼亚州州长期间，就给弗吉尼亚教育制定了一系列的规划，这一规划奠定了美国公立教育的基础。

建国初期，办学校、鼓励学习实用知识被很多州写进宪法。此外，联邦政府颁布的《1785年土地法令》和《1787年西北土地法令》，对鼓励兴办学校也起到了推动作用。法令规定优先拨公共土地用于办教育，法令还把乡细分成36个地段，其中的"第16地段"作为办学区，任何个人或团体不得以任何借口将该地段用作其他用途。另外，《美利坚合众国宪法》第十条的两次修正案也涉及教育：第一次修正案中明确指出国会不制定设立国教或禁止信仰自由的法律。第二次修正案中规定州有权力兴办教育，国家不得干涉。

正是由于各州有了教育的行政管理权力，公立教育发展起来以后，各州建立了集中管理。有关州的教育政策和实施，需要通过州立法、行政、司法三部门联合实施。州议会负责制定本州的各种教育法规，从而为本州的教育保驾护航。州的教育政策，由州教育委员会负责提出。马萨诸塞州于1837年设立的州教育委员会，是美国最早设立的州教育委员会。州的最高教育行政机构是州教育厅，厅长负责全面的工作。如果在教育的过程中，出现诉讼案，州高级法院负责作裁决。学区由联邦政府直接负责，主要以中小学教育为主。学区同其他行政区一样，也设教育委员会，成员由本地选民选举或直接指派产生。

南北战争至二战时期的教育是什么样的

美国南北战争后，国内经济快速增长，到19世纪末，工业生产已跃居世界首位。美国在发展工业的同时，教育也得到了很大的发展，这一时期是美国教育的"扩充时期"。

19世纪新兴的"中学"教育理念就是"为生活做准备"，由于在后期的实践中发现一些弊端，美国教育部门就做了相应的调整，把升学率也作为教育的一部分，学生的课程逐渐增多，学业为4年，形成了"8·4制"。实行这样的学制，中学的教育与学院的关系出现了一些问题。为了更好地让学生接受教育，1893年美国全国教育理事会组织相关人员，研究中学该开设什么学科的问题。1895年，该理事会经过一系列的调查研究，建议缩短小学年限，因此就形成了"6·3·3制"学制。1918年，中等教育改组委员会，提出"健康、掌握根本方法（读、写、算技能）、职业效率、好的家庭成员、公民资格、会用休闲时间、道德性格。"七大中等教育原则。这"七大中等教育原则"对美国中等教育实施产生了深远的影响。

解决了中等教育的问题后，美国开始着眼高等教育，当时德国的教育处于世界领先地位，美国就效仿德国的办学模式。1876年美国第一所真正具备研究生院水平的约翰斯·霍普金斯大学创立了。大学本身就具有许多的优势，一些老的学院为了适应时代的发展，纷纷改组，例如哈佛、耶鲁、哥伦比亚、密歇根、威斯康星、加利福尼亚都随之改成了大学。这种新型大学，在注重普通教育的基础上，设立德国式研究生院。各种专业学校改组成大学之后，设置哲学博士学位。这些教育改革措施，促进了美国科学和学术的发展，提高了美国科学和学术的水平。

第二次世界大战以后的教育是什么样的

由于第二次世界大战的战火没有烧到美国大陆上，工业得以完整保存，第二次世界大战以后，美国凭借雄厚的工业基础，确立了在资本主义世界中的领先地位，它的经济、军事力量快速膨胀，教育也有了很大的发展。迫于战后国际和国内的各种形势，美国教育又进行了一系列的改革。同时，现代技术教育在各大院校的推广，引起了教育在组织、方式、方法等方面的改变。

美国现行的学校教育方式分为四级，即：学前教育、初等教育、中等教育、高等教育。这种学制在 19 世纪末 20 世纪初形成后，至今没有大的变动。

学前教育分保育学校和幼儿园两个阶段，只招收 3～5 岁的儿童。美国一直强调早期教育的重要性，第二次世界大战后，学前教育机构的数量明显增多。保育学校主要是在幼儿园阶段，儿童在老师潜移默化的引导下，认识和活动量增多，这一阶段是为儿童进入小学做些预备。

学生在小学和中学受教育的年限是 9～12 年，属于义务教育，各州有所不同。这时，中小学的教育有两种学制，即“8・4 制”和“6・3・3 制”。美国小学教育分 6 年或 8 年。6 年的分为低级和中级。8 年的分为低级、中级、高级。小学开设的课程有：英语、数学、社会、自然、外语、美术与应用艺术、卫生与体育。中学教育分 4 年或 6 年，其中 6 年分为两种，一种是初中和高中两级，另一种是 6 年连贯制。中学开设的课程有：英语、社会学科（包括历史、地理、公民和经济等）、科学、数学、外语、人文学科（包括语言、文学、艺术和哲学等）、体育与卫生、家政、工艺等等。美国的中学大部分是综合中学，课程除了必修学科外，还设有学术课程、职业课程等，学生根据自己的兴趣和能力进行选修。1917 年《史密斯—休斯法案》被美国国会通过，法案规定联邦政府资助中等职业教育计划，资助培养这种师资，这一措施推动了综合中学的发展。另外，也存在少量的“专业中学”，如艺术类、教育类、职业技术类等。20 世纪 60 年代后期，出现 4

年制的“中间学校”，采用“4·4·4制”，由五、六、七、八这4个年级组成。这样改组的好处是，可以适应从儿童到青年期前期这个过渡期间（少年期）的需要。

近年来，美国中小学教育出现几种新的情况。①从20世纪五六十年代的注重“成绩优异”转而注重“切合需要”。要求教育要切合实际，课程应该与儿童和青年的生活紧密相连。例如，在社会学科中，学生注重实践，可以走进社区接触一些实际问题；在数学中，可以把学校、商店及家中碰到的问题联系到一起。②注重教育与“劳动世界”的关系。要求儿童了解劳动的价值和劳动的意义，给予学生谋生技能的培训，这样就可以有效地解决中学毕业后就业的问题。③注重“多种文化教育”。美国是一个多民族、多人种的国家，社会文化具有多样性。过去一直认为应该统一美国的文化和生活方式，进行“美国化”教育，反对文化的多样性，现在则强调各种文化对于美国社会的贡献和存在价值。④由于“学术能力倾向测验”成绩下降，而提出了“回到基础学科去”，即强调读、写、算的基本技能。

灵活多样是美国高等教育的最大特点。美国现行的“高等院校”大概可以分为：①2年制初级学院或社区学院、技术专科学校。毕业时学校授予学生副学士学位。这类学校大多是职业技术类，学业结束后可以转入实行4年制的学院中，直接从三年级开始继续接受教育。②4年制学院。毕业时学校授予学生学士学位。这类学院大多属于“文科”类，以本科教育为主，但有的学校也开设研究生教育。③大学。美国大学通常包括本科专业学校、研究生院。学生在研究生院毕业后，学校根据学生的学习级别，授予硕士和博士两种学位。哲学博士属于典型的高级学位，还有专业学位，如医学博士。“教学、研究、服务”是美国高等院校的3项基本职能。

当代美国教育的基本理念是什么

美国教育体制的基本理念是让尽可能多的人获得尽可能多的教育。美国50个州都有“强制入学”法律，要求年轻人接受入学教育或家庭教育。

根据全美州议会联合会的说法，有 26 个州都要求学生上学至少要上到 16 岁，其他州规定的年龄是 17 岁或 18 岁，或是规定一个必须上到的具体年级。

受 2002 年一部备受争议的联邦法律《不让一个孩子掉队》的影响，大部分州的考试题目设计都避免使学生在中学毕业时拿不到规定的分数。

美国教育体制并不像传统的英国教育体制或其他国家的教育体制那样设有标准化考试，用考试成绩来限制中学毕业生进入更高学府。当然也有一些非常有名的标准化考试，如学术能力测验、美国大学测试、托福考试、研究生入学考试、管理专业研究生入学考试等，不过考试成绩只是决定能否入学的几个因素中的一个而已。

在中学阶段，甚至在高等教育阶段，美国的教育体制总是试图接纳学生，即使他们的学术抱负和资质可能并不高，即使他们身体上甚至心理上有缺陷，即使他们的母语并不是英语。

让尽可能多的人获得尽可能多的教育这一理念毫无疑问是人人平等观念的产物。然而，这些观念并非意味着每个人都有同等的机会进入哈佛、斯坦福或其他竞争性较强的高等学府。进入这些高校的通常只有那些在学业和课外活动方面表现最优秀的人。其他人通常也都能被高校录取，只不过录取学校教学质量要稍差一些。

根据美国人口调查局的数据，截至 2008 年，全美 25 岁以上的人口中至少 93%以上都接受了 9 年教育，84%以上都接受了 4 年中学或更高层次的教育，27%的人获得了一个或更多的学士学位。根据经济合作与发展组织的数据，1996 年美国每 10 万名居民中有 5840 人接受过高等教育（即高中以上教育），仅次于希腊、韩国和新西兰。

很明显，比起那种只想培养少部分特别适合学术事业人才的教育体制，美国这种接纳尽可能多的人的教育体制会招收更多的学生。美国教育体制中对学术成绩的要求并不像其他国家的教育体制那样严格。很多情况下，美国学生在争取硕士学位（即学士以上的学位）之前不会面临真正严格的学习要求。相比而言，其他很多国家的教育体制早在学生入学的最初几年

就对他们提出过多的要求，尽管大学的要求可能要低一些。日本的情况便是如此。

父母为什么要参与到孩子的教育中

在美国，很多中小学校都将父母参与孩子的教育视为理想化的教育方式。学校鼓励父母去熟悉学校的设施和孩子们的老师，与孩子们谈论在学校发生的事，并在孩子遇到学习或社交困难时与老师沟通并合作。

学校通常会在临近新学年的时候举行"返校夜"活动，让父母有机会参观学校、会见老师及了解课程设置。整个学年，学校都会向父母发送消息告知他们学校举办的活动。定期举行的家长会旨在鼓励父母与孩子的老师多多交流。

父母在督促孩子独立完成家庭作业的时候，鼓励孩子动脑筋、想办法，提示孩子多问几个为什么。引导孩子变换角度思考问题，比如每道题能有几种解法。引导孩子去发现和总结规律性的东西，鼓励孩子大胆质疑，培养孩子具有刨根问底的品质和精神。孩子在完成家庭作业之前，父母教育孩子抵制各种干扰，尽量克服孩子在学习时间内一会儿喝水、一会儿上卫生间、一会儿接电话、一会儿找东西等现象。此外，父母还出席孩子所参与的体育比赛、音乐演出和戏剧演出。他们甚至要监护孩子们的校外考察旅行或自愿参加其他形式的活动。这种要求父母参与教育的情况在外国父母看来有些奇怪，在他们的国家，教育被认为是老师的事，不会让父母在教育过程中发挥如此积极的作用。

越来越普遍的情况是，父母会继续参与孩子们的教育，即使他们已经从中学毕业进入高等学校。这些父母被称为"直升机父母"，因为他们一直"盘旋"在孩子附近并且随时会"俯冲"下来干预孩子的生活，他们会询问教授孩子的分数或要求学生宿舍管理员给孩子换更好的室友。

教育工作者和学生的社会地位如何

许多美国老师（这个称呼通常是指那些在幼儿园至 12 年级——中学最高年级——的阶段任教的人）会说他们在社会上的地位并不是很高，工资并不是很高，工作环境通常也不如其他许多职业舒适。《纽约时报》2005 年发布的一份调查结果显示，高中老师在职业排名中位列第 34，小学和初中老师排第 45，幼儿园和学前班老师排第 100。（排在第一的职业是“内科医生和外科医生”。）

同样，美国大学的教授也不像在其他很多国家那样享有很高的社会地位。根据《纽约时报》的调查，高校教师的职业地位排名是第 25 位，在高校教师这个职业类别内部也有地位排名。排名第一的高校教师是医学院外科系主任，外科学是一个应用性很强而不是纯理论性的学科。教授有时被看成是因为做不好任何其他事才去教书的人。人们对教授的成见——生活在“象牙塔”里、与世隔绝等——反映了这一观念。

在有些国家中，学生们也受到相当程度的尊重，因为要成为一名学生相对来说并不容易，需要付出特别的努力。在美国则不然。几乎所有 18 岁以下的人都是学生，18 岁以上的学生也不计其数。在这种情况下，学生，甚至是研究生（除了个别博士生之外）很少会受到特别的尊重。

最后，就是教师的培养问题。在大多数学院和大学里，培养未来教师的人处于或接近大学地位等级的最底层，他们通常被业内的其他人士瞧不起。

政治对美国教育有何影响

在美国的有些州和社区中，当前的政治冲突会直接影响到中小学的管理。学校董事会会在“性教育”、“毒品教育”或“多元文化教育”的重要性问题上争论不休。对政府持否定态度的州立法委员主张州政府应采取将

选择权交给父母的形式，由他们选择孩子去上哪所学校（不论是公立还是私立）。这种观点与支持公共教育的立法委员的观点相冲突。

州长会指定其政治上的支持者担任学校董事会的职位，董事会管理着全州的主要公立大学，由此那些州长的支持者的政治思想就可能会影响大学的政策。不过，政治冲突对美国教育机构的影响程度目前可能已经降到最低。全国性的政治冲突与地方性的情况不同，很少会直接影响到美国各级教育机构的人事、管理或政策。除了发生全国性危机（如越南战争）的时期外，美国学生通常不关心政治，尽管有一小部分相对活跃的学生会定期参加一些活动，通过吸引公众注意来获得支持。他们的活动通常针对重大的社会和政治问题，如世界贸易、人权、同性恋以及环境保护等。

美国学校面临着哪些问题

像其他社会机构一样，教育机构也在一个接一个的问题上不断成为议论的焦点。有的问题只涉及中小学，有的问题只涉及高等院校，有的则涉及所有级别的教育机构。

所有级别的学校都面临“教学可信度”的问题。如何确定某位老师或某所学校的教学质量是否优秀？这样的问题无法用美国人热衷使用的量化数据来回答，因此它们将继续困扰教育管理者、政客和美国公众。

在中小学层面上，一个经常受到热议的问题是教科书的内容和质量。书中有偏见吗？内容是否过于简单？书本是否避开了一些有争议的问题，从而不会冒犯潜在的购买者？是否为了迎合潜在顾客的口味而歪曲了“事实”？

人们常常呼吁中小学在课程中增加这项或那项内容以纠正已经存在的社会问题。学校会被要求讲授价值观与道德标准、矛盾解决、种族融合、环境保护、世界和平、性教育以及卫生与健康等方面问题的课程。而在其他许多国家中，这类问题更多的是在家庭、宗教组织、政党或其他一些社会机构内部进行讨论。

因为美国教育体制的地方分权比较明显，所以这些问题才会在一个又一个地方重复出现。不同的地方会有不同的解决办法，不像权力相对集中的国家的教育体制那样有统一的官方解决办法。

美国人的家庭学校是什么样的

很多人无法想象，没有了公共教育，社会会是个什么样子。然而这个人们所熟知的教育系统建立至今也不过200年的时间。

随着时间的推移，一些家长对越来越多地强加于孩子和家庭身上的要求感到不满。另一些人则对学校为孩子创造了最好的学习环境这一观点表示质疑。早期的教育家约翰·霍尔特就是其中之一。20世纪70年代，在试图改革学校系统受挫之后，他声援了一个非学校化的运动。正是因为这些先驱和有勇气挑战这一体系的父母们播撒的希望种子，才有了家庭学校如今的繁荣景象。开始家庭教育的决定迎合了孩子们的需要，而不是班级或是学校系统的需要。孩子被当作独立的个体对待。同时也得到了理解与关爱。

尽管美国高等法院支持家长们进行家庭教育，但每个州都有不同的关于家庭学校的法律。就拿德克萨斯州来说，家庭学校被认为是私立学校，并不需要服从公立学校的要求。对德州家庭学校的唯一要求是向6～17岁的孩子教授书面的阅读、拼写、语法、数学课程，以及教他们如何成为举止得体的良好公民。家庭学校不需要向州政府通知报告，不需要教授经本州批准的具有家庭学校特质的课程、也不需要达到最低授课时间或者上交家庭学校的考试成绩。学生不一定非要父母来充当老师。然而，那些有3个以上的非本家庭学生的家庭学校必须根据本地分区条例申请育儿许可。德克萨斯州的家庭学校可以自主决定毕业的要求，在毕业年龄上也没有最低要求。州立法也避免了家庭学校的学习者被高校歧视。

美国的助学贷款为什么让人欢喜让人忧

在美国，大学毕业季已经成为一年中多少令人有些压抑的时候，因为这时毕业生必须面对两个现实，一是找个好工作并不容易，二是他们的助学贷款偿还期正在向他们逼近。美国大学委员会的报告显示，2010 年美国发放助学贷款的数额首次突破 1000 亿美元大关，2011 年未偿还助学贷款总额首次超过 1 万亿美元。扣除价格因素，学生借贷比十年前翻了一番。

学生们和谋求再培训的人通过联邦贷款项目借出巨额的款项，可能成为寻找工作、试图开始职业生涯的年轻人所背负的沉重负担。那些负债累累开始其成年生活的年轻人所面临的信贷风险可能给他们未来的经济状况带来拖累。负债太多的学生最终只能推迟完成诸如买车、买房、结婚生子等人生中重要的事件。考虑到找工作的黯淡前景，一些大学毕业生甚至后悔办理了助学贷款，特别是当一些人发现他们所从事的工作并不需要大学学位的时候。

“一代工资奴隶即将诞生，”维拉诺瓦大学金融专业研究生尼克·帕帝尼说，“助学贷款是下一个信贷泡沫——输的不是贷方，而是借方。”据美国教育部统计，截止到 2010 年 9 月 30 日的两年内有近 10%的联邦助学贷款借款人发生过违约行为。私人学生贷款违约数也在上升。违约后再想重回正轨并非易事：毕业生的信用等级将会大跌，会给他们贷款、租房都带来难度。有批评人士指出，许多有巨额债务要偿还的大学毕业生找工作时看重的是工资够不够还贷，而不是他们是否喜欢。

美国青少年课余兼职行为的是与非

据新近统计，美国有 86%的高中生在放学后、周末或暑假期间都有兼职。那些高中时就兼职的学生极有可能在大学期间也打工。不管是暑期零工还是课余兼职，青少年和年轻人在打工过程中都可以学着承担责任，还能赚些零花钱。当然他们应该谨慎选择课余兼职，不能因为打工影响学习。

一份合适的工作可以为青少年培养伴随他们一生的工作习惯。保姆是一个灵活的工作，可以让青少年理解照顾孩子所需要的责任。那些有弟弟妹妹的青少年通常会对这个工作有些经验，但也有些青少年去参加育儿培训课程并获得认证。包括美国红十字会在内的一些国家组织都设有育儿培训课程。此外，也有一些项目不但为想赚些钱的青少年和年轻人提供了机会，同时也有助于他们对一些社会问题的认识。州政府和地方政府经常为青少年创造适合他们的工作机会。学生可以查看当地政府的网站寻找工作机会，还可以留心公园和俱乐部的信息栏。对于青少年来说，零售店的工作通常比其他兼职工作在时间安排上更灵活，薪酬也较高。全年都可以做，在像圣诞节这样的假日，可工作的时间就更多了。有些商店在繁忙的时候会雇用临时工，一些商店则只在周末雇人。

很多工作只是平日晚上轮一两个小时班而已，通常一学年平均每周工作 10 至 20 小时。一周工作超过 20 小时则可能导致成绩下降。那些每天工作时间过长的学生很难维持课外活动、建立社交关系。放学后，这样的学生因为要赶着去上班而没有时间交朋友。长时间辛苦的工作、得不到足够的睡眠会消耗学生的体力。毫不奇怪，由于经济上的压力，年轻的美国人待在学校学习的人数可能减少，而从兼职转为全职的反而有可能增多。

如何理解美国的间隔年教育

你刚刚高中或大学毕业且无所事事吗？在通往更高等教育的路途上觉得精疲力竭了吗？不想盲目投身一个未必适合你的工作吗？还是现在上大学对你来说成本太高了？那么你可以做一个全新的决定，那就是，给自己一个“间隔年”!

“间隔年”的概念如今在世界上一些地方相当流行，意思是从正规的教育、培训或者工作单位抽身出来一段时间，一般是 3 到 24 个月，去旅行或做另外的工作。

选择间隔年的人中，学生们占大部分。加州大学洛杉矶分校高等教育研究所的数据显示，约 1.2%的美国大学新生选择推迟一年入学。一流大学通常允许被录取的学生推迟一年或两年入学。将近 30 年来，哈佛大学就一直建议学生们在入学之前考虑给自己一个间隔年，甚至还在录取通知书中提到这一点。现在一些学校甚至提供正式的间隔年项目。一些学生还把间隔年当作一种充实简历的方式，在获得一些高中里无法得到的经验后重新申请大学。这并不能保证一定能进入大学，但确实曾经帮助过许多人申请成功。一名起初在某所大学的等待名单上的学生，在经历去哥斯达黎加和阿根廷教书的间隔年后，可能就被录取了。

间隔年当然不是学生的专利。很多人在求学期间没有享受过间隔年，或者那时经济条件不允许。他们会选择在工作几年之后补上这一课，并且往往在回归工作之后惊喜地发现，用人单位很看重他们这段离职的时间，自己成了更有价值的员工。

美国学生如何考大学

美国不实行全国大学入学统考，但是有两大本科入学考试，分别是学术能力评估考试和美国大学测评系统。大多数美国高校要求高中生提供其中一种考试的成绩。这两大考试每年都分别举行几次。对于这些考试，什么时候参加、参加几次完全取决于学生自己。一些学生为了考出最理想的成绩会多次参加考试。

然而对这类考试公平性的质疑也一直不断。原因之一是准备这类考试占用了学生太多的学习和生活时间。现在有些大学已经不再要求提供这两类考试的成绩。学生也可以提供考试结果，但只是在自愿的基础上，没有学术能力评估考试或美国大学测评系统的成绩，学生也可申请就读将近 800 所高校。然而，无论反对者还是赞成者都认为标准化测试成绩只是应该考虑的事情之一。学校想要清楚地了解学生是否全面发展，以及有什么突出之处。他们会参考你高中时的平均积分点、班级排名、个人论文，以及参与课外活动的情况。所以在这类事情上投入时间和精力很重要。

大多数学校都会有一系列不同的录取方式。常规录取意味着学校会在 4 月份的时候将录取结果邮寄给申请者。滚动录取是一种学校对申请材料随到随审的录取方式，申请者可以在任何时候提交申请。不过名额有限，所以还是早些申请为好。具有约束力的提前录取是为那些非常确定自己想要就读哪所学校的学生，以及想要在 4 月份之前知道录取结果的学生设置的录取方式。但申请具有约束力的提前录取有个缺点，就是你被锁定这所学校，一旦被录取，就必须去那里就读。有些学校提供不具约束力的提前录取，是指可以提前录取，但是考生却不是非到该校就读不可。所以要搞清楚你心仪的学校采取的是上述哪种或哪几种录取方式。

美国大学有哪些特点

美国的大学在发展过程中，一方面受到来自欧洲，特别是英、德两国教育的影响，另一方面受到国内价值观念和社会经济发展的制约，例如来自同类大学的竞争和对政府的不信任，从而导致美国大学与其他国家有所不同的特点。这些特点主要有：种类多样化和规模庞大化；市场机制左右大学的发展；大学有充分的自主权和政府监控松散；校与校之间竞争激烈；学生对母校的忠诚和荣誉感强；办学资金来自社会各个方面；繁复的课程种类和严格的课程设置；本科生和研究生在教学方面界限明显；系一级学术研究机构具有绝对的优势；教学人员的流动性；中学与大学之间的联系十分灵活；对周围社会环境的变化快速做出相关对应；高教系统的一体化，等等。

总体而言，美国高校的特点主要服务于以下两个方面：

第一，自治。美国教育实行的是地方分权制，州及地方政府对所辖的教育机构有管理权和组织权。联邦宪法规定，政府在国民教育方面具有领导、资助和鼓励的责任，国会要根据实际情况为教育拨款，但不能直接参与教育的管理。

联邦政府没有专门设立针对教育的中央教育行政管理部门。以前曾在联邦政府的教育、卫生和福利部下设有教育总署，该总署的职能是负责管理联邦政府对各级教育机关的援助计划及对学生的助学金和贷款计划。1980年教育总署升为内阁级的教育部，但其职能却没有什么大的变化。在美国，无论个人、团体或教会、宗教组织等，都可以在合法的情况下兴办学校。美国大学在行政管理、任命教授、挑选学生、筹集资金、分配经费、学生选课等方面，可以自己做主，不受政府限制，即便是公立大学，也是这种情况。

近些年的现状有所改观，联邦政府对教育的影响显著增加，州行政当局或地方行政当局对学校的权力也比以前扩大。联邦政府规定，大学在聘请教职员和招收学生的过程中，禁止实行性别、种族、国籍、年龄、宗教等方面的歧视。同时，华盛顿方面也取得了对科研拨款的支配权，从而使政府对科研方向产生影响。即便如此，经费来源的多样性和大学的传统独立性等种种因素，仍然使美国大学享有比其他国家的大学更多的自由。

第二，竞争。美国大学层次分明，每一层次的不同院校之间存在着激烈的竞争。这种竞争是全方位的，主要涉及师资、生源、资金等方面，竞争的结果通常以各院校等级评定和排名的形式在各种刊物上定期公布。

在激烈的竞争中，要想生存下来，就连一流大学也必须不断进行调整，才能保住自己的优势。在竞争中，学校只有保持自己的特色和个性，才能得以生存和发展。因此，从竞争而言，它加强了美国大学多元化和自治的特点。

总的来说，美国的教育之所以处于世界领先地位，这与它的自治和竞争有很大的关系。正是有了自治和竞争，从而使美国大学更具有进取精神，更能够适应时代的变化。一般认为，美国大学优于其他发达国家的大学，主要表现在：高等教育成功地向全民开放，高校改革的深入程度，第一流的科研能力，专业教育的质量以及提供多样化的教育以满足学生不同的需要。

美国大学分为几大类

卡耐基教学促进基金会于1973年在其主席、前加州大学校长克拉克·克尔博士主持下，根据功能和性质对美国的大学作了分类研究。研究表明，美国的高等院校分为6种类型，分别是：①授予博士学位的高等学校；②综合性大学和学院；③文理学院；④两年制的社区、初级与技术学院；⑤职业学院或其他专科学院；⑥非传统教育院校。

六类院校又分19种，这样分就可以体现出同类院校之间的差异。卡耐基教学促进基金会做的分类显示出美国经济与社会发展对专门人才的需求，该分类同时也成为研究美国高等教育的重要依据。1976年，美国国家教育统计中心做过统计，授予博士学位的大学和综合性大学占美国大学总数的23.9%，文理学院和专科学院占35.8%，其余所有院校占40.3%。

1987年，卡耐基教学促进基金会又在新的主席欧内斯特·L·博耶博士领导下，对1973年的分类法作了修改。新的分类法表明，从1973年到1987年的10多年里，美国大学依然保持着多样化，高等教育的结构层次和总体规模相对稳定。

卡耐基教学促进基金会的分类法对美国大学的分类，具有广泛的科学的指导意义。近年来，《美国新闻和世界报道》杂志对卡耐基教学促进基金会的分类法作了简化，并加入地区因素等技术性处理。综合各种因素，对美国1400所左右经过认可的4年制高校的名次逐年作了评比。据该杂志1994年9月发布的美国大学排名榜，当年美国有229所全国性大学，164所全国性文理学院，500所地区性学院和大学，433所地区性文理学院以及90所专门学校共5类院校，两年制的社区学院未列入此榜。

卡耐基教学促进基金会的分类法比较复杂，通常情况下也可以把美国的高校分为以下3种类型：

（1）两年制学院。两年制学院又称初级或技术学院，这种学院大多为公立，基本上是地方社区所举办，也称“社区学院”。社区学院的课程有两

种类型：一类是过渡性文理课程，相当于4年制大学的头两年，学生毕业后根据学习情况，可以转入4年制大学继续深造；另一类为终止性职业技术课程，学生毕业后就可以直接就业。无论是继续学习还是直接就业，社区学院都会给合格的毕业生颁授准学士学位。灵活性、多样性和开放性是社区学院的特点，主要表现在：学生入学条件简单，不受年龄的限制，也不需要考试就能够入学；学生的学习时间比较灵活，有全日、半日、周末、夜间课程供学生选择，还开设有假期班；学业年限短，收费价格低，所开设的课程具有针对性，便于学生就业。因此，社区学院受到社会各界的青睐。当然，社区学院也存在着诸多的问题，例如师资薄弱、教学设施简单、学生的学习能力参差不齐以及教职人员和学生流动性大等。但是，社区学院作为大学教育、职业教育、成人教育的综合体，充分让社会中不同阶层的人，享受到接受教育的机会，代表着高等教育发展方向。可以说，社区学院作为美国高等教育的基石，为美国的高等教育做出了突出的贡献。

（2）四年制学院。四年制学院大体上分为两类：一类是文理学院或文科学院。设置课程包括人文学（语言、文学、哲学、艺术、音乐、文化史等）、社会及行为科学（历史、地理、经济、政治、社会学、人类学、心理学等）和自然科学（数学、物理、化学、生物学、地质学等）三大领域。现在，有的学院增设了企业管理、护理、教育等学科，从而更好地使学院适应社会的发展；另一类是独立的专科学院，例如工程学院、师范学院、音乐学院、建筑学院、机械学院等，这类学院属于职业教育型，以培养专业技能人才为标准。近些年来，有相当数量的专科学院，扩大了自己的招生范围，提供较完备的文理课程及学位。学生在这两类学院的学习年限为4年。学生毕业后，文理学院和文科学院向毕业生颁授文学士和理学士，专科学院则授予专业学位。

（3）综合性大学。综合性大学师资充实、组织复杂、规模庞大、设施完备，颁授学士、硕士和博士3种学位。综合性大学在以文理学院为核心的基础上增设若干个学院，除了文理基本课程外，每所大学根据自身发展情况以及增设的学院，相对应地开设国际问题、商科、教育、传播、新闻、图书馆学、工程与技术、卫生、农业、建筑、家政、旅馆管理等学科。许多综合性大学非常注重研究工作，不仅拥有先进的科研设备、精湛的研究团队，也设有以向高校和社会输送教学和研究人才为双重使命的研究生院，因此这些大学又被称为研究性大学。此外，很多综合性大学还开设诸如管理学院、法学院、医学院等若干高级专业学院。招生对象为大学本科学历的学生，学制为3～4年，学生入学竞争仍异常激烈，因为一旦拥有专业学位，就可以跻身高收入的阶层，所以很多本科学生都希望能够拿到这样的学位。

美国大学的学位制是怎样的

美国现行的学位制有四种，分别为：准学士、学士、硕士、博士学位，它们分别代表本科和研究生两大类教育的不同水平，其中2年制准学士学位不是攻读学士学位的必经阶段，所以说美国的学位制基本上是3级结构。美国高等院校设置的学科门类繁多，边缘学科和新兴学科不断出现，因此美国的学位五花八门，例如本科学位中，除了传统的文理科必授的学位外，随着社会的发展，有些学院会增设一些学科，便出现了一些诸如环保学士、质检学士、安全学士等学位。若按学位的性质来划分，大抵可以分为学术（研究）学位和专业（专科）学位两种；此外，美国大学还颁授荣誉学位，接受荣誉学位的人对社会有突出贡献，而不是在学术上有所作为。这种学位并不直接反映学术成就，而是对于对社会有杰出贡献者的承认。

1. 准学士学位

学生完成中学教育后，下一步就应该进入4年制高等院校进行学习。进入高等院校的前两年课程，学生可以选择2年制的初级、技术或社区学院，修完全部文理科课程的学生可得准文学士或准理学士学位，修完相应的职业、技术课程则可得准应用文学士或准应用理学士学位；2年制学院的所有课程学生可以用1年或不到1年时间修完，届时学生所得的不是学位而是资格证书（准学士学位），这种证书有助于学生谋职就业。学生在获得这种证

书的前期学习过程中，课程偏重职业性，学术水准不高，因此美国高等教育传统的“第一学位”通常指的是学士学位而不是资格证书（准学士学位）。不过近些年来，2年制学院培养出来的学生颇受社会欢迎，准学士学位的身价也有所提高，成为本科教育的基本学位。

2. 学士学位

学生中学毕业后，顺利进入学院或大学完成4年学业，就可以得到学士学位。文理科学士学位课程一般是4年，每学年两个学期，但也有院校实行3学年制或3学期（秋季、春季和夏季）制。

通常情况美国对学习语言、文学及其他人文学、历史和艺术的学生授予文学士学位，对学习社会科学和自然科学的学生授予理学士学位；另外，专业学院还设置各种专业学位，因为文学士是历史最为悠久的学位，所以某些院校除了授予学习自然科学及工程和应用科学的学生理学士学位外，其余一概授予文学士学位。这种现象目前已有所改观。

学生在大学或学院要想获得学士学位，前两年的课程为基础学科，必须完成英语写作、外语、文学、社会科学和理科的某些学科，后两年以专业课程为主，学生要根据自己的兴趣或爱好选择一门主修科目和2门副修科目；教学采用学分制；4年内学生修满120学分可以得到学士学位。

有些院校允许学生在大学三、四年级时就进入专业学院学习，这在法学院、医学院和工程学院尤为普遍，这些学生也许要花5年以上的时间来取得他们的学士学位，不过他们的本科教育和研究生教育有一部分在时间上是重叠的。

3. 硕士学位

美国有600所以上的院校有颁发硕士学位的资格，不同的院校颁发的学位也有所不同，甚至在这些院校不同的系中颁发的学位也有不同的意义。有些院校中，学生在5年内修完所有的课程就可以获得此学位；而在另外一些院校，情况有所不同，学生必须通过资格考试，提交学位论文，还要选修一门外语，等所有成绩合格后，才算完成学业；有时硕士学位是修完2年制专业课程的学位，如工商管理专业；有时是3年制的研究课程，如美术专业。硕士学位还可以是第二级专业学位，如建筑学专业和药理学专业。

有些院校把硕士学位定为研究学位，而另外一些院校则把硕士学位看成是通向博士学位的中间阶梯，具有考查学生的性质；有些学院中的学生往往绕过硕士学位这一级而直接攻读博士学位，对于那些不够条件攻读博士学位而又高于学士学位的学生，院校则给这类学生颁授硕士学位予以安慰。

硕士学位基本上分文理科硕士和专业硕士两种类型。文理科硕士即文科硕士和理科硕士，由于各个院校对学位的定位不同，两者有时较难区分。文理科硕士学位要求学生一般要修习 24～30 学分的课程，其中大部分课程属于专业领域。学生转校，只要专业对口，学分可以随学生从一个院校转到另一个院校。大部分院校中的学生修完硕士课程，通常需要 2～3 年，年限最短为 1 年，最长 5 年左右。

专业硕士学位的定义比较明确，在学位头衔前注明所学专业；其课程设置较紧凑，管理较严格，声誉也较高，如工商管理、工程、美术等专业硕士学位，由于许多州的教育当局把硕士学位规定为中学教师执教和晋升的先决条件，硕士学位与教育专业的关系日益密切，近年来半数左右的硕士学位被授予教育专业的学生，教育专业的硕士学位通常为教育学硕士学位，目前一些院校中教育学文科硕士的数量激增，此种专业学位主要授予那些准备从事中等教育的文科学生，他们既无须专修教育学，也无须提交学位论文，但须有在学校授课的实践。教育专业的需要大大加重了各高校研究生院的负担。降低入学标准和粗制滥造的现象也不时出现，致使整个硕士学位的声誉有所下降。

4. 博士学位

美国高等院校授予的最高学位是博士学位。学生无论在人文科学、社会科学、自然科学等领域获得该学位的，都被称作哲学博士；哲学博士学位重点强调学术研究方面的能力，这与其他专业的博士学位有所区别。

对博士学位的要求各个院校存在着一定的差异，博士教育的要求也有所不同。

攻读博士学位的研究生要有一定的文化修养，必须选修法语、德语和俄语3门外语中的2门，近些年来随着亚洲在世界舞台上的崛起，东方语言如汉语也被列入必修外语中的一种选择；有些院校对必修的2门外语做了修改，例如学生可以只掌握一门外语，但必须要经过严格的考试，或者用专业课程（如让经济系学生加选数学或统计学课程）来代替一门外语。

学生完成全部课程并达到规定的外语要求外，还要通过综合性考试，分笔试或口试，或两者都要考；学生的考试成绩由本专业的教授委员会（或本系的全体教师）进行审核，最终确定学生是否具备撰写博士论文的条件；学生通过综合性考试后，才可以取得博士候选人资格，所以综合性考试又被称为资格考试，凡是通过资格考试后的博士候选人，还要向本专业的教授委员会作一次选题报告，委员会认可学生提交的选题后，学生才可以撰写博士论文。

撰写博士论文是学生取得博士学位的最后阶段。早期的博士论文则侧重于对知识和专业领域有创造性的贡献，而现在则强调学术研究的价值；由于各科学习的标准不同，选题的难易不同，博士候选人知识的深浅不一等因素，学生在写博士论文时，可以在一年内完成，也可以花数年的时间来完成；许多学生在通过博士资格考试后找到一份全日制工作，因此可用来撰写博士论文的时间便大为减少，美国院校通常规定，攻读哲学博士学位的年限对全日制学生而言不得超过3～4年，但实际上往往超出这一年限；一般来说，在社会科学和人文学领域攻读博士学位，与理工科相比，所需时间要长，但成功率却要低。

学生完成博士论文并符合相关条件后，绝大多数院校还要对学生进行最后的考试，这场考试通常为口试，考题往往与学生提交的博士论文的内容相关，学生要对其论文的论点、依据和价值进行公开答辩。公开答辩前，校方预先在全校范围内张榜通告，有兴趣者可以旁听。其他博士学位如教育学博士学位或科学博士学位的取得过程与哲学博士学位大同小异。

美国大学曾对博士论文有出版的要求，但由于印刷费用的上涨及博士论文数量的迅猛增长，这一规定目前有所改变，现在的博士论文可以制成缩微胶片加以保存，或者作者抽出其中的某些部分在专业杂志上发表。

除了哲学博士学位外，美国的其他专业学位（如医学、法律等领域的学位），反映的不是学术水准而是高层次的职业水准。例如医学博士属于专业学位的范畴，专门授予符合当医生的学生，而医学哲学博士学位就属于研究学位，是对研究者科研能力的认可；换句话说，医学博士可以行医看病，医学哲学博士则可以胜任科研带教。

专业博士学位的课程主要包括专业理论实际应用和基础理论。学生为了进入专业学院继续学习深造，申请者必须先完成相关的一些本科课程。医学院要求学生修完生物学和化学的相关课程，法学院要求学生具备社会科学基础，工程学院要求学生先取得工程学学士学位；不同的专业，课程长短不一；医学博士通常要求学生有3～4年本科教育和4年医学院的专业教育；医学院毕业的学生必须实习满1年，再通过考试才能获得行医资格证，如果学生想成为专科医生，那么还需再做几年实习医生，在实习中积累经验，然后才有资格当专科医生；神学士学位一般要求4年本科和3年神学院专业教育，法学士学位通常也要求4年本科和3年法学院专业教育；在社会工作、图书馆学和工商管理等专业，硕士学位已普遍被视为符合专业条件的标志。

美国的博士后不是学位，而是对博士学位的补充，是博士学位者在科研机构继续从事研究工作而设置的过渡性职位。博士后教育没有严格的教学形式和教学结构，博士后研究人员完成某个阶段的研究后，就可以转到适合自己工作的地方或到另外一个地方继续进行博士后研究；根据专业水平不同，博士后分为三个等级：取得博士学位后的最初两年为初级博士后；3～5年为中级博士后；5年以上者为高级博士后；博士后教育有助于学术研究的开展和人才的培养。对博士本人而言，博士后作为缓冲，为博士毕业后寻找工作减轻压力。目前博士后教育，是美国高等教育的重要组成部分。

美国大学有哪些招生标准和制度

美国高等院校按录取标准及政策不同，大致可以分为四类：

第一类院校实行开放性的招生政策。只要符合条件，录取所有申请人

学者，并且为部分不合格的学生进行补课。这类招生政策适用于社区学院和州立 4 年制大学。尽管这类学院招收的学生中途退学率较高，但从理论上可以保证人人都有接受大学教育的机会。

第二类院校实行“最低限度筛选”的招生政策。美国大部分高等院校都实行这类招生政策，接纳符合最低入学标准的学生。学生入学考试的目的不是决定是否录取，而是考查学生的基本能力以便量才施教。因此这类院校招收的学生，他们的平均成绩通常要低于全国大学新生的平均成绩。由于这类院校入学门槛低，学生中途退学率也极高，在一二年级有时竟高达 60%～70%。从某种意义而言，这类院校的筛选工作是在新生入学后才开始进行。

第三类院校实行有选择性的招生政策。这类院校在美国大约有 200～300 所，学生入学考试主要考查他们的一般能力，学业成绩占次要位置。这类院校通常挑选中等成绩（总平均分数在 C）以上的学生（美国中学总平均分数为 6 等，从最高的 A 到最低的 F)。因此，学生的成绩在偏高于至远高于美国大学新生平均成绩的这个区间。这类院校的学生中途退学率低于 20%，所以对于学生的筛选工作从新生入学到毕业一直在进行。

第四类院校实行竞争性的招生政策。这类院校在美国不超过 100 所。每一位符合条件的申请入学者，必须与其他 4～5 名同样符合条件的申请者进行竞争，最后的录取人数要远远低于报考人数。这类院校除了对学生的学能检测外，还要测验学生的学业成绩，学能测验的分数通常在全国所有大学考生分数的 10% 以内。中学教师和学生的其他顾问对学生的书面评语，是此类院校招生档案中的重要内容。当许多申请者都符合智力条件的情况下，非智力的因素对学生最终是否被录取起到很大的作用。有的院校为了扩大自己的影响力，特意招收来自不同的区域、种族、经济及文化背景的学生，而有的院校在招收学生时则侧重于各种课外活动，例如有体育、音乐和戏剧专长的学生。这类院校的中途退学率在 5% 左右，因此这类院校在选择新生时也等于是在选择自己的毕业生。

美国的中学没有统一的教材和课程，各个学校的教育水平参差不齐，评分标准也有所不同，因此大学在录取新生时需要有一个共同标准的统一考试。在美国，这种考试并非政府部门主导，而是由民间考试机构主持。1947 年由大学入学考试委员会、美国教育理事会和卡耐基教学促进基金会联合创办的教育测验服务处是美国影响最大和规模最大的考试机构。教育测验服务处的总部设在新泽西州的普林斯顿，它负责主持的全国性考试有学能测验和各门学科的学业成绩测验。另外，成立于 1959 年的美国高等学校测验机构主持的美国高等学校测验也被一些高校所采用。

高校入学考试采用最广泛的是学能测验（SAT），主要测验报考者的综合学习能力，并提供学生在全国大学考生中的成绩，并将学生的成绩进行排名。学能测验的内容只有阅读、数学和写作，每门 800 分为满分，如果三门的总成绩加在一起在 1200 分以下，就很难被一流院校录取。这种考试每年举行 7 次，在全美国和世界各地设了数百个考点，学生可以自由选择地点和时间参加考试。

学业成绩测验共有 15 门考试科目，分别为：写作、文学、美国历史与社会研究、欧洲历史与社会研究、数学（一级水平）、数学（二级水平）、物理、化学、生物、法语、德语、西班牙语、拉丁语、希伯来语和俄语，学生可以根据自己的实际情况，任意选择其中的 3 门作为考试科目。有的院校把这种考试成绩，作为录取学生和对学生入学后量才施教及指导专业选择的重要参考。

美国高等学校测验（ACT）包括英语、数学、自然科学和社会研究 4 个部分，主要考查学生的基本技能和基础知识。这项测验与学能测验基本相似，并且在许多情况下可以互相取代。高等学校测验每年举行 6 次左右，考生可以自由选择时间和地点进行考试。

学生通常在高中最后一年就着手申请有关院校，如果一心想进入理想的大学，最好要多申请几所学校，其中包括入学门槛稍低的学校。学生在申请的过程中首先要清楚入学申请书的截止日期，还要确保所申请的院校收到自己的成绩单、推荐信。一般情况下，学生要在 4 月份才能知道申请的结果，当然有些院校提前招生，学生知道申请的结果也就相对提前了。等

到院校录取新生工作基本结束后，没有填写申请入学的学生可以直接联系院校或通过中介咨询机构向院校了解是否有剩余的招生名额。这类中介咨询机构接受申请材料并向那些有招生余额的院校转交，有关院校在收到材料后会直接与考生联系，考生可从中择优申请。

美国大学的研究生招生与本科生招生基本相同，不过分强调入学考试成绩而注重对考生的能力考核，对一些实用性比较强的专业如音乐、美术、体育、工科、农科等特别重视学生的实际能力。各个院校甚至同一所学校各院系之间选拔研究生的方法也有所不同，有的注重考生大学读本科的成绩，有的注重考生的考试成绩、教授的推荐信以及大学时的科研成果。通常情况下，想读研究生学位者必须向选定的院校提交 5 方面的相关材料：①入学申请书（包括本人的简历）；②大学时各科的成绩单；③研究生入学考试的成绩；④有关教授、专家的推荐信；⑤其他补充材料，例如大学期间的科研成果等。对于外国申请者，要求有英语合格证明，例如托福测验成绩等。有的学校和系还对已经录取的研究生进行摸底考试，从而了解他们过去专业学习的基本情况。

许多大学的研究生院要求有研究生入学考试（GRE）的成绩。教育测验服务处主持 GRE 考试，这种考试通常分专业考试和一般考试（也称能力考试）两种。有的院校根据自己的教学特点和专业特长，只要求要入学研究生一般考试的成绩，有些院校和专业则需要两项成绩。专业考试主要考查学生对特定专业知识的掌握，一般考试主要考查学生语言、数学和逻辑分析 3 方面的能力。

申请进入专业学院如法学院、医学院、工商管理学院的学生，除了大学成绩优秀外，还要进行有关专业的入学测验，如法学院入学测验（LSAT）、医学院入学测验（MCAT）、药学院入学测验（PCAT）、管理研究生入学测验（GMAT）和牙医学院入学测验（DAT）等。

对于非英语国家的学生要想报考美国的研究生院，必须通过英语考试。美国有几个相关的机构主办这种考试，教育测验服务处主办的托福测验（TOEFL）最为国外考生所接受。托福测验的主要目的是考查非英语国家的学生对英语熟练程度，主要考试内容包括阅读、听力、口试与写作 4 大部分。每部分满分 30 分，整个试题满分 120 分。测验成绩两年内有效。外国学生在进入美国高校前，要先了解美国高等院校的基本情况和对留学生的招生及考试要求，可参考一些相关资料，如一年一版的《彼得森申请美国学院和大学指南》和《彼得森大学研究生院系年度指南》。其中，《彼得森大学研究生院系年度指南》分综论、人文学和社会科学、生物学和农艺学、物理学和数学、工程学和应用科学、商学教育学卫生学和法学 6 个分册，主要包括美国官方认可的 1500 多所院校所有研究生计划的招生人数、入学要求专业方向、所授学位及助学金等方面的内容。

美国大学生有哪些课外生活

学生在大学学习期间，除了学习必要的知识之外，大学环境对学生的自信、信念、态度、行为及未来的成就均产生重大的影响。学生在高校中生活，只要不违反纪律和法律，就可以享受到自由的校园生活。可以说，美国的校园生活是丰富多彩的，主要表现在以下一些方面。

1. 学生对学校事务的参与

20 世纪 60 年代以来，学生参与学校决策的参与度显著提高。如哈佛大学、哥伦比亚大学和加州大学伯克利分校等学校的学生参加一系列的抗议活动，反映了学生对陈旧、专横校规的不满，其中涉及教学课程和教学计划的改革。这种抗议示威活动虽然在所有大学中占的比例较小，但校方极为重视，尽力满足学生们的合理要求，比如普遍放松对学生宿舍的管理，让学生自我管理，从而使学校远离代替家长的传统角色；在课程选择上，学生可以自由选择自己喜欢或擅长的科目。在聘请教员方面，校方不主张学生有发言权，并视之为对学术自由的威胁。

学生自治团体长期以来一直在美国大学中存在，主要是帮助校方维持同全体学生的有效合作，并为学生提供自我管理的基本经验。学生干部由学生自治会选举产生。学生自治组织的职能和权威因不同的学校有所不同，

有的仅局限于组织某些学生参与活动，有的则在制定校规和制约惩戒学生方面起很大作用。20 世纪 60 年代后期，美国校园内发生一系列的抗议活动之后，一些名牌大学的学生自治组织增加了他们在制定和执行校纪校规上的权力，有的院校在校董事会中增补了学生成员。1970 年通过的投票权宪法修正案是学生参与校务的一个重要因素，该修正案把国家选举中投票的最低年龄从 21 岁减至 18 岁，许多州也把法定成年年龄从 21 岁减至 18 岁。

2. 文娱活动

在美国的大学中，课外生活丰富多彩，并且被视为大学教育的重要组成部分。尽管如此，由于专业课程任务较重，许多学生只能参加 2～3 项有组织的课外活动。学生选择课外活动的范围很广，通常有电影协会、合唱队、乐队、剧社、辩论社、法语俱乐等等。

许多院校均设有戏剧系，而几乎所有校园都有剧社。舞台演出通常与公众演讲、外国语言、文学训练与创作活动结合在一起。学生表演的轻歌舞剧、音乐剧、戏剧在校庆等重大场合能吸引大批观众，除学生、教职员工外还有当地居民；学校的电台往往由学生管理，有的校园电台由于对当地新闻出色的报道而受到全国的关注。在美国众多院校中，绝大多数院校鼓励学生出版如日报或周报、年刊、文学期刊及幽默杂志等刊物。有的院校设有新闻系，新闻系则负责校刊的出版，但也有例外，如威斯康星大学的《每日要闻》和耶鲁大学的《每日新闻》，就不是新闻专业的学生负责出版。由于各种学生刊物层出不穷，造就了许多优秀的作家和新闻工作者。例如诺曼·梅勒、约翰·阿什贝利、约翰·厄普代克等就是从在哈佛大学校刊《绯红色》上撰文而开始写作生涯的。

3. 体育活动

校际运动会通常由校方提供财政支持，体育部具体实施。一些传统的运动项目，特别是篮球和橄榄球，已经走向商业化，这样的赛事常常使体育馆内座无虚席。目前针对比较偏冷的体育项目，校方对其有目的地减少，把重点放在学生广泛喜爱的体育项目上。

4. 学生会

1896 年在宾夕法尼亚大学成立了美国第一个学生会，但直到 1930 年学生会才在全国范围得到较大发展。学生会作为院校的重要组成部分，其不仅服务于学生，也为教职员、校友和来访者提供服务。标准的学生会楼通常由礼堂、餐厅、小吃部及一些可供跳舞、展览、音乐欣赏、电子游戏之用的游艺室等配套设施组成。

5. 宗教活动

美国大学校园里的宗教活动也因不同的学校有所差异，有的学校要求学生到学校教堂做礼拜，有的学校的学生可以自由参加各种宗教活动。美国实行政教分离的原则，公立院校的课堂只用于向学生传授知识，不能用来宣教，但不限制学生的课外宗教活动。在大多数非教会院校中，存在着许多不同的教会团体，但这些团体会共同指定一位校牧，来处理学校的各种宗教事务。由于美国的许多高等院校都有宗教背景，校园内会有各种不同建筑风格的教堂。

6. 男女大学生联谊会

男女大学生联谊会是从 18 世纪和 19 世纪初的各种读书会或文学社团发展而来的，形成之初带有秘密性质，入会者必须保守秘密，现在的联谊会则公开化，一般侧重社交和共同兴趣爱好。各种男女大学生联谊会根据入会学员的多少，也存在着大小不一的现象，有的联谊会遍布全国，在数以百计的院校内设有分会，有的联谊会只有寥寥可数的几个分会，目前有 150 个左右全国性的男大学生联谊会，65 个左右女大学生联谊会。至于地方性的联谊会，则非常之多。

7. 荣誉学会

1776 年建立时，荣誉学会仅是一个社交性团体，随着时代的发展，这个组织也发生了根本性的变化。现在荣誉学会在 200 多所院校设有分会，入选荣誉学会被学生看成是最高荣誉。学习成绩是评选成员的主要标准，学生的其他条件仅供参考。在美国，几乎所有的学科都成立有荣誉学会，优秀大学生经过评选可以加入，如 Sigma Xi 荣誉学会专门挑选优秀的科学研究人员成为成员，而 Phi Delta Kappai 荣誉学会由教育界杰出人士所组成。

8. 校友会组织

1821 年，威廉斯学院成立了美国第一个校友会组织，接着其他院校纷纷仿效，目前几乎所有的院校都成立有自己的校友会。由各校校友会干事组成的美国校友会理事会，主要宗旨就是推动校友会的各种活动以及对美国高等教育的支持。一年一度的校友返校活动，现在俨然成为美国的一大社会风俗。各个院校可以在校友间展开筹款活动，鼓励校友捐款，校友捐款在美国高等教育自愿捐款中，占有相当大的比例。

留学篇：

用行动照亮梦想

许多学生想赴美留学，但烦琐的入学程序，较高的入学条件让学子们望而生畏。提起赴美留学，人们首先想到的是各种标准化考试、准备各种文书材料、签证等这些常规录取所要走的流程。事实上，赴美留学有多种途径，了解一些相关的常识，对去美国留学有很大的帮助。

如何申请心仪的学校

去美国自己心仪的学校进行深造，首先要进行申请，申请的时候一定要注意掌握好申请时间。在开始准备申请的时候就一定要到学校的网站上，查询好学校申请的截止日期。各个学校的申请截止日期都是不一样的，所以在申请学校时一定要特别注意申请的截止日期，截止日期可以在学校网站中“Admission”中找到。研究生申请者们一定要注意，自己欲申请的专业截止日期要到各自的系里面去查询，不同的专业截止日期一般不大一样。

还需要说明的是，一般来说学校的申请截止日期分为申请提交日期和材料邮寄日期，就是说，有些学校的截止日期是以网上提交申请截止日期为准，只要在截止日期前提交了网上申请，就算占到了一个申请位子，申请材料可以稍后邮寄到学校，但是最好不要晚于网上申请提交后两周。另外一些学校，是以材料邮寄的邮戳日为申请的截止日期，也就是说，学生在申请截止日期前，不仅要提交网上申请，还要把申请材料邮寄出去，材料邮寄包裹上的邮戳日期，不得晚于申请截止日期。

在网上申请开始之前，我们还要先讲一下申请材料的准备问题。

1. 准备申请材料

我们向美国院校提交的申请，分为网上申请和邮寄申请材料两部分。学校都会有专门用于申请的网上入口，学生在注册之后可以得到一个用户名密码，在完成网上的申请提交之后，需要把申请材料整理好邮寄给学校的 Admissions Office。申请所需要的材料，同学们可以到学校网页上的“Admission”中去找，研究生的申请者们一定注意，自己期望申请的专业的要求，要到各自系里面的网页上去查询。

(1) 成绩单

一定要是中英文对照的，要盖上学校的公章，并且要装到学校官方的信封中，封口，然后在信封封口处盖上学校的公章，这样才具有正式的效力。

有些学校的录取委员会更加严格，要求学生的成绩单必须通过美国专业机构的评估。如果遇到有这样要求的学校，学生申请时可以在学校网站上先了解下，哪些评估机构是该学校认可的，然后把自己的材料邮寄给评估机构，提交成绩申请，成绩评估机构评估后会把成绩单和评估结果一起邮寄给学生所申请的大学。需要评估是因为中国学校成绩的分数体制与美国不同，中国学校为百分制，美国通用的为4分制，各个学校的换算方式也不一样，成绩评估机构评估出来的成绩更符合美国院校的要求。

(2) 毕业证明或者在读证明

已经毕业的学生提供毕业证明，未毕业的学生提供在读证明，在读证明上要注明未来的毕业时间。必须是中英文对照，要在文件上盖上学校的公章。

(3) 推荐信

需要找与自己熟悉的老师为自己写推荐信，必须是英文信件，并在推荐信上签上推荐人的姓名。推荐人最好找一些与专业相关的老师，本科申请者可以找一找自己的班主任、年级组长或者校长，如果学生的课外活动很丰富，并且取得过良好的成绩，那么找自己课外活动的老师帮助写推荐信也是很有意义的。研究生的申请者们一定要找自己的专业课老师帮忙写，如果有过实习经历的，强烈建议请实习单位的负责人帮忙写推荐信，尤其是专业领域中的权威人士，他们的推荐信对申请可以起到强有力的推动作用。

学校基本上都有专门用于填写推荐信的表格，有些是推荐表和推荐信各选一个即可，有些是推荐表格和推荐信必须都要提交。尤其是研究生的申请，基本都需要推荐表格附加推荐信，这方面学生在申请时要特别注意。

(4) 银行存款证明

准备银行存款证明的目的在于，证明学生有资金可以支持自己完成在

美国的学业。这一项，对于目前一直处于经济缓行的美国来说，是很重要的一项材料。银行存款证明在准备的时候要注意存款的存期和冻结时间。存期虽然很多学校没有特别明确的规定，但是建议申请者的资金存期要在半年或者三个月以上，这在签证的时候尤其重要。冻结时间要覆盖过申请审核期，但是日期一定要在开学日期之前，最好冻结三个月以上。银行存款证明的金额最好是能覆盖未来留学期的所有学年，多数学校要求资金覆盖第一年的学费就可以，但是建议申请者最好多准备一些，因为有部分学校是要求资金覆盖所有学年的。具体的要求要到学校网站中查找。

多数学校都有资金财力证明表，部分学校需要申请者提供资助人的签名信件，证明同意支付申请者未来在读期间的全部费用。各个学校的要求各不相同，需要具体要求具体分析。学生们在申请时一定要仔细查看学校网页上的相关规定。

（5）护照首页复印件

为了核实申请者的身份，核对申请表中学生的基本信息，申请时一般需要申请者提供护照首页复印件，所以学生在申请开始之前一定要先去办理护照。现在很多城市办理护照都很方便，一般一到两周后，护照就会发下来。

（6）各类获奖证书的英文翻译件

本科申请者要把自己课外活动的证书复印、翻译出来，研究生申请者如果有过论文发表，可以把期刊号注明在简历中。有过实习经历的申请者可以去开具实习证明，但必须是中英文对照。

（7）文书

准备一份简历和一份个人陈述，当然，一定是英文版的。简历中要简单罗列自己的个人基本信息、学籍信息和课外活动或实习工作情况，一定要简洁、明了；个人陈述要针对自己的学业、成长经历、专业方向进行描述。

（8）语言成绩单和各类考试成绩单

如果是正常录取的学生，申请学校的时候一定要把自己考过的语言成绩和各类考试成绩（如 SAT、GRE、GMAT 等）通过 ETS 官方途径送到申请学校。由于邮寄需要一定时间，所以要提前到考试官网上办理送分申请。当然，无语言申请者就不用考虑这项了。

上述的申请材料基本是各个学校各个专业都通用的。对于一些特别专业，如艺术类、建筑类等专业的申请，申请者还需要提交作品集，具体要求可到各个学校的网站中查询。

2. 提交申请材料

准备好申请材料，我们要往哪儿邮寄呢？

在学校官网的“Admission”部分中，学校基本都会列出学校的邮寄地址。要注意的是，有些学校会要求申请研究生的学生准备两份材料，一份邮寄到研究生录取委员会，一份邮寄到学生申请的院系中。申请者们在邮寄材料前一定要查好地址，不要寄错地方。

申请截止日期查好了，申请材料准备完毕了，下面我们就要开始进入最关键的环节——提交申请。

多数学校会采用网络申请的形式接收学生的申请表格，也有个别学校针对留学生只接收纸质申请表。对于只接收纸质申请表的学校，我们需要在学校网站上找到申请表格，打印出来填写清楚，然后同申请材料一起邮寄给学校就可以了。鉴于网上申请的形式比较多，所以我们以网上申请的方式为例，来仔细讲解申请表的填写和提交。

在开始网上申请之前，同学们需要在学校网站上注册一个 ID 号，创建用户名密码，注册时需要填写自己的邮箱，以便收取学校今后发送的邮件。创建好的用户名密码一定要牢牢记住，方便今后修改网申的内容和查询申请进度。

填写申请表，其实就是按照学校的要求，把申请者的各类信息详细地填写清楚。一般会涉及学生的基本个人信息、学籍学历信息、课外活动情况、申请的专业、申请时间和一些小论文的撰写。

个人信息包括申请者的姓名、性别、出生日期、家庭住址、邮寄地址等。如果同学们希望今后收取学校材料的时候用的地址同目前的家庭住址

不同，一定要写清邮寄地址。

学生的学籍信息，一般学校都会问得比较细。有的学校，如德州系统中的学校，会从学生第一年上学开始，要求学生写出每一年的学籍情况。需要注意的是，美国的初中为两年，高中为四年，从9年级到12年级，他们的9年级相当于国内的初三。

很多学校都会用“common application”这个系统来接收学生的申请，在这个系统中，需要学生对课外活动进行很详细的描述，会问到学生参加课外活动的具体时间，每周几小时，每年几周，对活动的简单概况描述，学生填写时一定要仔细认真。

对于申请的专业和入学时间，申请者们（尤其是秋季以外的申请者们）一定要在申请之前查询好自己想申请的专业在本季度是否接收申请。很多学校有春秋两季的招生录取，但有的学校只在秋季招生，这都需要在学校网站上查看清楚。

关于小论文的撰写，即文章（essay）的写作，申请者们一定要给予重视，好好准备，因为essay是展现你综合实力的重要平台。网上申请绝大多数都是可以保留进度的。在网申中遇到essay的时候，可以先把问题粘贴出来，保留申请进度，然后仔细认真地按照题目写好后，再把essay内容粘贴或者上传到网申中。

很多学校的申请系统都可以接受推荐人进行在线推荐。方法是，在申请者进行网申的时候，把推荐人的姓名和邮箱填写清楚，系统就会自动发邮件给推荐人，邀请推荐人在线提交推荐信。学生在采取这种方法之前，一定要提前同推荐人打招呼，在征得推荐人同意后，再选择在线提交推荐信的方式。网申提交后，要及时通知推荐人到他们的邮箱中查询学校发出的邮件，及时在网上进行在线推荐。

在申请表填写完毕并且检查无误后，我们就要提交申请了。提交申请之前，学生们一定要准备好双币信用卡，建议学生准备VISA或者MASTER卡，并要跟银行确认外币额度，一般学校的申请费都在55～100美元之间。还要跟银行确认，该卡是否已经开通了网上支付外币的功能业务。

都确认无误后，即可按照网申要求，一步步地提交信用卡信息，进行在线网申，同时支付申请费。

申请费的支付也是很多人关注的问题。美国大学的申请费一般都在几十到一百美元之间，如果同时申请好几所大学，对很多学生来说也是个不小的数目。如果你对某些大学非常感兴趣，就在网申的时候直接付费。如果觉得这个大学没什么把握，或者对之兴趣不是特别大，不妨先暂缓付申请费，看看其他大学的申请情况再说。当然，如果你觉得学校确实不错，而学校又开始催交申请费，那还是及时地交付申请费为好，以免耽误申请的进度。

提交好申请表，整理好申请材料并邮寄之后，我们的申请部分就算是完成了。在申请完成之后，申请者们一定要定期查看自己的邮箱，查看学校发来的信件。一般情况下，学校都会告诉申请者如何去跟踪申请进度情况。同学们一定要多关注自己的申请进度，有问题可以随时与学校录取委员会的老师们进行联系沟通，如果需要补充材料，就及时发送。等待的过程可能会比较漫长，有时候一直到申请的第二年 6 月份还会有学校发来通知。所以在发出申请之后，既要耐心等待结果，也要根据情况及时和学校沟通交流，以一种主动的姿态完成留学申请的流程。

写申请短文时要注意哪些事项

对于很多申请去美国留学的学生来说，最令他们感到头痛的一件事莫过于写申请短文了。别看只是短短的一篇文字，在申请学校时却往往起着决定性的作用。每年都有学生因申请短文写得不好而与理想中的学校失之交臂；同样，也有人因为申请短文写得出彩从而获得了名校的垂青。

留学的申请短文应该怎么写呢？这还真是一件让人颇为头疼的事情，写得太好不行，校方可能会认为是你的父母或亲戚代你写的；写得不好又不行，在那么多份的留学申请中会显得没有竞争力。

那么申请学校时的短文到底应该怎样写？以耶鲁大学的本科申请为例，

耶鲁要求申请者回答两个问题。这两个问题一般是不限定题目的，这其实是最难的问题，因为你需要自己决定写什么，怎样写。两篇中有一篇会限定字数。基本上让你绞尽脑汁冥思苦想的开头一旦确定，后续部分就容易得多，需要注意的只是字数问题。

写留学申请不是和招生老师聊家常，而是要用有限的文字立体化地展现自身优势和特长。而学生具备哪些特殊的能力，有什么样的优秀素质，只有本人最清楚。因此学生请中介代写或套用现成的模板都会显得不真实，只有自己动笔才能充分地将自身的优势展现给招生老师，在写的过程中可以听取家人、朋友或者专业人士的建议，但一定要杜绝代写情况的出现。

学生如何申请 F 类签证

外国人到美就读、学习，一般都使用 F 类签证进入美国。和其他非移民签证不同，F 学生签证没有限定在美停留期限。其基本要求是学生在求学期间应保持有效身份，身份过期后有 60 天逗留期。

1. 申请程序

从就读的学校领取移民局表格 I－20，带上有关资料及担保文件，填好非移民签证申请，径直向当地美国领事馆申请签证。发出签证后，同其他非移民签证一样，向边境移民官申请入境许可。已身在美国而持其他签证人士需改换身份。

2. 基本资格

（1）到美攻读“学位”之类的课程，而非假期课程性质。“学位”意思是学士、硕士、博士或毕业课程之类。假期课程主要指假期高中、职业和商业学校之类，这种训练只能发 M 签证，而不像正规学校可以发 I－20 表。

（2）外国学生所去学校必须是由司法部总检察官批准有权发放 I－20 表格的学校，该学校移民局编号直接写在 I－20 表上。

（3）必须“全时”学习。例如高中的每一学期，学士学位 4 年，法学学位 3 年的全时学习。

（4）须有较好的英语能力。通常须经过托福考试（英语水平测试）才能入学、须有较好的英语能力才能上课、学习过程中同时要进行语言训练。

（5）须有足够的经济来源支持学习。包括财政援助、助学金、奖学金、个人或家庭及其他方面的经济保障。

（6）须保留本国居留权，学习完后应离开美国。

3. 文件准备

（1）156 表格，非移民签证标准申请表；

（2）I－20 表格，由学校发出；

（3）担保文件，包括经济担保及非移民倾向说明；

（4）护照；

（5）照片两张，超过 16 岁以上签证照；

（6）申请费用，视各地领事馆要求。

4. 向领事馆递交申请

按通常程序会在一天内处理。中国内地学生如由政府担保的须由本单位出具证明，在领事馆外，证明先交由中国公安检查，然后才能入内申请签证。

5. 签证发出或拒绝

领事发出签证，将在护照上盖章，注明 F－1 及领事馆名称及签证号码，并会注明学生就读学校名称。签证的有效期很重要，一般会签发 60 个月。

签证发出后，I－20 表格将退还学生，入境时需交给移民局官员检查，如果签证遭到拒绝，一般而言，领事官员会给予申请者补充有关资料的机会，并会在其护照上盖章注明“接受申请”的日期。

去美国留学带什么上飞机

带什么东西去美国，这是一个见仁见智的问题，每个人都会有不同的看法。因为美国面积很大，东西南北跨度大，地区差异明显，气候变化也很显著。东北部的冬天非常寒冷夏天微热，南部则冬天冷夏天酷热，加州

气候比较温和，这些都会影响赴美出行时候准备的行李，尤其是衣服。

不过有些文件是登机的时候一定要带上的，下面是要带的重要文件清单：

（1）护照（6个月以上有效期）；

（2）I－20表格原件；

（3）入学通知书；

（4）机票；

（5）SEVIS费用收据；

（6）I－94表格（在飞机上填写）。

以上文件在入境美国海关时将被海关查验，请留好以上文件的复印件，以备万一。另外还需带一些美元零用钱，至少带几百美元，最好再准备一些美元硬币，到了美国机场可以用来打投币电话。

其他重要文件：

（1）成绩单原件（中英文，信封密封，加盖学校红章）；

（2）学校在读证明或毕业证书（同上）；

（3）若申请时为在读生，成绩单上需附上最后一学期成绩；

（4）免疫和接种证书。各州要求不一样，一般学校会提供免疫和接种的表格；如果在国内来不及补打疫苗，也可以到学校后再打，只是费用比国内略贵而已；

（5）体检证明。部分学校会要求学生入学前体检，相关表格可以在网上下载。

选择航班的时候也应该多加比较，往返中美之间的航空公司有美西北、美联航、国航、东航等公司，可以比较其机票价格、服务、可带行李的重量，来决定订哪家公司的机票。一般来说，各家航空公司可以托运的行李重量各不相同，这在订票的时候一定要查询清楚。

在美国购买衣服有时候比中国还便宜，比如去美国的一些Outlet商场，可以找到很多便宜的名牌服装，冬天穿的衣服也有，质量很不错，所以一些比较厚重的衣服可以暂时不带，到了美国再买也不迟。很多人带了很多厚衣服去美国，结果去了才发现没有太多机会穿。当然美国的衣服款式花样相比中国的服装来说，并不是特别丰富，爱美的女孩子不妨带上几套自己喜爱的衣服。此外，有中国特色的衣服也很受欢迎，男生可以带唐装，女生则可以带旗袍，这在以后美国学校里参加文艺活动时绝对有用场。内衣袜子应该多带几套，至少可以够两星期换洗。

学习工具方面，以前还要带本英汉词典之类，现在网络查词非常方便，厚重的词典几乎也可以不用带上飞机了。一些比较重要的专业书和工具书可以有选择地挑几本，毕竟专业是未来生存的根本啊，在第一学期尤其能派上用场，何况在美国买书是相当贵的，从国内带书过去比较划算。

一般的食品是不能带上飞机了，到了海关就无法通过，尤其不能带中国人爱吃的鸡胗、鸭脖什么的，这些东西在入关的时候容易被没收。

出门在外，难免要带一些礼物，可以带一些有中国民族特色的小礼物，送给导师或者其他外国朋友。还可以带一些有纪念意义的物品如家庭全家福的照片，以后到了国外可以寄托思乡之情。

去美国自然要带一些美元，方法有很多种。第一种是随身携带美元现金，但是如果数额较大，很容易丢失，不是很安全；第二种办法是到银行开汇票，这样携带比较方便，不过需要花一定的手续费，而且要在美国拿到社会安全号之后，到银行开户才能使用旅行支票；第三种方法是购买美国运通公司的旅行支票，这种支票可以当现钞使用，买支票和使用支票的时候都需要签名，安全系数比较高，可以到中国银行办理；第四种办法则是使用银联卡，在全美大部分 ATM 机器上都可以取美元现金，根据当时的美元汇率实时扣除相应的人民币数额，使用比较方便。当然，发卡的银行要收取一定的手续费，花旗银行、大通银行等大银行则不收取 ATM 的使用费，这也可以节省一定的费用。

此外，还可以根据自己的情况，选择携带一些个人生活用品，如照相机、随身听、收音机、电吹风等，笔记本电脑也可以携带出境，不过在出关的时候会多一道检查手续。

开学前需要办理哪些手续及相关事宜

进入美国留学，通常学校会给予新生很多的帮助，所以请尽早和学校联络。绝大部分学生都在开学前几周即抵达学校，所以学校也会在此时举办一连串的迎新活动，从你抵达的那一刻起，你将会开始忙碌的校园生活。那么，新生需要办理哪些入学前的相关手续呢？

1. 办理学生证

许多学校在正式开学前就可以为新生办理学生证，建议大家及早办理，因为许多商店与机构凭证就会给学生优惠，而且有学生证后就可以开始享受学校的许多设施，例如到图书馆借书、使用体育馆运动器材、搭乘校车等，所以抵达学校后就赶快去办学生证吧！许多学校的学生证可以当作金融卡用，也就是在学生证里存钱，在学校内或附近的餐厅都可用学生证付款，或是到提款机提款。许多学校在办证的同时当场拍摄照片，所以记得梳妆打扮一番再去办理。

2. 到国际学生处报到

许多学校都设有国际学生处，专门处理国际学生的各种事务。学校通常会要求国际学生在开学前来此报到，报到时不外乎检查你的护照与签证，另外和学校的顾问确认入学各项手续等。

部分学校会一并检查你的体检报告、健康保险证明和财力证明，如果各项证明不齐全或不符规定的，学校可能会限制你注册。如果有各项需要补交的证明与文件，也会通知你尽快补齐。

国际学生处也常会举办各种活动，如欢迎晚会、机场接机、带新生去各机构申办证件等，目的就是帮助国际学生适应留学生活，所以在这里就可以获得各种活动相关信息。

3. 申请社会安全卡

目前美国规定只有在学校工作，或领取奖学金的国际学生才可以申请社会安全卡，拥有社会安全号码的人就可以在美国累积个人信用记录，在申请信用卡、电话、水电或开设银行户头时会较为方便。若你的身份符合申请规定，请尽快向学校申请，申请所需文件（包括学校的雇用证明等）及各项证件，可到学校所在地附近的社会安全局办理。

4. 到系里报到

许多科系要求新生在抵达学校后先到系里报到，新生需在开学前与系主任或系秘书等相关负责新生的人谈话，他们通常会关心你的生活有没有安排好，也会告诉你未来几年要修的课程或有需补修的学分。

如果对系里的修课规定有疑问，也可询问他们。其实就算系里没有强制规定，还是建议新生到系里报到，顺便询问是否有需要特别注意的事项，例如该如何选课、新生训练时间或索取新生手册。如果有领取奖学金或在系里工作的人也要询问工作报到事宜。

5. 办理健康保险

许多学校会要求国际学生拥有健康保险，学校会开出学生健康保险需满足的条件，若没有保险证明学校可能会限制你的注册。其实购买健康保险也是对自己的一种保障，美国医疗通常较贵，看医生动辄上百甚至上千美元，有健康保险时，看病才不会“钱包大失血”。

如果你本身没有保险或是原本的保险不符合学校规定的话，就需要重新购买。许多学校都有合作的保险公司，向这些保险公司购买通常最方便，但价格不一定是最便宜的。

校外保险公司的健康保险价格通常较便宜，但要注意是否符合学校规定并通过认证；如果你觉得学校的保险承保范围不能满足你的需求，也可试着向外面的保险公司询问。

如果不向学校的保险公司购买保险的话，记得一定要向学校出示保险证明，不然学校很可能会在学费内强制收取保险费。如果在学校工作，学校有可能就会替你购买健康保险（或由薪水扣缴），但不一定从事所有工作学校都会替你支付保险费。

许多学校要求国际学生提交免疫证明或接种证明，这部分是由学校的健康中心负责的。如果该校有规定但你却没有交这些证明的话，学校可能

会限制你注册。

6. 申请学校网上系统账号

学校通常有学生专用的网上系统账号，以便学生收发电子邮件、使用网上选课系统加退选课、缴纳学费、查询学期成绩等，学生还可利用学校账号使用学校公用电脑。所以到学校报到时一定要尽快申请学校的网上系统账号，开学后会经常用到这些网上系统的。

7. 选课

学校每学期末在选课系统的网页上会公告下学期课程资讯，包括授课时间、地点和教师姓名等，以便下学期要选课的学生有充分的时间可以考虑。大部分学校都要求学生在开学前选好这学期要上的课，虽说许多学校在开学最初几天都可以加退选课，但最好还是开学前先把课程选择好。

至于要选哪些课程，建议你参考该系的修课规定，并询问该系系主任或系秘书，另外也要询问该系学长的意见。有时候国际学生的考虑和一般学生不太相同，许多学校规定国际学生有最低修课学分数的限制（对研究生来说通常是 9 学分），修课学分数一定得超过这个标准，以维持美国合法学生的身份。

有些课程设置有必要先修课程，基本上就是如果你没事先修习过这些课程，上某些课时可能会听不懂或无法衔接。在课程说明或是老师的教学大纲上都可以找到，如果你不确定自己是否符合条件或很想修这门课的话，就可以事先向授课老师或是系里询问。

另外，如果你在中国有一些学分能够在美国抵免的话，也可以向该系询问，避免重复修课。

8. 缴纳学费

在美国通常不仅仅是缴纳学费而已，还包含在学校使用各种设备时的费用。学费依照大学部和研究所而有不同的收费。通常州立大学的学费还会依照学生的身份分为本州生学费或称本州居民学费、外州生学费或称非本州居民学费，这两种学费的价格差异很大，从数千到数万美元不等。国际学生通常都不是州民，所以应该是缴纳外州生学费。但是如果你有领取奖学金或是有其他特殊身份，就可能是缴纳本州生学费。一般来说，私立大学学费就没有这两种差别。

通常学校会提供多种缴纳学费的方式供学生选择，可以亲自到学校以支票或现金缴费，也可以选择线上缴费，线上缴费就是利用转账、支票或信用卡等方式来缴学费，以信用卡缴费通常都要支付手续费。迟缴学费的话不少学校都会收罚金的，甚至会被拒绝注册，所以一定要注意缴纳学费的期限。

9. 参加英文测验

有些学校要求托福成绩未达标准的学生参加英文测验考试，还有托福成绩已达标准但要在学校担任某些工作的学生，也须参加；有些学校甚至规定所有国际学生都得参加，测验内容包括听、说、读、写等，这类的规定请在开学前向学校询问清楚，以免影响自己的权益。

10. 参加新生入学说明会

新生入学说明会在美国称为New Student Orientation。许多学校都会在新生入学前1周～2周内举行，帮助新生了解学校的各种情况。有些学校还有不同单位各自的说明会，例如国际学生处、研究生处、系所的说明会，所以你可能在这两周要参加好几场不同的说明会。

说明会中不但会有该单位的主管及职员说明学校各项情况及规定，而且也是你认识其他新生的好机会，偶尔还会有一些活动帮助你适应学校生活，所以强烈建议一定要参加。

如何办理转学手续

美国大学的转学方式基本上有三种：一种是从美国社区大学转到其他四年制的大学；一种是从美国国内四年制大学转到另外一所四年制的大学；还有一种方式是从中国国内大学转到美国当地的大学。一般来说，采用第三种转学方式的比较多。

1. 从美国社区大学转到其他四年制大学

从美国社区大学转到其他四年制大学的条件是需要学生提供大学一年级或大学二年级的成绩（相应的年级就提供以前年级的成绩），这个简单的条件是对于美国本土学生而言的。如果是来自中国的留学生，那么不仅要提供以上这些成绩，还必须提供托福成绩。如果申请的是名校，可能还要提供 SAI 考试的成绩。在转学之前，你最好先查一下你所在社区学院的课程情况，对比一下你要申请的四年制大学，如果你所学的课程和要申请的大学的课程代码一样的话，那么你申请这所大学的成功率就比较大。

2. 从美国国内四年制大学转到另一所四年制大学

这种转学方式需要考查最关键的成绩就是你所在学校的 GPA 成绩。中国学生如果想要从美国的四年制大学转到另一所四年制大学的话，还要向学校提供 TOEFL 和 SAT 成绩。对于转学生来讲，如果你的成绩优异，表现良好的话，你所转入的那所学校还会给你提供奖学金。在转学的过程中，要进行 I－20 表格的更换。在转学前，一定要确认你是否能拿到没有过期的 I－20 表。还要向即将转入的学校确认自己以前学过课程的学分。

3. 从中国国内大学转到美国当地的大学

这种转学方式只要是在中国国内国家承认的专科或者是本科学校的在读学生都可以申请转学到美国去攻读本科，其基本的申请过程与新生入学申请是一样的，不过相对于新生入学，转学生需要向想转入的那所学校提供的资料更多。除了如新生一样提供各种材料外，还要向所转入学校提供你在大学时的成绩单以及一份关于大学课程的描述。许多美国的高校对于转学生所修的学分是有要求的，通常他们会要求你修够 60 学分，才可以接受你的转学申请。对于此种情况，最好的转学时间是在国内大学二年级的时候，下半学期开始办理转学是最合适的。如果你是国内学生想要转学到美国高校的话，建议你在你所要转入的学校的网站上进行咨询。因为美国不同的高校对于转学生会有不同的要求，不要因为自己单方面的因素而影响了转学。但是，值得提醒的是，从国内的大学转到美国大学的学生，一般的美国学校是不会提供奖学金的，所以你要考虑自己真实的经济状况。

申请转学的学生提前一年就要开始准备，以免时间上会有影响。

如果你有转学的打算，一定要先充分考虑自身的实际情况，只有条件充分才能够去尝试一下。相比于其他国家来说美国大学转学相对要容易一点，只要做好了充分的思想准备和前期的准备工作，成功转学并不是一件难事。

如何与银行打交道

刚到美国的留学生常常都携带为数不小的生活费及学费，因此抵达美国优先要做的事就是到银行开户，除了存储所带的金钱外，申办张金融卡也会给生活带来许多方便。

1. 选择银行

建议大家在抵达居住地后，尽快搞定银行开户这件事（因为卡片通常都会需要数个工作日才邮寄到，记得身上要留少量现金使用），如果由亲友汇款来美国者，尽快开设好银行账户后亲友才能汇款；另外，若日后工作有薪资进账的话，也需要有银行账户才能做薪资转账，因此，到美国后除了安顿自己的住所，也要替自己的钱找个家。

美国毕竟是金融大国，可以选择的银行当然有很多家，决定要在哪家银行开户需考虑的因素有很多，说穿了，就跟中国是差不多的，包含银行地点的方便性、银行收费制度及利率高低、银行提款机设置的多寡及位置（跨行提领也是一大笔钱）、银行服务品质，需要考虑各个因素后再决定。

有些银行会跟学校合作而有特别的学生优惠，可以向该校的老生打听。美国的大型银行包括美国银行（Bank of America，简称 BOA）、大通银行（Chase）、花旗银行（Citibank）、富国银行（Wells Fargo）等，各地区也有些当地的银行，例如类似于中国的信用合作社之类的银行；大型银行通常风险较低，小型银行通常利率较高，可根据个人的偏好来决定。

至于银行的风险度方面，可以参考该银行是否为美国联邦存款保险公司会员（FDIC），FDIC 会员的银行在财务发生状况时该银行的存款户可获

得一定金额的理赔。

2. 开户

大多数银行要求国际学生开户时，需要提供2个以上的身份证件作为开户依据。基本上银行所要求准备的证件类型不外乎护照、信用卡、美国或国际驾照及学生证、I－20表格等。

银行可能需要住址证明来确认你所提供的住址，可以提供租屋契约或电费账单等来作为住址确认的证明。当然，开户所需要准备的证件还是依你所选择要开户的银行规定为主，多准备一些才不致多跑一趟。

某些银行会设定开户最低金额的限制（有些银行是1000美元），建议大家开户时除留存最近所需使用的金钱之外，都可以存入银行账户内，记得同时也要申请金融卡或信用卡。

如何申办美国手机

许多留学生都只申办手机而不再安装室内电话，不只行动上方便，而且也可避免搬家时的麻烦，尤其在初到美国时经常申办重要事宜和结交新朋友之际，有个让人联络的手机，那就非常方便了。

1. 选择电信公司

美国的电信市场竞争激烈，常见的品牌电信公司包括AT&T、T－Mobile、Verlzon、Sprint等数家大公司。其实各家公司差异并不大，现在的电信公司信号服务都相当不错，虽然在不同的地方可能信号服务略有不同，但差异不大。

如果真的很在乎信号服务的话，可能就得先询问同校或同城市使用者的心得。而电信公司间最大的差异应该是在收费方面，选择不同的资费方案或是参加优惠方案，在你的电信费用中就会有明显的差异。

2. 选择手机资费方案

美国的电信公司跟中国一样有许多种手机资费方案，常见的有个人资费方案、家庭资费方案和预付式资费方案。前两种通常都是需要绑约的，提前解约很可能要付出数十美元到数百美元不等的违约金。

(1) 个人资费方案

基本上就是每个月缴固定月租费，有固定的通话分钟数，超过多少付多少，此方案通常有不少优惠，例如特殊时段网内互打免费等。

(2) 家庭资费方案

全家人只需缴纳一份月租费就可以共享固定的通话分钟数，而且不限于真正的家人，好朋友也可以共同申办，非常划算，是留学生最爱的方案。本方案相同的通话费所获得的分钟数通常较个人资费方案少，但对于每月通话量不大的人来说，还是比较划算，而且有一些特殊优惠时段等，使用此方案时通常也可享受这些福利。

(3) 预付式手机资费方案

也就是类似于中国的预付卡，在购买手机号的同时事先储值 10～100 美元不等的通话费。如果通话量不大，可以考虑预付卡，但缺点可能就是无法享有特殊时段网内互打免费等福利。也有公司推出各种方案，例如 1 天缴 1 美元，可以无限制打网内电话。各家电信公司的优惠时时在变，上网收集最新优惠方案或是亲自到电信公司询问，或许会有意想不到的收获。

3. 申办手机号

申办手机号有好几种方式，包括到该电信公司的门市、一般的通信行、网络、甚至是一般卖场都可以轻易入手。和中国一样，申办手机号时常可同时以优惠价格购买手机，甚至是免费获得手机，不只是月租式手机号可以，有时连预付式手机号都可以呢！

大电信公司门市就是申办手机号最主要的地方，该公司所推出的最新优惠方案，可以在这里找到，当场即可开通手机号使用，如果选择自行从中国携带手机来的，也可以在门市现场请店员帮忙测试。

美国有很多的通信行，这样的店就不仅限于只能申办某家特定的电信公司，可以当场比较不同业者的优惠方案，千万别忘了询问是否有提供学生优惠方案。

许多人的第一部美国手机都是在中国城的通信行买到，中国城真的是一个很神奇的地方，你可以在里面买到很多符合你需求又很便宜的好东西，其中就包括手机。毕竟中国城的商店最了解华人的需求，所以如果想找便宜又好的手机别忘了去中国城看一看。

如果不是急需拿到手机的话，上网选购手机和申办手机号也不失为一个省钱方便的好方法！网络上常可见到一些只有网上订购才有的优惠，甚至可以免费得到手机和号码，还有免费送到家的服务，动动手指找找这类的好事吧！

大学生如何找实习工作

赴美留学生除了希望在美国学到知识外，还希望在大学期间能积累一定的工作经验，由于大多数的毕业生缺乏实际经验，这在找工作时非常不利。如果有机会实习，学生不但可将所学的知识与实际操作紧密结合起来，而且可增加履历表上的资历，同时也可以在正式踏入职场之前给自己做一个热身运动，从而为将来就业打好基础。如今美国就业形势严峻，找工作的难度较高，留学生该如何在美国找实习工作呢?

1. 要善于利用网络资源

网络作为21世纪的求职工具，其作用不可忽视。像google、intel这样的大型跨国公司都会在网络上发布当季的招聘信息，同学们可以经常登录网站，保持对求职信息的更新。

2. 人脉也是找工作的关键

人脉是留学生的一个最大的问题，留学生在求学过程中还应该多参加各种聚会、研讨会等活动，结识朋友，这样得到的就业信息就会越多，也越容易获得好的工作机会。

3. 时刻关注报刊杂志的招聘启事

专业性的报刊杂志针对性最强，如各地的法律日报、电机资讯工程IEEE杂志，以及各类专业团体刊物等。大报、区域性的地方报纸也有专门的招聘广告。此外，商业新闻中也蕴含许多资讯。例如某公司新的工程或计划甚至是公司内部的人事升迁与调动等，这些信息都透露了雇用新人的信息。如果招聘启事的投递地址为当地的劳工局，即表示该工作实际早有适当人选，登此广告仅为程序，因此不必浪费精力去应征。留学生在学习之余，还要关心周围的一切，这样才能把握住合适的机会。

留学生如何与当地人和谐相处

在美国留学，除了在学校里要和美国学生接触外，在校外也要和形形色色的美国人打交道。由于地域差异、文化差异等原因，一些留学生常常会抱怨当地的美国人难以相处。不过，也有些留学生表示，美国人其实很好相处，并且他们在美国结交了很多新朋友。

为什么会出现这两种不同的情况呢？我们不能否认有一些美国人确实比较难以相处，但更多的美国人还是很友善的，无法与当地的美国人和谐相处更多的还是留学生自己的原因。无论在哪里生活，都要懂得入乡随俗的道理，去美国留学当然也是如此。尊重了美国人的文化与风俗，并且主动去和人家沟通交流，才能在生活中与他们和谐相处。

小徐是在2009年来到美国的，就读于宾州州立大学。最初，她像很多初来美国的留学生一样，不敢和美国人打交道，每天就把自己关在屋子里。留学一年下来，小徐的英语水平没有一点进步，因为平时她只和几个中国朋友接触，没怎么和当地人说过话。

小徐寄宿在美国人的家中，因为平时都不怎么和房东沟通，所以双方之间存在着比较深的矛盾。房东看不惯小徐“小公主”的作风，每次吃了饭碗筷都不洗就回到房间，个人用品也随处乱丢，引起了房东极大的不满。小徐也认为房东不近人情，租金收得很高，饭菜却一点都不合自己口味。一年之后，房主就主动提出让小徐搬家，因为他们一家已经无法忍受小徐的生活方式了。

小徐把这件事和几个中国朋友说了，并抱怨说房东如何如何不好。没

想到，她的朋友们非但没有帮她说话，反倒批评起她来。朋友们都对小徐说，如果你不主动去适应美国的生活，那么还不如马上回国去，留在这里也是浪费时间。朋友们的劝告让小徐听了很不舒服，但仔细一想也确实如此，如果继续自己的这种生活方式，即使在美国熬过4年也不会有什么收获。为了不灰溜溜地回到国内，她必须要做出改变，积极地融入美国生活。

当晚，小徐鼓足勇气找到了房东，诚恳地向对方道了歉，并下定决心改正不良的生活习惯。房东也是个很善良的美国人，看到小徐这样也就心软了，答应留她再住几个月。自那之后，小徐就像是变了一个人一样，她主动地承担了家中的部分家务，帮助房东一起准备伙食。以前她不爱收拾自己的房间，现在也一改之前的作风，把自己的房间收拾得整整齐齐。没事的时候，小徐还经常和房东家人聊天，相处得越来越融洽。

在学校里，小徐也变得开朗多了，交了很多热情的美国朋友。一位美国教授对她的改变大吃一惊，她对小徐说，我曾经以为你这样的孩子读了一年就会受不了回国呢，没想到你现在有这样大的变化，徐，你真棒!

小徐从一个美国人眼中的孤僻女孩，变成了人见人爱的开朗女孩，她的转变对所有留学生都有重要的启迪意义，其实很多在美国的留学生不是不能适应美国生活，而是没去主动融入。

其实想融入美国人的生活首先要做的是走出房间，很多人不好意思开口和人说话，整日将自己关在宿舍和图书馆当中，其实课外活动和功课是一样重要的，只有先和别人交流，才能走出第一步。

在走出房间，开口说话后的第一件事情，就是找到自己喜欢的事情，然后放手去做。不要在意这件事情对你有没有好处，也不要在意别人会怎么想，只要你想，就去做吧。就算你喜欢的事情是自己不擅长的，但那又何妨？给自己一个机会，也许会有惊喜的发现。

在美国，参加校园活动是融入美国人生活的一个最重要的途径。如何理解他人、帮助他人、与他人沟通，都是可以通过参加校园活动得到锻炼的。另外，“领导力”在美国人眼中非常重要，而刚刚我们说的三点恰巧是体现领导力的三个基本点，对以后找工作也是非常有用的。

怎样在美国勤工俭学

在美国留学，如果你的学习成绩优秀，或者其他方面能力比较强，你可以申请奖学金来维持生活。但是如果奖学金离你比较遥远，也可以参与各种各样的“勤工俭学”。

1. 学生可从事的职位

美国的高校为学生提供了很多的工作机会，即使不走出校门，也能很容易地找到适合自己的工作。除了食堂和图书馆这些众所周知的打工地点，学生们还可以体验司机、记者、销售代表等职业。从事这些工作虽然收入不会很高，但是却可以为你的个人简历增光添彩。

（1）校车司机

美国大学的校车服务非常贴心，不仅是免费的，而且四通八达。很多校车的司机都是在校学生兼职的，为了得到这份工作，他们都经过了十分严格的筛选。要想成为校车的司机，除了要有驾照，要接受基本的背景调查外，还要经过一段时间的专业培训，只有培训后通过考试的人才能最终被录用。

（2）校报记者

除了做司机，留学生们还可以申请去大学的校报做记者。虽然这些校报只在本校内部发行，但作为一所拥有几万名自世界各地学生的综合性大学的内部刊物，校报的影响力也着实不小。去过美国大学的人可能知道，在美国大学重要的教学楼以及学生经常出现的活动中心里，每天都会摆放整整一摞校报。虽然校报的内容不多，印刷也比不上那些大报，但也是板块齐全，能够给学生提供很多有用的信息。这些校报基本上都由在校学生编写而成，每个学期结束之前，校报的工作室都会招新，这时会吸引很多前来面试的学生。有些新闻专业的学生希望得到实习的经验，有些应聘者希望发展兴趣。薪水往往与付出相关，付出的越多，所得到的报酬自然也会越多。

（3）校外工作

如果留学生觉得在校内找工作赚的钱比较少，也可以选择去校外打工，例如销售员、餐厅服务员、打字员等，报酬比校内工作要高不少，但是同时也要面临更多的风险。美国留学生校外打工面临的潜在问题是：打工机会较多，但鱼龙混杂，外国学生人生地不熟，极易上当。因为中西文化不同，环境也不熟悉，所以很多刚到美国的留学生在找工作时经常上当受骗。这种上当包括招工广告与实际职位不符，比如广告上说招大堂经理，实际上也许只是个洗碗工。这种虚假信息在报到之时即可揭穿，损失不会很大。

还有一类涉及“问题产品”的招聘，后果就比较严重了。比如推销员这个工作，如果你贸然接受了这份工作，将假冒伪劣产品推销给了居民，就可能被人告上法庭。发生这种事之后也许你会觉得不可思议，但人家的法律就是那样规定的。要知道，美国法律规定得极为细致，你在国内觉得并不犯法的事，在美国可能就是违法行为。

要想顺利地在校外找到一份待遇不错的工作，留学生就应该提高警惕，小心上当受骗。每找一份工作时，都要留意寻找与这份工作相关的评论，这就好比在网上购物会搜索“好评”、“差评”一样，上网多搜搜，很多工作都能在网上找到正面和负面的评论。如果你觉得网上的东西不太可信，也可以寻求本地朋友的帮助。找到一份工作后，可以问问本地学生是否找过类似的工作，会遇到什么问题，他们是当地人，清楚哪些工作是适合学生的，哪些会有问题。

2. 国外勤工俭学的通用法则

许多留学热门国家都制定了针对留学生的较为完善的打工政策，美国也不例外。想勤工俭学的留学生们，需要注意些什么，又有哪些途径，收入如何，下面就来看看在国外勤工俭学的通用法则。

（1）尽量和雇主签订雇佣合同

在签合同前仔细阅读合同条款，寻找合同里相应的工资标准。如果雇主给的工资不合乎标准，可以向有关部门寻求法律援助。

（2）记录工作时间和工作日数

每次的工作时间都应该有一份详细记录，这样就会避免遇到工资上的纠纷。

（3）不要无故迟到、无故休息

打工期间要有基本的职业素质，不随便旷工，不无故迟到。如果有事来不了应该打电话和雇主说清，不然会被开除。

（4）尽量不要与雇主发生矛盾

如果因为工作与雇主发生了些问题，首先要做的不是争吵，而是心平气和地找负责人冷静地谈一谈。如果这个方法不奏效，再去向有关部门申诉处理。

（5）能力决定薪水

学生勤工俭学每小时的实际工资收入还取决于学生的工作岗位和技术水平，甚至取决于语言水平。例如能快速英文打字，在办公室从事文秘工作，或者能在图书馆维护计算机，工资起薪会较高。另外，无论在任何部门岗位工作，依据你工作的累计小时数，法律保证你的工资将逐步增加。

（6）在打工期间发生事故千万不要慌张

如果在工作时间发生了事故，不要惊慌，要及时和负责人联系，并要求立即接受治疗。如果是途中遇到交通意外事故，切记要请警察出面。工作地的负责人不肯给予治疗和补偿时，一定要请有关部门帮忙调解。

如果留学生能在打工的时候注意到这些方面，不管是去美国留学打工，还是去其他国家留学打工，都能很好地保障自己的权益。

勤工俭学不仅可以赚到些外快，为自己创造更好的学习条件，同时也是一段宝贵的社会工作经历，值得留学生们去尝试。

如何解决日常饮食

民以食为天，通常留学生除了支付学费和房租外，支出最多的钱都用在饮食上，吃饭问题是留学生活的重心之一呢！应该怎么吃既能省钱又不

会腻？或者到哪里吃才能尝到家乡味？想尝尝美式料理又该去哪吃？这些都是留学生经常会遇到的困惑。下面就列举一些解决这一困惑的方法。

1. 学校餐厅

如果你只想快速解决一餐且不介意经常吃同样的食物，对学生来说最方便的地点当属学校餐厅。几乎每所学校都设有校内餐厅，而且许多大型学校还不止一间餐厅，从咖啡、点心，到吃到饱餐厅，各式各样的类型供学生选择。如果你经常在学校餐厅用餐，还可以向学校购买“MealPlan”，也就是优惠餐券，或购买“Dining Dollar”，就是充钱到学生卡里，可以到各个餐厅当现金使用。

每所学校制度不一且价格也不同。可参考自己学校“Dining Service”网页，然后针对自己生活作息决定要购买的种类多寡，买太多却没去吃也是浪费钱。

2. 校外各种餐厅

美国这么大，餐厅也是多得让你选不完，种类也很多，尤其是在大城市里想吃什么几乎都可以找得到。

3. 中式餐厅

因为美国有不少人喜欢吃中式料理，所以有不少中式餐厅，例如知名连锁中餐厅熊猫快餐或是华人爱吃的广东烧腊、海鲜酒家等。但是当吃过此类中餐厅的美食后会发现，有不少中餐厅为了迎合美国人的口味而改变原本的味道，通常是比我们熟悉的口味更重，但如果你想吃到标准的家乡口味，有些在中国城的餐厅或是由中国人所开的餐厅味道会较为接近我们熟悉的口味。

如果你所入学校的地点是属于大学城，即整个小镇以大学为中心，居民多属于学生或老师，周末时学生的消遣大概就只有去餐厅享受一下，所以在周末时，餐厅可是人山人海，排队数小时也属平常之事，这时候一定要事先订位。

4. 速食餐厅

美国人最爱的速食餐厅几乎是随处可见，包括在中国常见的麦当劳、肯德基、汉堡王、赛百味等，另外还有许多中国没有的餐厅，例如像墨西哥式速食餐厅 Taco Bell、Taco John'S，以潜艇三明治为主的 Quiznos，以海鲜类速食为主的 Long John Silver'S 等标准的速食餐厅。

5. 连锁餐厅

如果你不喜欢速食餐厅，其他还有很多有名的连锁餐厅，例如 Buffet 形式的 Golden corTal、中国也有的星巴克（Starbucks）、以海鲜为主的 Red Lobster、美式餐厅红苹蜜（Applebees）、专卖甜甜圈的唐恩都乐（Dunkin' Donuts）等，各式各样不同的口味，可满足每个人的需求。除了这些大型连锁餐厅外，相信在各个地方都有当地的好口味，各种餐厅和美食就等着你发现呢。

6. 在家自己做

其实在家自己做才是最健康最省钱的方法，外面的食物经常多油多盐，且通常美国食物口味较重，吃久了可能会腻，或是当你想念家乡美味时，这时候就会想要自己在家做。

学生经常忙碌于课业，没有时间餐餐自己做，所以许多留学生的做法是在周末炖一大锅肉，分成许多小盒，包装好并放在冰箱里冷冻，每餐要吃的时候再解冻加热即可食用。

各个大卖场经常是一整排冷冻柜都摆放着冷冻食品或微波食品，可见美国人爱吃微波食品，如果懒得自己煮饭或想尝试新口味的可以买来吃，只需要几分钟，家里就会有丰盛的料理。

如何节省口袋里的钱

美国物价高，学费也不便宜，留学期间你可能会发现口袋里的钱就像是流水一样，想保住口袋里的钱就得努力开源节流。平时生活中能省钱的机会其实非常多，所谓“积沙成塔”，在日常生活中一点一滴地省钱，也会渐渐累积一笔小财富哦！以下一些从平常做起的省钱妙招，让你也可以成为省钱高手。

1. 收集各种优惠券

在美国购物，优惠券可说是省钱的一大功臣，在美国购物时使用这些优惠券的频率较中国还要高很多，不管是实体商店用的纸质优惠券或是网络商店用的电子优惠券都可以在购物时省下不少钱。

日常所需包括蔬菜、牛奶等，很多东西都可以找到各种优惠券，例如，买一送一的优惠券或者现金折扣的优惠券，只要在结账的时候连同商品一并交给收银员，就可以省下一笔钱。要得到这些优惠券的方式很多，包括放在你信箱里的宣传单、商店里商品附近可取得之优惠券，当然也可从报纸的广告、网络上打印，甚至是商品本身的包装纸，或是商店收据的背面等都可以取得优惠券，仔细留意就会发现很多的优惠。

网络商店购物时，虽然不能用纸质优惠券去结账，但常可以使用电子优惠券来获得各种优惠，常见的优惠包括减价优惠如 9 折优惠、买满 50 美元折价 5 美元，或者是免运费等，不同类别的产品会有不同的优惠，甚至会赠送小礼物，有时候一次性消费还可以使用不止一张优惠券，可以说优惠多多呢！

但是要到哪里去得到这些优惠券呢？在成为商店的会员后，将会定期收到该商店的电子邮件广告信，里面常常都会有一些促销的电子优惠券；或者也可以试着到一些提供电子优惠券的网站，上网输入你想要购物的商店名称，就可以找到热心网友提供的电子优惠券，如果你也是热心网友别忘了上网分享你所拿到的电子优惠券。

2. 把握优惠时间

全美最大的购物折扣季节之一，就是在感恩节到圣诞节，也就是每年的 11 月底到 12 月底这段时间，其中 Black Friday 就是感恩节的隔天，也就是周五（感恩节为 11 月的第四个周四），可算是美国购物最特价的日子，这天全美几乎各大商店都会举行一些大特价活动。各家商店都在 Black Friday 前几周就推出它们的特价广告，消费者都跃跃欲试想要抢得便宜货，商店使出浑身解数吸引顾客上门。每年在 Black Friday 的前一天，许多商店的门口都会有人彻夜排队，等着隔天一大早抢购各种特价商品，电视新闻还经常实况报道抢购热潮。

美国许多州都有免税日，也就是说在免税日期间购买某类商品是免消费税的，目前美国各州收取的消费税率不一致，有的甚至高达8.25%，所以在免税日购物几乎等于替商品打了9折。每州免税日期并不相同，但大都在8月开学前的某个周末，有些甚至在4月或10月，可享免税的商品大多是衣服类、鞋类和学习用品类，许多商店为吸引客户也会推出特价活动，想捡便宜这就是个好时机。每个州对于免税日时间及免税商品规定不太相同，在州政府的网站都会有公告。

3. 申办商店会员卡

商店为吸引顾客以促进销售，经常都有专属于会员的特价活动，而且价差通常很大，成为会员能享有折扣或累积点数以兑换赠品，这样的优惠你能不动心吗？从超市到影音光碟出租店，甚至是宠物用品店，许多商店都有会员制度，商店通常将会员卡制作成挂在钥匙圈上的小卡，方便购物时使用，所以经常看到大家的钥匙圈上都是挂满各式会员卡。建议大家常去的商店，务必要申办它们的会员卡以享受优惠。

4. 加入航空、旅馆联盟

留学期间除寒暑假回国时会搭机享受长途旅程外，假期中的旅游或到外地参加各式研讨会时也常搭乘飞机，飞行旅程若累积到一定额度，就可以兑换免费机票或座舱升等；一般来说，来回中美两趟所累积的里程数差不多就可以兑换一张美国国内线机票，这样的好事怎么能够放过呢？

搭乘不同航空公司的班机也可以累积飞行里程数，许多航空公司都会互相结盟，较知名的包括星空联盟、天合联盟、寰宇一家等。这些联盟不但提供相互间的转乘，而且搭乘同一联盟的航班时，通常可把你的飞行里程数累积到同联盟的另一个航空公司，如此可增加累积里程数的速度。

出外旅游时经常住旅馆，许多旅馆都推出会员制度，会员可享有会员住宿优惠和会员积分累积，当积分累积到一定程度时即可兑换免费住宿或飞行里程数等各种奖励。对于经常出游的人，累积到免费住宿相当容易。许多旅馆除了有自己的会员制度外，也参加一些旅馆联盟，知名的平价商

务旅馆联盟则有 Wyndham Rewards、choice Hotels、Priority Club 等。

一般学生旅游外宿最爱住的速 8、Quality Inn 和 Holiday Inn 就属于以上这些联盟，所以加入这些联盟的会员组织，即便住在不同的旅馆，只要是属于同一联盟，就可以把积分累积在一起。许多连锁大饭店如希尔顿(Hilton)、喜来登、万豪等也推出会员制度，许多大企业集团也建了很多高级饭店而自成一联盟，其中有 Harrah's Entertainment、MGM Mirage、Trump 等。如果经常外出旅游建议加入这些会员组织，好处多多呢！

5. 利用网络资源

美国这么大，想省钱的人当然也是很多的，网络上经常可以发现很多网友会将自己发现的优惠拿到论坛分享，想知道各种优惠资讯、电子优惠券、省钱秘方，在一些网络论坛内有非常多的讨论。不过，网络上的资源陷阱也多，请务必有自己的判断力，以免陷入危机。

6. 现金回馈或红利集点

和中国一样，美国也有很多现金回馈的信用卡，通常都是 1%～3%，有些信用卡还推出特定消费增加回馈，例如加油时回馈比例可达 5%，购买食品杂货时可达 3%，这两项消费占学生生活开支的大部分。且因为在美国经常用信用卡消费，所以累积现金回馈度很快，虽然可能只有 1%，但长久累积下来可是一笔不小的财富。

银行也推出许多信用卡积分活动，每次刷卡消费时会累积积分，积分够多时就可兑换各种礼品，包括家电、礼券及各类生活用品等。还有些银行推出学生专属优惠，只要出示每学期成绩单，不同等级的 GPA 就给不同等级的积分。好好利用这些信用卡，会让你在花钱的同时也赚一点点回来。

7. 链接现金回馈网站

美国有许多现金回馈网站，这些现金回馈网站操作方法是，当消费者决定要在 A 网站购物时，若 B 现金回馈网站跟 A 网站有合作时，你先到 B 网站登录会员后再链接至 A 网站进行购物，在交易完成后，B 网站会依照你的消费金额和所订立的回馈比例给予回馈，等回馈累积到一定额度时，B 网站就会将回馈金额寄发支票给你或转入你在线支付的某个账户，比如

Paypal 网站上的。这类现金回馈网站的回馈比例一般在 1%～5%不等，但 10%、20%也经常可见。

类似的现金回馈网站在美国非常多，这些网站链接到不同的购物网站时，常常有不同的现金回馈。如果你常使用网络购物，不需要担心回馈现金无法超过可领回的最低回馈金额，不妨选择最高回馈比例的现金回馈网站进行购物以求最大回馈；反之，你若不常使用的话，建议还是集中火力，专使用同一家信誉良好的现金回馈网站。

请特别注意，某些现金回馈网站会收取会费，但回馈比例通常较高，除非你消费所得的现金回馈会比会员费高，不然不建议大家加入，一些免费的现金回馈网站就很棒了！

8. 网络索取试用品

各种新商品在新推出时，经常都会提供试用品给消费者，只要到网站上留下你的姓名和住址，免费的试用品就会寄到家。常用的洗发液、沐浴乳、除尘纸、牙膏、卫生纸、乳液、洗衣液，甚至厕所的卫生纸架或月历，都可以索取到。

如果当你要购买东西却不确定买哪一品牌好时，可以上网索取试用品，避免买到不喜欢的产品。通常试用品的包装内还会放张厂商的优惠券，让你下次要购买该商品时能用优惠的价格买到。

9. 向银行讨回罚款

有过支票被退回或信用卡超刷的经验吗？因为一时疏忽而被银行收取罚金，这时候只能怨恨自己的不小心吗？这些罚金通常都是几十美元，可能是你一周的餐费，其实可以试着打电话给银行的客服人员向他们说明你的情况，有时候银行会在下一期账单中退回该项罚金。

提醒一点，打电话给客服时要找免付费电话，因为这种电话可能都会讲很久，打电话给银行时经常都会不停地转接，尤其重大问题时，电话很可能得转接到高级主管处，耗时较长，稍微寻找一下，银行通常都有免付费电话。

10. 留学生也可以退税

别以为留学生不是美国人就不用缴税哦！如果你在美国有工作收入，

通常在付给你薪水时雇方会预先扣税，1年后结算税金时，这些预扣税金不足则补税，过多就会退税。

通常学生的收入不多，所以被退税的概率很大，退税的金额视你的收入和国籍而定，从几十元到几百元不等，所以一定要报税，可把这笔钱要回来哦！

即使没有工作收入，但如果你有银行利息收入的话，也可以看银行是否收取过高的预扣税金，退税时或许也可拿回这些被预扣的税金。

旅游篇：
从黄石公园到自由女神

美国不仅是世界超级强国，也是一个自然人文景观非常丰富的国家。每年来自世界各地的游客纷纷涌入美国，欣赏美国秀丽的风光。无论是自然景观还是人文景观，美国的美景可谓美不胜收，让每一位到访者流连忘返，在赞美自然景观神奇的同时也为人文景观竖起大拇指。所以，自然人文景观是美国生命的一部分，缺少它，美国就失去了应有的魅力。

黄石国家公园

建于1872年的黄石国家公园，位于北落基山与中落基山间的黄石熔岩高原上，是著名游览胜地，也是世界上最早建立的国家公园，总面积8990平方千米。

黄石国家公园的地质构造十分复杂，曾经发生过强烈的火山活动，熔岩流广泛覆盖于地面至今，时至今日，这一区域的地壳仍不稳定。整个黄石公园地面崎岖，平均海拔2100～2400米，最高峰伊格尔山的海拔达3462米。在黄石公园内，黄石河呈南北走向，在北半部切割出一条长39千米、深305米的黄石河大峡谷。峡谷周围峭壁呈现深浅不同的黄、橙、灰等色。峡谷的南部有上瀑布和下瀑布，落差分别为33米和94米。公园东南部的黄石湖面积为360平方千米，湖水流入黄石河。园内有3000多个温泉和间歇泉，其温度、水量、排水方式和水质成分各异，数量和种类之多世所罕见。主要著名的景点有：

1. 老忠实泉

老忠实喷泉是一个位于美国怀俄明州黄石国家公园的锥形喷泉，是1870年，沃什伯恩·兰福德·多恩来到公园所在地进行探险时，发现的第一个间歇泉，因此得名。它也被称为地球上最可预测的地理景观，平均每90分钟就喷发一次。老忠实间歇泉，以及附近的老忠实旅店，都是黄石公园老忠实历史区的一部分。

老忠实喷泉每次喷发时所喷发约14000～32000升的沸水，喷射至约32～56米的空中，并持续1.5～5分钟。喷发的平均高度为约44米。最高纪录的喷发则是约56米。喷发的间隔从45～125分钟不等，平均每66.5分钟喷发一次，在1939年喷发间隔缓慢增加，平均到每90分钟一次。喷发间隔的时间有一个双峰分布。

老忠实喷泉已记录有超过13.7万次喷发。哈利·伍德沃于1938年第一次描述了喷发的持续时间和间隔之间的数学关系。老忠实间歇泉不是黄石公园内最高和最大的间歇泉，享有这一名号的是蒸气间歇泉。老忠实泉更可能是因为小规模和高频率的喷发，而受到广泛关注。

2. 黄石大峡谷

黄石大峡谷是黄石国家公园内黄石河下游的第一大峡谷。峡谷约24千米长，约244～366米深，0.45～1.2千米宽。大峡谷是一个典型的V形山谷，是河流侵蚀而不是冰川侵蚀的结果，目前峡谷仍然被黄石河所侵蚀。

虽然很早以前来到过黄石地区的猎奇者和探索者已知道这个峡谷的存在，但最先对其做了详细描述的是1869年的探险者库克·福尔瑟姆·彼得森和1870年的远征者沃什伯恩·兰福德·多恩。

1890年，博兹曼的居民H. F. 理查森（大家熟知为汤姆叔叔）拿到了这一地区的经营许可证，在今天的契滕登大桥所在的地区经营黄石河及其附近地区的渡轮业务，摆渡游客到汤姆叔叔小路瀑布的附近地区。尽管最初的小路已不再存在，但仍然有一条陡峭的山路通到低瀑布附近，被称为“汤姆叔叔小路”。

3. 大棱镜彩泉

黄石国家公园内的大棱镜温泉是美国第一大的温泉，世界上第三大温泉，坐落于中途间歇泉盆地上。

1871年，海登地质调查局的地质学家发现了它，因其可以引起绚丽的色彩而将其命名为大棱镜温泉。它的颜色包括蓝色、绿色、黄色、橙色、红色和橘色，像雨后的彩虹一样。

最早发现大棱镜温泉的是早期的欧洲探险家和测量员。1839年，一批来自于美国皮草公司的裘皮捕手越过中途间歇泉盆地来到这里，将其命名为“沸腾湖”，并目测大棱镜温泉为约90米。1870年，沃什伯恩·兰福德·多恩经过长途跋涉，对大棱镜温泉进行观测，并在大棱镜温泉附近发

现了一个约 15 米的新温泉（后来被命名为怡东）。

大棱镜温泉直径约 75 至 91 米，49 米深。每分钟排放大约 2100 升温泉水，水温可达到 70℃。

黄石国家公园除了有著名的景点外，森林繁茂，主要树种为红杉、冷杉和云杉等。野生动物有美洲野牛、黑熊、狼、驼鹿、叉角羚羊和麋等。建有长 200 多千米的大环行公路，备有野营设备和划艇等旅游设施，每年游客数以百万计。

景色宜人的科罗拉多大峡谷

科罗拉多大峡谷是世界陆地上最大的峡谷之一，位于亚利桑那州西北部的科罗拉多高原上，在科罗拉多河的中游，是第三纪上新世时高原大幅度抬升和河流强烈下切而成。

科罗拉多大峡谷东起小科罗拉多河汇入处，西至内华达州界附近的格兰德瓦什崖，全长 446 千米，最大深度 1829 米。谷顶部宽 6.5～29 千米，向下收缩，成 V 字形。谷底水面宽度不足 1 千米，最窄处仅 120 米。河流曲折蜿蜒，河床坡降每千米 1.5 米，水流湍急，流速每小时 25 千米。水深 10.15 米，夏季周围山地冰雪融水下注，增深至 15～18 米。谷壁呈现出阶梯状，南壁海拔 1800～2100 米，气候干暖，植物稀少；北壁比南壁高400～600 米，气候寒湿，林木苍翠。谷底海拔 760～800 米，气候干热，呈荒漠景色。从谷底向上，沿崖壁出露着从前寒武纪到新生代的各期岩系，水平层次清晰，并含有代表性生物化石，有“活的地质史教科书”之称。岩性软硬不同、颜色各异的岩层，被外力作用雕琢成千姿百态的奇峰异石和峭壁石柱。随着晖明阴晦的天气变化，水光山色变幻无穷，蔚为奇观。1919 年将大峡谷最深的一段（长约 170 千米）辟为国家公园，面积 2728 平方千米。现在每年到这里的游客超过 200 万人次。

锡安国家公园

锡安国家公园位于犹他州史普林戴尔附近，占地约593平方千米，是锡安峡谷中的首要景点。锡安峡谷全长约24千米，平均深度为800米，其红色与黄褐色的纳瓦霍砂岩被维琴河北面支流所分割。

锡安国家公园具有独特的地理环境与变化众多的生物带，这里生存着许多不寻常的植物与动物。公园分为四大区域，分别为沙漠区、河岸区、林地区与针叶树林区。据统计，有289种鸟类、75种哺乳类动物（包括了19种蝙蝠）、32种爬虫类与无数品种的植物栖息于此。

考古发现，8000年前人类开始在该片区域居住，在漫长的发展过程中，只有少数美洲原住民家族在此长期生活，其中一支家族在公元300年成为半游牧编筐时期的阿纳萨齐印第安人。后来，随着游牧生活的减少，大约在公元500年这支印第安人移居到维琴河附近。另外一支叫费瑞蒙的族人，也曾在此居住。令人不解的是，两支族人在公元1300年左右神秘地消失了，后来生活在这里的是派卢士人与派尤特人。1858年摩门教徒发现了这个峡谷，并在19世纪60年代初期在此定居。1909年，国家总统威廉·霍德华·塔夫脱将这片区域定为保护区，名为Mukuntuweap国家保护区。1918年，美国政府将这片保护区进一步扩大并改名为锡安国家公园。1937年，科罗布部分被宣布为一个独立的锡安国家保护区，并于1956年并入到锡安国家公园。

火山胜景万烟谷

万烟谷位于阿拉斯加州西南阿拉斯加半岛上的卡特迈火山附近。长16千米，宽8千米，面积145平方千米。原是一林木葱茏、动物众多的山谷。1912年6月6日，卡特迈火山猛烈喷发前几小时，山谷上部出现裂缝，喷出大量烟灰和其他火山物质，在高压气流作用下高速推向下方，山谷中的

动、植物被炽热的烟灰掩埋，树木碳化，谷地里堆积的火山灰厚达200多米。有成千上万个喷气孔和气柱，不断从地下喷出大量炽热气体，在火山灰堆积较薄的地方和山谷上部尤为密集。有的喷射高度达350米，在山谷上空形成巨大的蒸气层，经阳光照耀，气孔旁呈现条条色彩缤纷的彩虹，景观壮丽。卡特迈火山喷发后，顶端崩塌，形成长4.8千米、宽3.2千米的火口湖。离卡特迈火山约10千米的山谷中，还形成一座名叫诺瓦拉普塔的新火山。目前，山谷中火山活动已大为减弱，仅剩下12个喷气孔，周围出现地衣和苔藓，有些高等植物亦开始生长。麋、熊的足迹已可见到，但仍缺少生物栖居。万烟谷的自然景观吸引大批游客，1918年即辟为卡特迈国家名胜地。因其自然景观与月球相似，故又有“地球上的月面”之称。20世纪60年代时曾作为“阿波罗登月”宇航员的训练场地。

世界著名的尼亚加拉瀑布

尼亚加拉瀑布位于五大湖区的尼亚加拉河上。河长56千米，上接海拔174米的伊利湖，下注海拔75米的安大略湖，上下高差为99米。主航道中心线为加拿大和美国边界。上游河段水面平展，河宽2～3千米，水深流缓，落差约15米。从距伊利湖北岸32千米起，河道变窄，水流加速，在一个90度急转弯处，河水从所流经的石灰岩崖壁上骤然陡落，水势澎湃，声震似雷。

在印第安语中，“尼亚加拉”是“雷神之水”的意思。宽大的水帘被中间的一座宽约350米的长形小岩岛分为两部分：东边属于美国，称为亚美利加瀑布，宽305米，落差50.9米；西边属于加拿大，因为呈现半环状，故名马蹄瀑布，宽793米，落差49.4米。尼亚加拉河水量丰富，苏必利尔湖、密歇根湖、休伦湖和伊利湖常年为其提供水源。尼亚加拉瀑布年平均流量达6740立方米/秒，其中位于加拿大境内的马蹄瀑布流量约是美国境内的亚美利加瀑布流量的19倍。加、美两国充分利用自然资源，在瀑布附近的河段上兴建有大型水电站，装机容量达400万千瓦。由于流水常年冲蚀，石灰岩崖壁不断出现崩坍的现象，未修筑前整个瀑布向上游平均每年后退 1.02 米。20 世纪 50 年代以后，加、美两国通过控制水流、用混凝土加固崖壁等措施，瀑布后退速度已得到有效的控制，相关部门监测的结果是，每 10 年后退不超过 0.3 米。

尼亚加拉瀑布是世界上著名的风景名胜。加、美两国经过科学的论证，把瀑布周边的大片区域划为旅游区，开辟公园，兴建各种游览设施，重点发展旅游产业。有意思的是两个国家各自在尼亚加拉河两岸建立了同名姐妹城——尼亚加拉瀑布城，分别属于加拿大安大略省和美国纽约州。游客可以从摩天大楼远眺，也可乘直升机或登上专设的瞭望塔纵览全景。坐落在加拿大境内的斯凯仑塔高 160 米，上面建设有圆盘状的旋转餐厅，游客可以边用餐边欣赏周围的美景。不仅如此，游客还可乘坐游艇就近观赏浪花飞溅的奇景，或穿过崖壁地道直通大瀑布脚下，倾听惊涛骇浪的怒吼。位于美国境内的亚美利加瀑布与河岸在同一个垂直面上，美国特别建造有伸入河中的探头桥，以便本国居民看到属于自己国家的瀑布。到了夜晚，两岸聚光灯从四面八方照射在瀑布上，五光十色，非常迷人。

华盛顿纪念碑

位于华盛顿特区国家广场上的方尖碑——华盛顿纪念碑，是专门为纪念美国第一任总统乔治·华盛顿而建立的。该纪念碑高约 169 米，是世界上最高的方尖碑，建设材料包括大理石、花岗岩、青石质片麻岩。

纪念碑始建于 1848 年，在 1854 年到 1877 年期间被迫停工，主要原因是政党斗争、缺乏资金和美国内战，1885 年 2 月 21 日竣工。纪念碑的一块大理石上（约 46 米）地方有 27 % 的着色差异告诉人们工程曾经中断。

纪念碑最早是由 19 世纪 40 年代的著名建筑师罗伯特·米尔斯设计的，修建时其对原设计方案作了一些修改。1888 年 10 月 9 日正式对外开放，并由科隆大教堂前任大主教主持开放仪式。自此，华盛顿纪念碑一直保持世界最高的称号，直到 1889 年埃菲尔铁塔在法国巴黎建成。

纪念碑的内部藏有188座来自世界各国及组织所捐赠的纪念性石雕。其中有一座高240英尺，刻着“我的语言，我的土地，我的国家威尔士——威尔士永远”铭文的纪念碑，是纽约威尔士的市民捐赠的。

2011年8月23日纪念碑在地震中遭到损坏，由于内部结构复杂，管理方要对其修复，这次修复是一个漫长的过程，至今还没有对外开放。

林肯纪念堂

林肯纪念堂是为了纪念美国第16任总统亚伯拉罕·林肯而建造的美国国家纪念馆，坐落于华盛顿特区的国家广场上，在华盛顿纪念碑的正对面。建筑师是亨利·培根，而负责雕塑亚伯拉罕·林肯雕像的是法国雕塑家丹尼尔·切斯特，室内壁画是画家朱尔斯·古瑞恩所创作。

整座建筑呈长方形，长约58米，宽约36米，高约30米，是一座仿古希腊神庙式的大理石古典建筑。36根白色的大理石圆廊柱环绕着纪念堂，象征林肯任总统时所拥有的36个州。

纪念馆内部被两行爱奥尼亚柱式划分为三个区域。这些爱奥尼亚柱式每行4根，每根高约15米，底部直径约1.68米。南北两面镌刻着林肯的第二次总统就职演说和他在葛底斯堡演说中的铭文。这些铭文旁边镶有束棒、鹰和花环装饰的壁柱，铭文和纹饰均由伊夫林·比阿特丽斯朗文制作。

纪念堂充满了象征意义：36根廊柱代表着林肯去世时联邦政府拥有的36个州，在阁楼上的48个石花代表美国在1922年时的48个州。林肯雕像背后，是一幅由朱尔斯·古瑞恩创作的约18米×3.7米的壁画，生动地描绘了林肯生前著名的指导思想。在南墙的壁画上，展现了自由、解放、不朽、正义和法律等原则，而北墙上展现了团结、友爱和慈善事业的内容。这两个场景的共同背景是柏树和永恒的会徽。壁画精制而成，是用一种特殊混合物的涂料制成的，其中包括煤油和蜡的元素，以适应温度和湿度的波动，从而保护暴露的艺术品。

天花板距离地面约18米，大梁由青铜制成，并用月桂树和橡树叶装饰。

主梁之间镶嵌着阿拉巴马州大理石，以饱和的石蜡装饰其版面，从而增加它们的半透明性。尽管其提高了光的通透性，但培根和法国人还是觉得这座雕像需要更多的光线。他们决定将百叶窗式面板设置在天花板的金属板条上，以掩盖巨大的泛光灯，从而使用人工照明系统。管理者在灯光控制室中可根据外界光线的变化调节室内光度。这种昂贵系统的资金来源于1926年和1929年由美国国会拨款，在接受捐献的7年后，雕像适当增加了照明。自那时起，在纪念馆的设计上只发生过一次大的改动，即为了帮助身患残疾的游客，20世纪70年代中期在馆内安装了电梯。

国会大厦

国会大厦建于1793～1800年，位于华盛顿中心的最高处，所有建筑都不能超过其高度，这一切无不显示了国会在政府和整个国家中的重要地位。近两百年来，国会大厦容纳了参众两院、最高法院及国会图书馆。参观国会大厦时，你将进一步加深对美国历史的了解。你将惊讶于其经典的建筑风格、精美的内部装潢和成百上千的油画、雕塑和其他艺术品，这些已成为国会大厦不可或缺的部分。

参观一般由圆形大厅开始，这座巨厅是整个国会大厦的中心。10位总统的遗体曾经停放于此，当肯尼迪总统的骨灰盒停放于此时，前来悼念默哀的队伍长达40个街区。它庞大的屋顶是在林肯的指令下修建的，当时正在打南北内战。中央穹顶是一幅康斯坦丁诺·布伦米迪的壁画杰作《华盛顿的众神》，中圈的画像象征着美国的13个州；外围则是象征着艺术、科学和产业的罗马诸神，凝视着美国的发展和进步。厅内圆形的墙壁上是8幅巨大的油画，描述的是美国历史上8件重大事件，从哥伦布抵达美洲到莱特兄弟在北卡罗林那沙滩的试飞成功。

国家雕像厅原先是众议院大厅，该大厅有个很有意思的建筑现象，搞得当年的议员们不胜其烦：在一个角落里悄悄说话，在另外一边却能够很清楚地听到说话内容（如果你来参观时没有听到，也不要失望，因为参观

时实在是太吵了)。此厅于 1864 年改为雕像大厅，当时联邦政府邀请全国各州选送两座雕像，以代表当地的儿女，很多雕像的原型是对国家发展做出重大贡献的人。厅里目前收有 97 座雕像，因为当时有三个州（内华达、新墨西哥和北达科他）仅送了 1 座雕像。

国会大厦的南北两翼则分别是众议院和参议院。众议院大厅在世界立法机构中规模最大，它同时也是总统发表年度国情咨文的地方。国会大厦还包含了原先的最高法庭，法庭被修复成 19 世纪中叶的原貌。参观者应该去看看参议院大厅底层的布伦米迪走廊，名画家笔下的花草树木、飞禽走兽组成图案点缀着大厅的四壁和屋顶。布伦米迪设计的精美铜梯直通二楼。布伦米迪被誉为国会大厦的米开朗基罗，大厦中很多作品出自他之手。

参观完毕大厦内部，你还可以到大厦西侧走走。美国国会自 1981 年起打破传统，把总统就职庆典活动迁到这里举行，因为这里既能观赏到国家博物馆的景观，且比东侧能容纳更多的客人。

美国国家博物馆

美国国家博物馆是由十几个不同的博物馆组成，它们围绕着一片广阔的绿地而建，国家博物馆广场是首都华盛顿最接近主题公园的地方了。但是与一般主题公园不同，这里几乎一切都是免费的。从林德伯格的精神圣路易斯到房慈的皮夹克，从希望钻石到各种各样的恐龙等，很多现代和古典的艺术品都在等待着你的光临。

参观可以从史密森学院大厦开始，人们一般把它称为“城堡”。城堡是广场楼群里最古老的建筑了，但是你一定会惊讶于其高科技综合信息系统，它能很好地帮助你规划及安排自己的参观时间。沿杰弗逊大道向东，你就来到艺术与工业大厦，在这里可以欣赏到它不断变化的展品，绝大多数都是来自史密森和其他博物馆的文化展品。1881 年该馆作为美国国家博物馆建成时（现在还可以在墙上看到这个名字），就在这座楼里举办过菲尔德总统的就职舞会。该馆旁边，同在杰弗逊大道上的是赫希杭博物馆和雕塑花园，这里展出的有现代和当代艺术品，并且有室外的雕塑公园可供参观赏玩。

穿过第7街便来到国家航空航天博物馆，这里可说是世界上最受欢迎的博物馆了，每年来此参观的人超过900万，23个展馆讲述着人类自开始尝试飞行以来的各种飞行故事。几十件航空器悬浮在空中，如同儿童房间屋顶上悬挂的塑料模型，其中包括莱特兄弟1903年试飞成功，飞过北卡罗林那沙滩的那架；查尔斯·林德伯格的精神圣路易斯；X-1火箭飞机（查克耶格尔打破音速的那架）和X-15，第一架超过马赫数6的飞行器。在这里，人们还可以看到来自月球的礼物：阿波罗17号采下的一块40亿年的月球石头。

沿杰斐逊大道向东，会发现由3、4号街和独立大道及杰斐逊大道围起来的一排建筑，史密森国家美洲印第安人博物馆就位于此。在第4街上左转，穿过国家博物馆广场（别忘了欣赏右边的国会大厦，和左边的华盛顿纪念碑），再穿过麦迪逊大道便来到了国家艺术馆。其西馆展出的是13世纪到20世纪的艺术品，东馆展出的主要是19世纪和20世纪的艺术品。沿麦迪逊大道向西，来到国家历史博物馆，该馆藏有一亿二千四百万件藏品。西边与之相邻的是美国历史博物馆，在此你可以充分了解美国的文化、政治、历史和科学技术的发展进程。

沿14号大街向南，穿过国家博物馆广场和独立大道便来到了美国大屠杀纪念馆，这是个让人不禁想起人类之残忍的地方。而向南一个街区则是雕刻印刷局，美国的纸币、邮票、军事证件、总统邀请函就是在这里印制的。沿14号大街向北，穿过独立大道向右转，你就会看到以收集展出亚洲珍品著称的弗利尔美术馆，再往东，在独立大道之外是弯曲的小砖路和木凳，这里就是占地4英亩的伊妮德·豪普特纪念花园。花园底下是两座博物馆，阿瑟·赛克勒画廊——弗利尔美术馆的姊妹馆，和国家非洲艺术博物馆，后者的展品代表了几百种非洲文化。

当然，博物馆广场不仅有一排排的博物馆——它本身也是一个野炊公园，一个跑步场所，一个室外活动和烟花燃放的好去处，更是华盛顿的城

市绿地。参观博物馆广场至少需要两天的时间。第一天可以用来到处走走看看，欣赏美景和建筑（进去看看也无妨，反正不收费），第二天就可以到你真正喜欢的博物馆里反复观赏你喜欢的展品了。

联合国总部

联合国总部大楼建筑群位于纽约，自从 1952 年建成后，一直是联合国的总部大楼。它坐落在海龟湾附近的曼哈顿，可以俯瞰到东河。联合国总部的地理范围包括第一大道以西、东 42 街以南、东 48 街以北和东河以东。海龟湾常被作为联合国总部办公楼和联合国总部的代名词。

联合国总部大楼建筑群包括一系列的建筑物，而秘书处大楼是联合国总部的最重要组成部分，建筑群还包括联大大楼、达格—哈马舍尔德图书馆、会议中心以及接待中心，其中，接待中心位于联合国大会大楼和秘书处大楼之间。在围栏内，193 个国家和联合国的旗帜按照英文字母的顺序进行排列。

联合国是第二次世界大战结束后成立的国际组织。自那时起，联合国逐步拓展了其目标与行动范畴，在 21 世纪初已发展成为典型的国际性机构。

美国总统富兰克林·罗斯福是最先建议使用“联合国”来指代第二次世界大战的同盟国。当时，罗斯福向温斯顿·丘吉尔提议了拜伦长诗《恰尔德·哈罗尔德游记》中的一词“united natlons”，该词最初是用来描述 1815 年滑铁卢战役中的反法同盟的。1942 年 1 月 1 日，罗斯福在《联合国家宣言》中第一次正式使用了这一词语。

此后，同盟国便开始使用“联合国”来称呼它们的联盟。

联合国有五大机构（曾经为六大机构，随着联合国最后一块托管领土帕劳的独立，托管理事会已于 1994 年停止运作）：联合国大会、安全理事会、经济及社会理事会、秘书处和国际法院。

其中，五大机构中有四个设置于纽约市国际领土上的联合国总部中，国际法院则设置于荷兰海牙，其余的主要机构则设置于日内瓦、维也纳和奈洛比的办事处里。其他的联合国机构则遍及世界各地。

举行联大会议的大厅包含 1800 个座席。大厅长约 50 米，宽约 35 米，是整个建筑群中最大的房间。大厅内有两幅由法国画家费尔南·莱热所做的壁画。大厅前方，是联大主席、秘书长和主持大会事务和会议事务的副秘书长所用的绿色大理石讲台及配套的扬声器设备。

在主席台的背后，以联合国金色徽标为背景。讲台的两侧是一个逐渐变细的半圆形镶板，接近天花板并环绕大厅的前方。镶板墙前可供游客进行参观，而镶板墙的玻璃窗内则允许工作中的翻译参与整个会议过程。大厅的天花板高约 23 米，屋顶为悬索结构，上覆穹顶，色彩明快。大会议厅最近的一次修缮是在 1980 年，为了适应成员国不断增加的需要，扩充了大厅的空间。在 192 个代表团中，每个代表团有 6 个席位。

在东侧的公共大厅，游客可以看到由法国画家夏加尔设计的彩色玻璃窗。1964 年，马克·夏加尔将自己设计的彩色玻璃窗捐赠给联合国。这是联合国工作人员和马克·夏加尔本人为纪念联合国第二任秘书长达格·哈马舍尔德而赠送的礼物，哈马舍尔德从 1953 年起担任联合国秘书长直到 1961 年殉职。彩色玻璃纪念窗包含许多符号，代表仁爱与和平的主题。

在玻璃窗左边和下边的母亲代表了人类追求和平的愿景。上面的音乐符号可以唤起人们对贝多芬“第九交响曲”的怀念，另外，这也是哈马舍尔德先生最喜爱的乐曲。

自由女神像

自由女神像是游览纽约必去的景点，坐落在纽约港入口处的自由岛上。乘坐渡轮从纽约城的炮台公园或者新泽西自由州立公园出发，花 15 到 20 分钟，就能看到纽约市的繁华景象和自由女神像的全景。

自由女神像是由法国著名雕塑家巴托尔迪历时 10 年创作完成，并在 1886 年 10 月 28 日赠送给美国，纪念美国摆脱英国的统治，取得独立战争胜利 100 周年。整座雕像重约 225 吨，高约 46 米，加上基座为 93 米。整座

雕像造型雄伟，上至皇冠的尖角，下至脚边破碎的锁链，都令人过目不忘。雕像当时被分割为350块，远渡重洋运抵纽约，耗时四个月才组装完成。

自由女神像左手拿着独立宣言，这是为了宣扬美国独立宣言中所提出的自由民主的精神。雕像见证了19世纪末和20世纪初从不同国家来到美国的移民浪潮。那时候不同种族的移民纷纷涌入美国寻求自由的生活，努力实现他们的美国梦，这也促成了美国民族大熔炉的现象。

自由女神是美国的象征，象征着美法两国人民的友谊和美国人民争取自由的崇高理想，也象征着美国人民对美好生活的向往与追求。

要提醒你的是，这里常常是游人如织，等待登上自由女神雕像所需时间也不尽相同。参观女神像最好是早上出发，如果可能的话，在工作日来玩，因为在周末，排队等候的人实在是太多了。

大都会歌剧院

由于演出作品场面宏大、表演水平高超、演员多为世界知名的艺术家，大都会歌剧院已经成为世界上最著名的演出公司。在这里，你可以欣赏到歌剧艺术家如卢西亚诺·帕瓦罗蒂和塞西莉亚·巴尔托利的表演，以及原声原版配有大屏幕英文字幕的世界级的戏剧演出。

第一座大都会歌剧院由一群富商出资，于1883年修建于百老汇大道第39大街。主要建设理由是，这些人在14号大街上的音乐学院没有得到包厢，便想建立自己的戏院。这里上演的第一个歌剧是查尔斯·古诺的《浮士德》，讲述了一个德国魔法师引人入胜的故事，故事的主人公为了换取知识、权力、青春和爱甘愿把自己的灵魂出卖给魔鬼。从此以后，大都会歌剧院吸引了一批又一批来自世界各地的歌喉嘹亮、才华四溢的艺术家，如极富传奇色彩的指挥家阿尔图罗·托斯卡尼尼和伟大的演唱家杰拉尔丁·法拉。不幸的是，1892年8月27日的一场大火吞噬了剧院。灾后，经过大规模的维修，该剧院重新开放。1966年剧院搬到了现在的地址林肯中心。原建筑没有能够被定为标志性建筑，在1967年被夷为平地。

以红丝绒、金箔和大理石装饰的大都会歌剧院沿用了老剧院的色彩主题，并试图把老剧院宏大的传统风格与时代气息相融合。当剧院灯光打开后，即使从外面，人们也可以透过窗户看到马克·查卡尔的壁画和奥地利政府赠送的水晶日出吊灯。

该建筑的后台配建有一个约33米高的飞阁楼，高悬在主体舞台之上，3个侧舞台也与主体舞台一样大小。20个预演室、其中3个非常大，完全可以复制主体舞台。乐队池也很大，可以容纳110个音乐家。舞台设施包括有6台液压升降机和一个旋转舞台，都是当年西德政府赠送的礼物。观众大厅也装饰成红色，3788个座位按照传统风格安放。即使按照欧洲人的标准，这个大厅也实在是够大了。

麦迪逊广场公园

你知道棒球的发源地是哪儿吗？你知道曼哈顿鸡尾酒的发源地在哪里吗？你知道英国著名首相温斯顿·丘吉尔的妈妈在哪里诞生吗？对了，答案是相同的，那就是麦迪逊广场公园。

麦迪逊广场公园位于第五大道、麦迪逊大道，23和26大街之间。19世纪后半叶，它曾经是纽约这座城市最著名街区的亮点。遗憾的是，这段幸福时光在1902年结束了。

那一年，摩天大厦熨斗大厦在此落户，以一种庞大的方式宣告了本地商业发展的开始。2001年起，麦迪逊广场公园调整发展方向，并很快又成为曼哈顿最富吸引力的公园之一。无论你身处公园何处，在你周围总能发现那些美丽的标志性建筑。

该区最有名的建筑恐怕当属新古典风格的熨斗大厦了。此楼原名福勒大厦。之所以有现在这样一个名字，是因为它三角形的形状很像一个熨斗。自从1902年由著名的芝加哥建筑学家丹尼尔·伯恩罕设计建成后，它以其独特的造型和21层的高度一直被视为纽约最有名的标志性建筑之一。

在1909年，当时世界第一高楼大都会大厦在麦迪逊广场公园附近建成，

并成为大都会人寿保险公司的总部。这幢建筑模拟了威尼斯圣马克广场的钟楼模式。与之相邻在第 24 街对面的一个装饰艺术大楼，被称为“北楼”的，同样属于大都会人寿保险。这幢高楼原本可以以其 100 层的设计高度摘取世界第一高楼的桂冠，但是由于大萧条的到来，1932 年完工时只建成 29 层。

麦迪逊广场附近还有一幢摩天大楼，那就是纽约人寿保险公司建设大楼，这幢建立在原麦迪逊广场公园地面上的大厦完工于 1928 年。并以其八角镀金尖顶闻名于世。据其建筑设计师卡丝·吉尔伯特称，这个创意由英国的索尔兹伯里大教堂激发。

麦迪逊广场公园里有很多 19 世纪的雕像，这给公园本身带来了很多传说和趣闻。譬如说在公园南头有一座威廉·亨利·苏厄德的雕像就很有意思。苏厄德曾经是美国的参议员，出任过林肯和安德鲁·约翰逊时期的国务卿，就是他从俄国人手里购买了阿拉斯加。可是有传说称，他的这座雕像身体使用的是林肯的身体模型，雕塑家在创作这座雕塑时，只不过把苏厄德的头安在林肯的脖子上。到现在为止，这个说法也没有消失。如果你到麦迪逊广场公园来玩，一定要仔细观察，看看到底是怎么回事。

麦迪逊广场还是麦迪逊广场花园体育场馆原在地。一提到麦迪逊广场人们马上就会想到这些休闲娱乐的场所，特别是以美食餐厅、戏剧院、屋顶花园和运动竞技场著称的第二个麦迪逊广场花园体育场馆。这幢体育场馆内有一座非常有名的塔，上面是戴安娜女神的裸体雕像。现在的麦迪逊广场花园体育场馆位于潘车站（31 至 33 街，7 大道和 8 大道之间）。

帝国大厦

闻名于世的美国纽约帝国大厦，自 1931 年建成开放以来连续多年为全球第一摩天大楼。虽然这座纽约的标志性建筑只用了两年就建成了（从 1930 年到 1931 年），但是这幢高约 443 米高的大厦立刻就成为旅游热点。它悠久的历史和特色使其至今仍是纽约城市的一个非常特别的所在。在

《西雅图不眠夜》这部影片里，汤姆·汉克斯正是在帝国大厦的观景台遇到梅格·瑞恩。这座举世闻名的纽约标志性建筑还曾出现在其他不少于 90 部影视片中。

帝国大厦或许可以说是纽约最有名的建筑了。这幢矗立于第五大道和 34 大街的大厦还是纽约的标志性建筑和美国国家历史圣地，在曼哈顿腹地直冲云霄。

帝国大厦观景台位于第 86 层，高出繁忙喧嚣的城市大街约 320 米。在玻璃亭里或者在环绕的露天过道上，人们可以看到全景式景观。自 1931 年观景台对公众开放以来，超过 11000 万的游客曾到此一游，欣赏脚下这座城市令人敬畏的景色。每年观景台接待来宾 350 万人次，人们来到帝国大厦 86 层，来到在《金玉盟》里加利·格兰特空等德博拉·克尔的地方，来到《在西雅图不眠夜》里汤姆·汉克斯和梅格·瑞恩相遇演绎浪漫爱情的地方。

大厦还为游客提供了很多活动项目。观景台全年开放，不论白天还是夜晚，不论是雨天还是晴天，游客都可以在此欣赏曼哈顿的辉煌壮丽，欣赏纽约的富丽与繁荣。有人开玩笑说，在这里，你可以看到纽约的一切——但是有一个地方除外，那就是帝国大厦本身。观景台以外，还有三个咖啡店、两家饭店、一家寿司吧、一个药店，霍尔马克特色卡片店、邮政厅和两家银行，以及附近数不清的饭店和夜生活活动场所。值得一提的还有“空游纽约”——一家独立运作的公司提供富有刺激性的直升机旅行；虚拟现实影院；一年 365 天每天都有音乐会和艺术展在此举行；假日举行的展览和一些特色年度活动，如情人节婚礼、帝国大厦上楼赛跑和男孩女孩童子军宿营等。

有这许多的特色，也难怪这么多影视镜头离不开帝国大厦了，每年有很多电影和电视系列节目在此拍摄。在这样一幢充满传奇的大厦上，俯视纽约这样一个大都市的风采，一定会让你欣喜不已！

纽约的中国城

你想品尝美味吗？或者想找些价格合理的小商品？或者你只是想感受一下“远东”文化？要实现愿望，你根本不必跑去中国。只需到纽约的中国城转一转，你就会实现你所有的愿望。那里有迎合各种口味的特色餐馆，店里和街边摊贩出售各种电子产品、小玩意儿、简易商品，因而富有民族文化氛围。甚至如果你想打电话回中国，到东百老汇 55 号买一张电话卡吧，无论你的目的如何，中国城值得一游。

中国城拥有 300 多家饭店，所以提起中国城，人们立刻就想到吃。真的，到处都是卖吃的，从莫特街、屋斯街直到肯梅尔街小吃店多得真是数也数不清。自 1890 年始，餐馆便成了这个社区最重要的支柱产业。这里有川菜、湘菜、鲁菜、上海菜，还有其他中国各地的特色餐饮，它们在色、香、味上竞相斗艳。很多人到此就是为了在这充满异域风情的地方品尝他乡美食。而绝大多数美食都集中在狭窄、蜿蜒的莫特街和玛尔伯利街。

很多年来，中国城一直是人们来纽约这座城市寻找华夏美食的最佳场所。此外它还是一个充分发展、具有个性文化特征的生机勃勃的社区。特别是中国农历新年的时候，中国人将以传统的方式来庆祝他们的节日。他们沿着运河街、玛尔伯利街、波威街、莫特街、东百老汇街和迪别逊街舞龙狮，划旱船，进行各种各样的其他文化表演活动。虽然这里中国文化占主导地位，但在这里你也可以见到其他亚洲文化。

在中国城购物其实也是蛮有趣的享受。很多商店都出售廉价的衣服和皮装。装有各种新鲜商品的大卡车常常成了为当地人供货的商店。街头摊点也为旅客提供各种商品。如果你走在运河街的露天市场里，你几乎可以买到各种廉价的进口小商品和假名牌商品。这里绝对是一个购物天堂。喜欢购买廉价商品的旅行者一定要到这里来看看，可以买到价格绝对便宜的任何东西，譬如小包包或者手表之类。

中国城确实是纽约这个大都市里一个五彩斑斓、充满朝气的社区，现在更是有一部分扩充进入“小意大利区”。每天都有数千人到此一游。这个美国最大的中国城是纽约市华人的政治、经济和文化中心。它风味各异的餐馆、宝石店、食品街、庙会绝对会吸引你的眼球。

华尔街金融区

华尔街金融区位于纽约市曼哈顿南端，这里包括有纽约证券交易所、纽约银行和城市银行——农民信托公司大厦。此地段被称为美国的经济心脏。世界上任何重要的经济或政治变动都会在这里有所反映，而这里发生的一切也将对整个世界经济产生影响。这里还有世界著名的三一教堂和联邦大厅国家纪念馆，前者是纽约最著名的朝圣所在，而后者是这个国际化大都市最著名的名胜古迹之一。

正如其名字所表明的，华尔街得名于一道墙。该墙建于 1653 年，当时彼得·斯泰弗森特任纽约市市长。墙沿哈得逊河从东到西，以保护荷兰殖民者不受北边英国殖民者的攻击掠夺。1699 年，这堵墙被英国人拆掉了。

华尔街上的建筑风格多以镀金年代为基础，附近地区同时也受到装饰艺术的影响。

街道的布局不像是曼哈顿中城那样以典型的长方形排列，但小街道“是在高层建筑之中唯一的足够宽的单行路”，有人形容华尔街的建筑是“惊险的人工峡谷”，在某些情况下，会拥有壮观的景色。

华尔街上的标志性建筑，包括联邦国家纪念堂、华尔街 14 号的美国信孚银行大楼、华尔街 40 号的川普大楼、位于百老汇街转角处的纽约证券交易所和华尔街 60 号的德意志银行大楼。德意志银行大楼（之前的摩根大通大楼）是仅存的投资银行大楼。华尔街 23 号原摩根大通大楼建于 1914 年，数十年都是银行总部，有人认为摩根大通大楼是美国金融业的重要标志。

可以说，纽约之所以成为资本世界中最重要的城市，原因之一就是华尔街上纽约证券交易所的存在。交易所的成立可追溯到 200 多年前。当时，24 名证券经纪人在华尔街 68 号外一棵梧桐树下签署了一份相互交易的协

议。多年来，纽约证券交易所一如既往地致力于为证券发行者和投资者服务，并不断投入最新技术，从而使其一直保持着无与伦比的市场质量和服务水准。

华尔街26号是联邦大厅国家纪念馆，18世纪早期，不列颠城市大厅就坐落于此。美国革命战争后，国会便在这里开会。1789年，乔治·华盛顿就是在此楼二楼阳台上宣誓就职的。此后，大厅更名为联邦大厅，以纪念纽约成为美国的首都。但是1790年联邦政府迁往费城。后来，这座建筑还做过美国海关所在地，以及美国政府财政部6个分部中的一个分部所在地。

维克斯堡国家军事公园

维克斯堡市是华伦县的中心城市，该市位于杰克逊市以西约56千米处，靠近路易斯安那州边界。维克斯堡等待你去参观这个“南部的红地毯城市”，南部的热情在这里恭候你。从历史悠久的城区专卖店到现代的彭伯顿购物中心，再到外围的商城，购物者都能体验到一种放松的氛围，感受到人们的热情。在这里，维克斯堡国家军事公园为你展现美国的一段历史，水文试验站让你近距离感受未来的工程奇观。当地众多的餐厅静候你的光临，这里的餐厅以多样化著称，有丰富多样的菜肴和热情周到的服务。沿着“大密西西比河”停靠的河船上有许多赌博游戏，同时，在船上，游客可以欣赏这条“老人河”的壮观景色。

维克斯堡国家军事公园由美国国会于1899年2月11日创立，以纪念美国内战中最有决定意义的战役之一：维克斯堡进攻、围城和保卫战。

今天的军事公园绵亘约7.3平方千米，是世界上战争遗迹分布最密集的纪念馆群。公园里星星点点遍布了1324所纪念馆，有无数的纪念碑、墓碑、纪念匾额及纪念徽章。除了拥有美国东南部最多的户外雕塑外，这里还保存着9处防御工事，约32千米重建的战壕、引道、平行道，15座桥梁，5栋建筑物，14尊大炮及其炮架，一个旅客接待中心，美国“开罗”号炮舰及博物馆，约27千米的糙路，以及维克斯堡国家公墓。在这片公墓里安息着 17000 多名在内战中殉难的士兵，这个数目在全美的公墓中是最多的。

维克斯堡国家军事公园作为一个纪念馆将永存下去，以纪念所有在那场充满了悲剧与冲突的内战中饱受苦难的人们。它是美国历史留下的一笔活的遗产。学生们可以来这里增长见识，普通的游客可以在这里重新回顾当时许许多多的历史事件，正是这些戏剧性的历史事件塑造了一个年轻的、并不断前进的国家——美国。

水文实验站位于密西西比历史名城——维克斯堡，这是一座占地约 2.7 平方千米的综合实验室，也是工程师团的四个研究和发展实验室中最大的一个。水文实验站建于 1927 年密西西比河洪灾之后，这次洪灾是美国历史上一场最具破坏力的自然灾害。实验站作为联邦政府的第一个水力研究站，任务就是帮助密西西比河委员会设计并实施一个密西西比谷低地的防洪计划。实验站白手起家（第一个密西西比河的模型是用切柚子的水果刀在地上挖出来的），现在已经逐渐发展成为世界上同类实验站中最大且研究设施最尖端的一个。

爱佛格勒国家公园

你见到过草之河吗？如果没有，爱佛格勒国家公园是你不容错过的选择。

享誉世界的“草之河”——爱佛格勒国家公园位于佛罗里达半岛最南端，跨越了佛罗里达海湾的绝大部分，是北美洲唯一的亚热带保护区。它富含温带和热带植物群，有着大草原、红木和柏树沼泽地、松木林和硬木群，还有一种海洋和三角洲的环境。该公园以丰富的鸟类著称，尤其是大型涉水禽，例如红嘴鸟、木鹳、蓝色大苍鹭和各种白鹭。这里也是世界上唯一一个短吻鳄和鳄鱼并存的地方。

随着季节的变换，爱佛格勒展现出不同的魅力。从 5 月到 10 月的雨季里，浅浅的河水缓缓流淌，从奥奇丘比湖一直流到墨西哥湾和佛罗里达海湾。河水滋润着这个地区，形成了良好的生态系统：充当无数动植物家园

的碧绿大草原，红木沼泽，绿树成荫的小岛，松树林，硬木林等等。在干冷的冬季，随着地面渐渐干枯，观察野生动物的好时机也就来临了。

游览爱佛格勒国家公园，你可以尽情体验各种各样的活动，诸如看鸟、宿营、跳水、垂钓、徒步旅行、摄影、游泳、观看野生动物，还有在护园导游带领下的各种活动。

金门大桥

加利福尼亚海岸线上最大的海湾是圣弗朗西斯科湾。它由两条河流汇注而成，宽约19千米，绵延约97千米，圣弗朗西斯科湾里的河水穿过金门大桥与大海汇合。然而这个海湾非常浅，退潮时它平均水深仅1.8至3米。

美丽的金门大桥建造于1933年元月，于1937年5月对外开放。它连接圣弗朗西斯科市与马林县。尽管此地有许多比如像跨美国金字塔那样的现代建筑，金门大桥仍是这座城市的标志。

约瑟夫·施特劳斯是这座大桥的设计者，他一生设计过400多座桥梁。金门大桥约2.7千米长，主跨度约1280米，竣工时它是当时世界上最长的吊桥。大桥因金门这个通往港口的入口而得名，本地人原本还可以用“国际橙”的颜色来为其命名。

在特定的时间里行人可以使用大桥东边的道路，自行车24小时放行，并可在指定的时间里使用东西双道。但如果国土安全部将警戒线提高到“橙色”或“红色”，人行道会封闭。封闭时，你可绕道亚历山大经堡贝克，参观博物馆和苏萨里托。凡进圣弗朗西斯科的车，从2008年9月2日起须交6美元的过桥费。

好莱坞

好莱坞位于美国加利福尼亚州洛杉矶市，现在已经成了美国电影业的代名词。20世纪初，从制片业的开拓者们在南加州发现了这个气候温和、日照充足、地形多样且拥有大型劳动力市场的理想地点时起，好莱坞就以电影梦想制造者的形象被世界铭记。

1853年，当时的好莱坞只有一间土坯建筑，位于洛杉矶附近，随后发展成加利福尼亚州的一个新兴小城市。1887年，哈维·威尔考克斯——一名来自萨斯州的禁酒主义者，买下了好莱坞这块地产，他设想在这里建立一个以清醒的宗教原则为基础的社区。

1908年，第一部故事片的电影《基督山伯爵》在好莱坞完成拍摄，随后在芝加哥上映。1911年，日落大道成为好莱坞的第一个工作室（电影制片厂），并很快有大约20家公司在该地区拍摄电影。1913年，塞西尔·B·德米尔、杰西·拉斯基、亚瑟·弗里德和塞缪尔·戈尔德温在好莱坞成立了特写播放公司（即后来的派拉蒙电影公司）。1915年，更多独立的电影制片人从东海岸搬到那里，好莱坞已经成为美国电影业的中心。世界上任何一个国家在广告技巧方面都没法与美国相比。他们的广告从冰激凌到总统候选人无所不包。好莱坞的电影公司，通过广告手段，可以将名不见经传的小演员打造成了超级巨星。许多电影公司老板都是独裁者，他们会不惜一切代价，不择手段地达到自己的目的。

好莱坞的声誉和财富在20世纪三四十年代达到顶峰——这是黑白电影的黄金时代。当时大多数有名的电影公司，如米高梅电影公司、哥伦比亚电影公司和华纳兄弟电影公司如今仍运营良好。当时的著名影星如格雷塔·嘉宝、玛琳·黛德丽、查理·卓别林、贾利·古柏和其他很多影星都已成为不朽的巨星。

那时，好莱坞像块磁石吸引着全世界野心勃勃的年轻人。他们大多数只靠良好的相貌来此自荐，而没有任何表演经验或能力。如果他们足够幸运的话，就会被发现而得到工作。贾利·古柏就是那些为数不多的被注意到的人之一，他先做特技骑手，而后逐渐成长为早期西方的巨星之一。但是他们中的大多数人都是徒劳。

好莱坞如今已经不再是世界电影业的中心，现在的大多数电影都是实地拍摄，也就是说，在城市，在乡村或在剧本所需要的世界上的任何地方。

好莱坞的摄影棚依然存在，不过大都已被出租。大概80%的美国电视娱乐节目仍在好莱坞进行拍摄。好莱坞仍未完全失去它的光芒。

迪斯尼乐园

世界上最快乐的地方——迪斯尼乐园——位于洛杉矶东南大约43千米的地方。它的家乡在加利福尼亚的安那罕，这块神奇的土地占地8500平方米，它的停车场可容纳10250辆车。1955年7月17日迪斯尼乐园对外开放。

1955年，富于想象力和创造精神的美国动画片先驱沃尔特·迪斯尼在加利福尼亚州创办了第一座现代化的游乐园，取名迪斯尼乐园。这不仅是第一个迪斯尼乐园，同时也是世界上第一个现代意义上的主题公园。迪斯尼乐园将米老鼠等卡通人物重现于距洛杉矶35千米、占地6470平方米的主题公园中。在有着真人大小卡通形象的乐园中，可以驾驶未来车、搭乘密西西比的船尾舳车、嬉戏于中世纪的城堡，或在美国大街上漫步。到今天，除了加州洛杉矶迪斯尼乐园外，还建造了奥兰多迪斯尼世界、巴黎迪斯尼乐园等主题公园。

沃尔特·迪斯尼公司，简称迪斯尼，是世界上第二大传媒娱乐企业，1923年由沃尔特·迪斯尼与兄长洛伊·迪斯尼创立。沃尔特·迪斯尼公司旗下的电影发行品牌有：沃尔特·迪斯尼影片、试金石影片、好莱坞影片（已取消）、米拉麦克斯影片和帝门影片。沃尔特·迪斯尼、试金石、好莱坞三个品牌与金牌电影制作人杰瑞·布洛克海默有过十余次合作。迪斯尼与皮克斯、吉卜力有发行方面的合作。沃尔特·迪斯尼公司拥有迪斯尼乐园度假区、沃尔特·迪斯尼世界，授权经营的有巴黎迪斯尼度假区、东京迪斯尼度假区和香港迪斯尼度假区。

迪斯尼乐园在1955年的造价为1750万美金。它的开放引起了轰动，电台为此转播。迪斯尼乐园对外开放时有18个景点，其中包括“丛林探险”、“未来世界”和“马克·吐温”。开业当天的招待券只有11000张，而实际游园人数则达到 28154 人，此外，还有 9 千万人通过电视观看开园式。当时迪斯尼乐园的门票为 1 美金，内部景点的票价从 10 美分到 35 美分不等。今天的迪斯尼公司在原迪斯尼乐园边上增建了迪斯尼加州探险公园，这两个公园合起来叫迪斯尼乐园村，平价门票大约 69 美金。

迪斯尼乐园全年对外开放，在节假日和夏天还延长开放时间。迄今为止已有超过 5.15 亿的人来此游玩，它已成为美国西部游览的必到之地。如果你还未来过这儿，那就快点来吧，正如迪斯尼所说的那样："迪斯尼乐园就是你的乐园。在这儿，成年人重返童年，找到有关过去的记忆；在这儿，年轻人体验未来的挑战……迪斯尼是全世界所有人灵感和快乐的源泉。"

迪那利国家公园和保护区

人们总是想体味自然的真实味道，但是这个让自然不受人类干扰的梦想在绝大多数地方只能说是消失了，即便像在黄石公园那样享誉世界的国家公园里也是如此。但是在另一个极端，阿拉斯加有着广袤的未曾受到人类打扰的生态体系，这片广阔的土地至今仍保存着人们初到时的样子。超过三分之二的美国国家公园在阿拉斯加，难以想象如此巨大面积的土地没有公路、没有建筑，也没有飞机跑道。它们呈现出一派自然而然的样子，问题在于没有人到那里去。其中有些公园每年只接待几百名游客——这些游客要么是附近村落里的当地人，要么就是那些坚强而极其富有的野外活动爱好者。单单包一架飞机到这些地方的花费就抵得上大多数人整个假期的预算开支。这个地球拥有如此众多的人口，茫茫原野只有通过某种机制才能保存下来。而在阿拉斯加的大部分地区，这种机制则是抵达这些地方所需的高额费用，及所需克服的重重困难。

迪那利国家公园和保护区在众多的国家公园中独树一帜，它为普通人提供了到达真正荒野的途径。这里到处是冻原景观、到处是野生动植物，这里还有北美洲最高的麦金利山（海拔 6200 米）。阿拉斯加其他未开垦区也许有更加激动人心的景色、也许有更多的野生动物，但是要论起和普通游

客的亲近程度来，迪那利绝对是独一无二的，况且迪那利表现出的平易近人并没有像其他公园那样，招来人类对自然状态的破坏。

花费并不比到黄石公园更高，你就可以在迪那利享受到完全原始的自然环境。这里有真正野生的动物在完全自然的生态系统里生活，似乎根本就没有人类在此打扰那样。迪那利的野生动物有驼鹿、驯鹿、多尔羊、灰熊和狼，它们自由地游荡于迪那利的荒野上。小些的动物包括地松鼠、灰旱獭、鼠兔以及雪鞋兔，这些小小的哺乳类动物遍布于整个公园，对于迪那利的食物链发挥着重要的作用。

人们只能通过公交体系进入公园。这也为你提供了另外一个真正体味自然、体味阿拉斯加本意的机会。你几乎可以随心所欲地在任何地方下车，在茫茫冻原上穿行，在完全没有任何公路的地方，独自享受这原始荒漠。这时就明白了阿拉斯加的真正意义了——自然和造物主是何其伟大、而我们人类又是何其渺小，充其量也不过是在广袤的天空下漫步于冻原上的又一种哺乳动物罢了。在迪那利你可以充分体验这种奇妙的感觉，而当你想回到文明世界中时，你只需走回公路，搭上开来的另一班车——它们半小时一班，然后一切就恢复了。

迪那利的建立经历了漫长的过程。那里的土著人阿萨巴斯卡、阿特娜、塔纳娜和科尤克是在迪那利独特环境中生活繁衍的众多美国土著中的几支。19 世纪后叶到 20 世纪早期，淘金者大量涌向迪那利。铁路主管员同时又是一名狂热的野外活动爱好者的查尔斯·谢尔登立志把保护这片神奇的土地以及生活在此的令人敬畏的野生动植物作为自己的使命。1917 年，伍德罗·威尔逊总统批准建立占地 7689 平方千米的麦金利山国家公园。哈里·卡斯坦斯，作为首次登上麦金利山的探险家中的一员被任命为公园的第一任负责人。后来，联合国把该公园纳入国际生态环境保护区，作为不被人类干扰的独特环境供人们研究和观察。6 年之后，该公园面积扩大了 3 倍，并被重新命名为迪那利国家公园及保护区。

迪那利国家公园及保护区有着迷人的美国本土文化和历史。真正的探险者都愿意到这里来淘金、坐狗拉雪橇。在这里很容易遇到身背背包、脚踩登山鞋的人。阿拉斯加午夜的时光最美好，而迪那利国家公园及保护区又是实现你阿拉斯加旅行之梦的地方，无论你的梦想是野外探险还是静默沉思。迪那利国家公园及保护区是你阿拉斯加之行的必到之地，是你到美国这片最后的疆界旅游度假的首选。

夏威夷大岛

夏威夷大岛可以说是名副其实，约 153 千米长、约 129 千米宽，总面积约 10458 平方千米，夏威夷岛比其他三个主要岛屿的面积总和还要大。而且它还是最年轻的岛屿，只有 45 万～80 万岁，该岛至今仍处于成长期中。

夏威夷岛拥有几座在全世界数一数二的高山、深谷、瀑布、425 千米的海岸线和数十千米的世界一流海滩、让人赞叹不已的农业种植园、风景如画的热带水域以及其他不胜枚举的自然和人文美景。在东北部，海拔约 4206 米的莫纳克亚山（别名“白山”），成为现代天文学家观察研究天文学的极好平台。莫纳罗亚山（别名“长山”）处于该岛差不多正中的位置，并不比前者矮多少，高约 4170 米，它是地球上密度最高的最庞大的山系。它还是世界上最活跃的火山基劳伊亚的家乡，Kilauea 就是夏威夷语“喷发”的意思。

在夏威夷岛，你会有数不清的事情可做，数不清的风景可看。寇纳（西边）海岸是世界驰名的寇纳咖啡的原产地，还是该岛举行卢奥晚会的地方。在寇纳你不仅可以品尝到咖啡和烤猪，还有很多其他好看好玩的东西在等着你，包括水肺潜水、浮潜、斯努巴潜水（一种水肺潜水和浮潜的绝妙组合）以及钓鱼比赛。赫奈克劳和克耶奥海湾是上述活动最理想的场所。凯阿拉凯夸海湾是一个巨大的海洋保护区，有着各种各样的海洋生物，这里也有很多好玩的水上运动项目。这里还是詹姆斯·库克船长首次登上夏威夷的地方，他后来死在这里——所以还可以说这里也有着深厚的历史积淀。另外在这里你还有机会和各种各样的海洋哺乳动物如鲸鱼或海豚等来个亲密接触。

军事篇：
美国武装力量

美国是世界第一军事大国。美利坚的武装力量，一般简称美军，即对美国拥有的武装部队的统称，为现今世界上总体实力最为强大的军队。美国军队由美国陆军、美国海军、美国空军、美国海军陆战队以及美国海岸警卫队所构成。美军现役部队人数约 140 万人，其中陆军 50 万人，海军和空军各 35 万人，海军陆战队 18 万人。

参谋长联席会议是个什么机构

参谋长联席会议是总统及国防部长领导军事的咨询机构与指挥军队的执行机构。隶属于国防部。由参谋长联席会议主席、陆军参谋长、海军作战部长、空军参谋长和海军陆战队司令组成。

主要职责是：制定战略、后勤支援和军事动员计划，制定诸军种联合作战和训练原则，向国防部长提出有关军事预算、军事科研和对外军援等方面的建议，组织诸军种大规模的联合演习，对联合司令部和特种司令部实施作战指挥等。参谋长联席会议于 1942 年初由 F. D. 罗斯福总统运用战时总统特权，将陆军、海军联合委员会改组而成。1947 年，经国会立法批准，正式列为美国军事体制中一个领导机构。1949 年设参谋长联席会议主席，是总统和国防部长的首席军事顾问，负责主持联席会议和处理日常工作，为全军职位最高的现役将领，由各军种高级将领轮流担任，任期两年，可连任一期。主要办事机关为联合参谋部，下设人事、计划、作战、通信和后勤等业务部门，参谋军官从各军种抽调，定额不超过 400 人。

联合司令部和特种司令部的基本组成形式

联合司令部和特种司令部是美军高级作战指挥机构。根据总统的指令设立。隶属于参谋长联席会议。联合司令部通常按战区设置，由 2 个或 2 个以上军种部队组成，为国外战区设置的联合司令部亦称总部。特种司令部按专业职能设置，通常由单一军种部队组成。各联合司令部和特种司令部由上将或中将任司令。设参谋部，辖若干个下级司令部和军种部队。主要负责对所辖部队的作战指挥。部队的行政管理和后勤支援分别由陆军部、海军部和空军部负责。

1946～1947年，美国为推行其全球战略，在国外划分了若干战区，建立了军种联合的欧洲、大西洋、太平洋、远东战区、东北战区（包括加拿大、纽芬兰和格陵兰）、阿拉斯加、加勒比海等总部和单一军种的战略空军司令部。1947年后，根据战略部署的变化和军事技术的发展，经过多次调整，至20世纪80年代初，设有太平洋总部、欧洲总部、大西洋总部、南方总部、中央总部和战备司令部6个联合司令部，战略空军司令部、航空空间防御和军事空运司令部3个特种司令部。

美国陆军是怎样的编制

美国陆军在编制上实行集团军群、集团军、军、师、旅（团）、营、连、排、班9个层次。集团军群是战时在较大战区临时设置的战略军团（平时无此级别编制），通常由集团军群司令部、2～5个集团军及战斗支援和战斗勤务支援部队编成。集团军是进行战略和战役作战的基本军团，无固定编制。标准集团军由2个以上的军和野战炮兵、防空部队、装甲骑兵团、工兵部队等战斗支援部（分）队及战斗勤务支援部队组成。需要时可对战区地面预备队（约1个军）实施作战控制。军是美陆军中最大战术单位，无固定编制。

从现行编制看，军由2～5个师及战斗支援和战斗勤务支援部队编成，有时增编1～2个独立旅和1个装甲骑兵团。军的战斗支援部队包括战斗航空旅、工兵旅、军事情报旅、通信旅、核生化防护旅和军炮兵（1～2个导弹营和3～6个炮兵旅）等。军内的作战师为装甲师和机械化步兵师时，称重型军；由步兵师和轻型步兵师组成的军称为轻型军。师是美陆军中诸兵种合成部队的基本战术单位，具有独立的作战能力和一定的持续作战能力。现役师中包括3个装甲师、4个机械化步兵师、1个步兵师、2个轻步兵师、1个空降师和1个空中突击师。其中装甲师和机械化步兵师为重型师，其余的为轻型师。目前美陆军师实行的是“86师”类编制，师内三个旅部平时

不辖实兵，战时根据任务需要由师拨给每个旅 2～5 个坦克或步兵营及战斗支援和战斗勤务支援分队组成合成战斗旅实施作战。

师直辖的还有：战斗航空旅、坦克营（坦克师 6 个，机步师 5 个，其他师无此单位）、机步营或步兵营（坦克师 4 个机步营，机步师 5 个机步营，轻步师、步兵师、空中突击师和空降师均为 9 个步兵营）、师炮兵、防空炮兵营、工兵营、军事情报营、通信营、师支援司令部所属的战斗勤务支援分队。通常用于组成旅并在其编制内实施作战。坦克营和空降步兵营实行 4 连制，轻步兵营和空中突击步兵营实行 3 连制，机步营实行 5 连制。

美国陆军装备是怎样的

美国陆军是一支装备非常现代化的地面作战力量，其装备的主要特点有：

1. 装甲突击兵器质高量多

在装备的坦克中，近一半是 M1A1 高技术坦克，并有少量最先进的 M1A2 坦克，M1A1 和 M1A2 坦克具有突击力强、机动速度快、防护效能高、反应灵敏和射击距离远的特性。在装甲战车中，有 1/2 甚至更多的属技术战术性能先进的 M2 步兵战斗车，其余的为装甲输送车和装甲侦察车。因此，陆军具有很强的突击能力和快速机动能力。

2. 压制兵器质高量大

陆军中的压制兵器包括战斧巡航导弹、陆军导弹系统、多管火箭炮、203 毫米榴弹炮、155 毫米榴弹炮和 105 毫米榴弹炮等种类，均使用高技术射击指挥系统和弹药，具有反应快、射程远、精度高、毁伤率大的特点，压制能力很强。

3. 反坦克兵器种类和数量多

陆军中的反坦克兵器包括“龙”式、“陶”式反坦克导弹、无后坐力炮、机载反坦克导弹、坦克炮和其他火炮发射的反坦克弹等。具有空中地面一体、远近一体的强大反坦克作战能力。

4. 直升机数量多

军师两级均编有战斗航空旅，重型师各类直升机达119架，轻步兵师的各类直升机148架。一个军按3个师计，直升机数可达357架或444架。因此，陆军本身具备了较强的立体作战能力。

5. 防空兵器多

在陆军师中装备有“小檞树”防空导弹发射车、“毒刺”防空导弹发射装置和40毫米或20毫米自行高射炮，重型师达119部（门）。因此具备较强的对空防御能力。

6. 夜视器材多

在陆军中，从轻武器射手、炮兵观察、指挥观察到车辆和直升机驾驶员，均装备有微光夜视观察器材，热成像夜视器材使用也较广泛，陆军具有较强的昼夜作战能力。

7. 电子战器材较多

陆军除在专门的电战部（分）队装备有电子侦察和电子干扰设备外，在直升机部队和炮兵部队中装备有电子战设备，陆军的电子战能力较强。

8. 战术车辆多

仅从重型师看，各种战术车辆为4604台，平均3.6人一台车，陆军具备很强的运输能力。

怎样认识美国陆军的王牌作战师

美国陆军的作战师分为三种六类：装甲师、机械化步兵师、轻步兵师、山地师、空降师和空中突击师。其中，装甲师和机械化步兵师为重型装备师，轻步兵师和山地师为轻型装备师，空降师和空中突击师为快速反应师。

1. 装甲师

（1）第1骑兵师。绰号为“第一队”，隶属于陆军第3军。该师正式成立于1929年9月，是美军快速反应部队中的两个重型师之一。先后参加过第二次世界大战、朝鲜战争、越南战争和海湾战争。

(2) 第1装甲师。绰号为“勇敢”，隶属于陆军第5军。该师成立于1940年7月，是美军装甲兵成立最早的部队，也是美军唯一的装甲师。先后参加过第二次世界大战、海湾战争和波黑维和行动。

2. 机械化步兵师

(1) 第1机步师。绰号为“大红一师”，隶属于陆军第7集团军。该师诞生于1917年5月24日，当时被称为美国第1远征师。

(2) 第2机步师。绰号为“印第安人头”。是美太平洋总部辖下的2个步兵师之一，常驻韩国，也是美在西太平洋地区唯一的步兵师。

(3) 第3机步师。绰号为“马林石”，成立于1917年11月21日，驻扎在美国本土佐治亚州的斯图尔特堡。该师拥有快速机动能力、强大的火力与突击力，以及其他轻型师所不具备的对敌重型师攻击的防护力，是美军快速反应部队应急作战中最后使用的一支拳头力量。

(4) 第4机步师。绰号为“长春藤”，隶属于第3军，驻扎在美国本土胡德堡。该师是以坦克和机械化步兵为主体，并包括有空中突击力量的诸兵种合成部队，具有快速的机动力、强大的火力与突击力以及装甲防护力，是美军支援全球军事行动的待机部队。

3. 轻步兵师

美国陆军第25轻步兵师绰号为“热带闪电”，创建于1941年，自成立以来先后参加过第二次世界大战、朝鲜战争、越南战争、阿富汗战争等军事行动，是美国陆军现役10个陆军师之一。隶属于美国陆军太平洋司令部第8军，驻地为美国夏威夷群岛瓦胡岛北海岸的斯科菲尔德兵营。总兵力约1.1万人，拥有各型直升机115架、火炮144门、各种作战车辆2240辆。该师核心力量是第1、2、3“斯特赖克”快速反应旅和一个战斗航空旅，其中3个“斯特赖克”旅的基地均在阿拉斯加州，该师的格言是：“准备在任何地方，任何时刻进行打击。”

4. 山地师

第10山地师绰号为“高山”，隶属于陆军第18空降军。驻扎在美国本土纽约州的德拉姆堡，是美军唯一执行山地作战任务的快速反应机动部队。

该师是以轻型步兵为主体的诸兵种合成部队，全师所有建制装备均可通过空运快速部署，是美军执行应急作战任务的一支快速反应部队。

5. 空降师

第 82 空降师绰号为“全美”，隶属美陆军第 18 空降军，驻扎在美国本土北卡罗来纳州的布雷格堡。该师成立于 1917 年，是美军唯一的空降师，长期以来一直被称为美国战略部队的尖刀，是美军战略反应速度最快的师。

6. 空中突击师

第 101 空中突击师绰号为“啸鹰”，隶属于第 18 空降军，驻扎在美国本土肯塔基州的坎贝尔堡。该师具有快速的空中机动能力、强大的火力与突击力，能够远距离超越地形障碍，对敌实施突然打击，是美国陆军唯一主要依靠直升机进行空中机动作战的快速反应部队。

世界上最早的陆军航空队经历哪些过程

飞机诞生在美国，但是这一划时代的成就并没有很快引起美国官方的重视，军界甚至对飞机的军事价值持怀疑态度。直到 1907 年，当时的美国总统西奥多·罗斯福作出决定，由陆军部长威廉.H. 塔夫脱负责调查使用飞机的可行性，并与莱特兄弟商议订购飞机。1907 年 8 月 1 日，美国通信兵团建立了一个航空分队，负责管理有关军用气球等飞行器的各种事宜，并使用气球进行空中照相和无线电通信方面的试验。

1908 年，莱特交付了陆军部订购的飞机，并经多次试飞，创造了飞行纪录。为此，莱特的飞机和飞行受到人们的赞誉。华盛顿的“金星报”宣称：“莱特的飞行器现在已经是美国航空队重于空气的飞行器的第一号飞机了。”但是，美国的航空分队在使用飞机和培养飞行员的过程中几经周折，直到 1911 年初，美国国会仍然没有拨专款发展航空事业，陆军也只有一架飞机和一名飞行员。1911 年 3 月，国会终于拨出 12.5 万美元作为陆军的航空经费，陆军随即订购 5 架新飞机。同年 6 月，重新担任航空分队队长的钱德勒上尉兼任了设在学院公园的飞行学校校长。这一年，学院公园飞行学

校不仅培养了飞行员，而且创造了长途飞行、飞行高度等纪录，进行了空中照相和新发明的瞄准具的试验。1912 年，由于有了经费保证，航空勤务部门充实了人员，飞行学校也加快了对飞行员的培养，同时，进行了夜间飞行和在飞机上使用机枪射击的试验。至 1912 年 11 月，飞行学校已拥有 14 名飞行军官、39 名士兵和 9 架飞机。以后，又在圣地亚哥建立了一所航空学校，该航校后来成为陆军第一所永久性的航空学校。

1913 年 3 月，由于美国与墨西哥的关系紧张，美国在得克萨斯州成立了第 1 航空中队，以配合陆军第 2 师作战。这使航空分队向有组织、能作战的方向发展前进了一步。后来，美国与墨西哥的关系缓和了，这个航空中队没有受到战斗的考验。

到 1914 年，美国陆军航空事业已经展示了有希望的前景。飞机的性能有了提高，航空技术装备也有了新的进展，飞机在军事上的作用和价值已开始为人们所认识，美国政府也开始不断增加用于发展航空事业的专款。尽管美国的军事航空与当时的英国、法国、德国的军事航空相比仍处于落后状态。1915 年 3 月，美国国会设立了国家航空咨询委员会。1916 年，美国颁布的国防法案确定增强航空处的实力，并建立一支包括军官和士兵的后备队伍。同时，陆军部批准建立 7 个航空中队，每个中队装备 12 架飞机，其中 4 个中队拟驻在本土，3 个中队拟驻在海外。1917 年，7 个航空中队正式建立，虽然其中只有第 1 航空中队在编制和装备上比较完善，但是美国的军事航空力量在整体上还是得到了新的加强和发展。

“绿色贝雷帽”是一支怎样的特种部队

“绿色贝雷帽”是美国陆军特种部队的称号。20 世纪 70 年代中期以来，“绿色贝雷帽”陆军特种部队由司令部、支援中队、通信及维修中队和若干个作战大队组成。作战大队是整个“绿色贝雷帽”部队的核心。大队设大队部和若干作战中队，中队又设中队部和若干个作战小组。

作战大队长为中校，大队部有 22 名人员，负责指挥中队的训练、作战、通信与保障服务。中队长为少校，中队部由5人组成，其任务是组织作战小组的训练与作战。

作战小组组长为上尉，每小组编有12人，每人均有明确的职责和特长。作战小组直接执行作战任务，是“绿色贝雷帽”部队的基本作战单位。

对于军人来说，通往“绿色贝雷帽”部队的道路是艰难的。要想成为该部队的候选人，即参与该部队的训练，必须具有5年以上的军龄，而且工作成绩要突出。自愿参加者需经过严格的考试和体格检查，通过率仅为10%。

参与训练者，不管过去是何种兵，全部要接受基础训练。

训练的目的是增强体质，掌握地面作战必备的地图判读、通信和格斗等基础知识与技能。

基础训练结业后，大部分人进入乔治亚本宁堡的空降学校。进行为期3周的跳伞训练。合格后领取银白色空降证章，这样才算迈出了有可能成为“绿色贝雷帽”部队的正式成员的第一步。

以后学习的科目有通信、军械、情报、降落伞的保管维护、车辆驾驶与维修、医疗等。基于每个队员的职务、经历、技能程度不同，训练的地点和时间长短也不同。大部分学习8周的课程，医疗课程学习时间最长，从理论到实践的整个培训过程共需45周。

最后全体成员在布雷顿堡被授予带有“S”字样的证章，这表明已具备了经受特种作战的必要的知识与能力，成为一名“绿色贝雷帽”部队的正式成员。

已分配到特种任务部队的队员，还要从老队员那里充分接受应用技术训练。内容有如何运用和提高已掌握的技术，以及最大限度地有效应用有关技术的方法。这样，不论到世界任何地方，不论在任何环境下：不管是在发达国家还是在发展中国家，不管是城市还是农村，不管是大海还是高山，不管是平川还是峡谷，不管是白天还是夜晚，不管是酷暑还是严寒，“绿色贝雷帽”部队的成员都能进行空降、潜水，从事山地战、丛林战、沙漠战、滑雪战等特种作战。

另外，每一个作战小组的12名成员经过严格训练后所具有的能力不但可以顶替50名一般队员，而且还具有高水平的教育训练和管理能力，可以训练15000名当地人与敌人开展武装斗争。

美国海军

美国海军部是美利坚合众国武装力量的一个分支，负责管理所有与海军有关的事务。

《美国宪法》赋予美国国会“配备和保持海军”的权利是美国海军建立的基石。美国海军的前身是在美国独立战争中建立的大陆海军，于1790年解散。后由于美国船只受到北非海盗的袭击，因此，1794年，国会通过法案组建美国海军并订造了六艘军舰：“宪法号”、“群星号”、“合众国号”、“国会号”、“总统号”和“切萨皮克号”，由费城造船师约书亚·汉弗莱斯设计，1797年建成下水。美国海军登上世界舞台是在20世纪，尤其是在第二次世界大战期间。从欧洲战场到太平洋战场，从珍珠港事件到日本在密苏里号战舰上签署投降书，美国海军都扮演了重要角色。在随后的冷战中，美国海军又成为美国对苏联进行核威慑和全球对抗的重要力量。

21世纪，美国海军在全球例如东亚、南欧以及中东等地都有着相当规模的部署，并有能力将力量投射到全球沿海地区，参与和平维护和区域战争，在美国外交和防御政策中扮演积极的角色。虽然冷战之后舰只和军职人员有所减少，但美国海军依然在技术发展方面投下巨资。美国海军舰只的吨位比排在其后的17国海军舰只吨位之和还要大。

美国海军由海军和海军陆战队两个独立的军种组成。海军可分为舰艇部队、舰队航空兵、海上勤务部队和岸基部队4个兵种，一般按照行政管理和作战指挥两个系统进行编组和行动。

截至2013年，美国海军编有两洋舰队，即大西洋舰队和太平洋舰队，11个航母战斗群，11个舰载机联队；主要装备有84艘潜艇、143艘大型水面作战舰艇（含航空母舰11艘、导弹巡洋舰22艘、导弹驱逐舰62艘、导弹护卫舰49艘）、2900架飞机（作战飞机1728架）、1500架直升机（含武装直升机487架）。

海军共有九大部门：大西洋舰队、太平洋舰队、中央指挥部、欧洲舰队、网络战争指挥部、海军预备队、特种作战部、研考部和补给司令部。

为什么海战在美国独立战争中起到巨大的作用

1774年美国独立战争爆发。战争初期，殖民地军队力量较弱，缺乏枪支弹药。这时，一些原来的船民加入革命队伍，从事游击活动。一艘名叫"李"的船只袭击英国兵船"南希"号，战利品包括2000支步枪和31吨弹药。还有一些原为海盗的私掠船，也成为袭击英国海军、海运的一支力量。大陆会议成立后，曾资助这些私掠船的袭击活动。后来这种私掠船一度发展到2000艘，装有大炮18000门，拥有水手7万余人。1775年10月，大陆会议决定建立海军，开始只有几艘小型军舰。1776年2月，埃萨克·霍普金曾率领舰队在德拉瓦尔作战。此后不久，海军有所发展，既增建了军舰，也开始培养出一些优秀的海军官兵。在独立战争初期，就涌现出了美国海军史上第一位民族英雄、杰出的年轻舰长保尔·琼斯。琼斯等袭击英国沿海地区和一些岛屿，建立了不少功勋。

1780年9月，关系到美国独立战争命运的切萨皮克湾的一次关键性海战爆发了。

1781年5月，法国分舰队司令巴拉斯派信使交给美国大陆军总司令华盛顿一封信，告诉他法海军上将格拉斯将率领主力舰队前来美洲。格拉斯原驻于布列斯特港，一天，趁周围大雾弥空，率战列舰20艘突破英军封锁，冲进了大西洋。

当时华盛顿正在纽约附近，计划进攻纽约，因此和法国罗香波伯爵一起写信给格拉斯，要求格拉斯率军进驻沙湾或切萨皮克湾。沙湾在纽约附近，进驻沙湾是为配合进攻纽约；切萨皮克湾在弗吉尼亚近海，进驻这里可配合进攻当时英军重兵占据的约克镇。格拉斯分析战况，认为英海军集

中于纽约一带的可能性更大，因此决定避实就虚，果断地命令随行商船不再跟进，而带上3000士兵及大量攻城火炮驰航切萨皮克湾。这时，华盛顿正部署攻打纽约，接到格拉斯的回信感到颇为难办。但华盛顿不愧为对战况全局了如指掌的英明统帅，分析并断定将大军齐集弗吉尼亚是有利的、重要的。因此，虽明知纽约距切萨皮克湾640千米，且途中沼泽、森林难行，粮食等后勤补给困难，仍毅然决定挥师南下。9月5日，已在切萨皮克湾的格拉斯接到报告，有19艘英国战列舰闯进了海湾。

两军炮战了许久，英舰总指挥格内夫向分舰队指挥胡德发出“跟进”“接近战斗”的两种信号，由于胡德不清楚发出的信号，始终只在“跟进”，未能发炮。格拉斯故意只与英舰作远距离的炮战，逼得英舰准确近射的技术无法发挥，结果双方伤亡都不大。以后6至8日3天，格拉斯都避免近战，格内夫猛然醒悟到格拉斯定另有计谋。9月10日，优势转到了法国舰队这一边。9月13日，格内夫只好就保存舰队和援救约克镇英军康华里两者之间选择一策，结果作出了撤往纽约、放弃援救的决定，9月19日到达纽约。

美国海军在海战中屡次给英国海军以沉重的打击，让英国海军无法取得制海权，从而为美国军队在陆地上的进攻提供了巨大的支援。1781年9月26日，华盛顿组织起16000多人的大军，向约克镇发动进攻。英军组织的抵抗和海上逃走的安排均遭失败。10月17日，英军红衣鼓手敲出了“请求谈判”的鼓点。10月19日，8077名官兵在康华里率领下向美军投降，华盛顿接受了康华里的佩剑。1783年，英国在《巴黎和约》上签字，承认美利坚合众国独立。

“三角洲特种部队”的前身是一支怎样的部队

“三角洲特种部队”的前身是一支美国的海军陆战队。美国在第二次世界大战之初，特别是在太平洋战争爆发后的一段时间内，军事上处处失利，一片惨淡景象。此时，一小群海军陆战队员在威克岛的防卫战中所表现出的英勇行为极大地鼓舞了美军的士气，振奋了美国的民心，全国上下无不为他们的精神所感染。在被迫放下武器之前，他们击退了日军一次又一次的大规模进攻。在占绝对优势的敌人面前，他们顽强地抵抗了16天之久。不但击伤了许多日本军舰及飞机，并且还击退了日军的一次登陆行动。驻防威克岛的陆战队员在所发出的求援电讯中，竟然还夹杂着一句“……送更多……日本人来就死……”足见当时战斗之激烈，陆战队员之勇猛顽强！

美国海军陆战队就是以“威克岛精神”投入太平洋战争的，从塔拉瓦血战开始，历经瓜达康纳尔岛战役，到硫磺岛战役，最后制服琉球群岛上的日军。面对野蛮且武士道精神十足的日本人，海军陆战队为夺取胜利付出了极高的代价。在整个太平洋各海岛的“跳岛”登陆作战中，海军陆战队特有的灵活性不仅能对付日军特殊的作战方法，而且面对光秃秃的珊瑚环礁、浓密的原始森林、泥泞的沼泽及险峻的山地等差异很大的地理环境，都能适时地发展一套独特的战术。

在第二次世界大战中，海军陆战队有4个奇袭者营最为著名，它们号称精锐部队中的精锐之师。1943年3月，这4个奇袭者营组建成第1奇袭者团。这几支奇袭者部队主要用于牵制性奇袭、滩头登陆以抢先夺取重要的战术据点以及不让敌人有丝毫喘息机会的追击作战。最有名的战例是1942年11月的瓜达尔卡纳尔岛战役，当时第1奇袭者营攻击正在撤退中的日军精锐第230团的侧翼及后方。第2奇袭者营与日军平行前进，并在途中进行了12次伏击，每次在给日军以猛击后就迅速潜入丛林之中。在这一连串袭击之下，日军共伤亡500名士兵，而第2奇袭者营只损失17人。此次战役后，第2奇袭者营被授予“卡尔森的奇袭者”的称号，以纪念该营杰出的指挥官卡尔森中校。

第二次世界大战结束后直到今天，美国海军的特种作战任务，一直由海军陆战队承担。因此，现在的海军陆战队在美国特种部队中仍是一支重要力量。在美国东部，有一个神秘的军事基地。基地里驻扎着一支神秘的部队，这就是20世纪70年代末以来美国专门用来执行反恐怖作战任务的

"三角洲特种部队"

"三角洲特种部队"这一称谓，确切含义是什么，大概没有几个人能说清楚，也许只有一个人知道，这就是"三角洲突击队"的指挥官贝克韦斯上校。

20世纪60年代初的越南战争中，贝克韦斯还是一名特种部队的上尉。当时，他身强体壮，血气方刚，彪悍骁勇，处事果断，有一股天不怕地不畏的勇劲。他凭着这股劲头，再加上富于冒险精神，带领十几名特战队员，活跃在密林中、山谷里、村落旁，对越南游击队进行骚扰、破坏、渗透，被誉为"特种作战专家"，深得上司赏识。可是，在波来梅之战中，他奉命从空中增援一个被围困的营地，由于直升机没能将他及队员们投送到预定位置，自己反而被困在一个三角形的地带内。突围时，他肚皮上中了一枪，要不是一个军士把他背出来，险些做了越南人的俘虏。想那柬埔寨的沼泽、老挝的森林、泰国的山陵，他都闯荡过来了，没料到在越南一个小小的三角地带内栽了一个跟斗！对此，他耿耿于怀，终生难忘。

越战结束以后，1977年11月，他受命组建反恐怖部队，特地为之取名为"三角洲特种部队"。

美国海军有哪两大舰队

美国海军舰队是美国海军的战略集团。由水面部队、潜艇部队、航空兵部队、陆战队和岸上单位组成。隶属于海军部，在作战上受海军作战部长指挥，战时并分别受太平洋总部、大西洋总部司令指挥。舰队司令部辖有日常编组和特混编组两种部队。美国海军始建于独立战争之初，经初创、停滞和大发展3个时期，至19世纪末获得巨大发展。20世纪40年代初，根据美国扩充海军法案整编作战部队，组成了太平洋舰队和大西洋舰队。

1. 太平洋舰队

太平洋舰队的司令部驻珍珠港。下辖第3、第7舰队。有战略导弹核潜艇4艘，核动力潜艇30余艘，航空母舰6艘，其他大、中型水面战斗舰艇

90 艘，陆战队 2 个师，海军飞机 1000 余架。主要海军基地有班戈等。第 3 舰队司令部驻夏威夷的福特岛。海军基地有圣迭戈、旧金山、长滩等。其活动区域为美国西海岸至中太平洋。第 7 舰队司令部驻日本横须贺。海军基地有关岛的阿普拉、菲律宾的苏比克和印度洋迪戈加西亚岛等。是常驻海外的作战舰队。担负东经 160 度线以西的西太平洋和印度洋的作战任务。兵力由太平洋舰队兵种（舰种）司令部及第 3 舰队抽调，不定期轮换。一般保持航空母舰 2 艘，其他大、中型水面战斗舰艇 20 余艘，潜艇若干艘，其他舰艇 15～20 艘，共 40 余艘。

2. 大西洋舰队

大西洋舰队的司令部驻诺福克。下辖第 2、第 6 舰队。有战略导弹核潜艇 31 艘，核动力潜艇 50 余艘，航空母舰 7 艘，其他大、中型水面战斗舰艇 90 余艘，陆战队 1 个师，海军飞机 1000 余架。主要海军基地有查尔斯顿、金斯湾、英国的霍利湾等。第 2 舰队司令部亦驻诺福克。海军基地有波士顿、新奥尔良以及百慕大、古巴的关塔那摩湾等。活动区域为美国东海岸和大西洋。第 6 舰队司令部驻意大利的加埃塔。海军基地有意大利的那不勒斯、西班牙的罗塔等，是常驻海外的作战舰队，在地中海活动。兵力由大西洋舰队兵种（舰种）司令部及第 2 舰队抽调，不定期轮换。一般保持航空母舰 2 艘，其他大、中型水面战斗舰艇 10～20 艘，潜艇若干艘，其他舰艇 20 余艘，共 40 余艘。

美国空军有哪些组织结构

美国空军由美国空军秘书处、空军参谋处和作战单位组成，最高行政领导机构是空军部，最高军事指挥机构是空军参谋部。美国空军作战单位主要由战略部队、战术部队、航天部队和特种作战部队四个部分组成，2009 年在役军人 327452 人，空军国民警卫队与空军预备役 2355710 人。

1. 空军秘书处

空军秘书处包括秘书长、副秘书长、协助秘书长、法律总顾问、总检

察长、空军预备兵政策委员会和其他按法律或由秘书处设立的职员。空军秘书处的任务是询问、监察、监督（包括财政监督）、检查、立法事务和公共事务。

2. 空军参谋处

空军参谋处主要由空军参谋长和空军秘书处的军事顾问组成，其中包括空军参谋长、副参谋长、助理副参谋长、总军事长、四个代理参谋长、美国空军总卫生长、军法署署长、空军预备队长和其他秘书处认为有必要的军民人员。

2008 年 8 月时任空军参谋长莫斯利上将因为一系列空军重大安全事故被时任国防部长盖茨解职，空军上将诺顿·施瓦茨接任空军参谋长，施瓦茨的上任也标志着美国空军长期受到压制的非战斗机飞行员派系开始走上空军的重要权力岗位。

3. 作战单位（主司令部）

美国空军在国内分数个机能不同的单位，在国外按其地理位置分数个大单位。一个主司令部指挥空军一支大的部队，它直接受美国空军总司令部指挥。各个主司令部指挥的部队之间互相关联和补充，提供防御、进攻和补给部队。一个作战指挥部包括（部分或整个）战略、战术、太空或防御部队或直接支援这些部队的飞行部队。一个补给指挥部提供补给、武器系统、补给系统、作战补给装备、作战物资、维护、地面运输、培训和训练或特别服务和其他补给部队。美国空军由十个主司令部组成：

空军作战司令部（ACC），驻于弗吉尼亚州的兰利空军基地；

空军培训和训练司令部（AETC），驻于德克萨斯州的伦道夫空军基地；

空军装备司令部（AFMC），驻于俄亥俄州的赖特-帕特森空军基地；

空军预备役司令部（AFRC），驻于乔治亚州的罗宾斯空军基地；

空军航天司令部（AFSPC），驻于科罗拉多州的彼得森空军基地；

空军特种作战司令部（AFSOC），驻于佛罗里达州的哈尔伯特营地；

空军机动司令部（AMC），驻于伊利诺州的斯格特空军基地；

美国驻欧洲空军（USAFE），驻于德国的拉姆斯泰因空军基地；

美国太平洋空军（PACAF），驻于夏威夷州的希凯姆空军基地；

空军全球打击司令部（AFGSC），驻于路易斯安那州的巴克斯代尔空军基地。

美国的战略空军

1947年7月，美国空军正式独立，斯图亚特·薛明顿和卡尔·斯帕茨分别就任美国历史上第一任空军部长和空军参谋长。这两位在第二次世界大战时就迷信战略轰炸的空军领导人，深信他们管辖的原子弹及其运载工具已成为美国军事力量的基础。两人主张“优先建立一支强大的战略空军”。1950年4月，托马斯·K·芬赖特任美国空军部长。他认为，20世纪中叶的“航空原子力量”起着和18世纪英国海军所起的世界宪兵相类似的作用。他特别重视战略空军建设，同空军参谋长范登堡上将、战略空军司令李梅上将一起，重新审查了战略空军的发展计划。扩充战略空军兵力，加速实现装备现代化。1950年6月，美军重整军备计划为美国战略空军的快速发展提供了机会。从1950年到1957年，美国战略空军的人数由7万增至20万；飞机由100架左右增至3000架以上；作战联队由19个增至51个（包括6个歼击机联队），B－29、B－50、B－36等过时型号的飞机，全部由B－52重型喷气式轰炸机和B－47中型喷气式轰炸机所代替。最大限度地提高轰炸机的作战半径，是美国战略空军为完成新的战略轰炸使命向航空工业提出的最紧迫要求。

1949年底，B－36型洲际战略轰炸机装备部队，建立B－36重型轰炸机联队，B－29这个第二次世界大战中的超级重型轰炸机降格为中型轰炸机。B－36型飞机原装有6台活塞式发动机，其改进型又增加了4台喷气式发动机，使其成为世界上最大、航程最远的飞机，基本满足了美国空军首脑建立洲际战略轰炸机部队的愿望。1950年6月以后的重整军备，使得美国战略空军有可能以比原计划快得多的速度实现所有部队的喷气式飞机改装。1951年，开始改装B－47型喷气式中型轰炸机。该机作战半径与B－29

型相似，但其他战术技术性能大大优于 B－29 型轰炸机。1955 年开始，B－52 型战略轰炸机逐步取代 B－36 型轰炸机。B－52 原型机于 1952 年 4 月试飞成功。1955 年 6 月，第一批生产型 B－52B 型轰炸机开始装备部队。此后共生产 744 架，有 8 种型号。到 20 世纪 50 年代末，美国战略空军共有以 B－52 型为主体的战略轰炸机 1654 架。另外，美国战略空军同时掌握有战略导弹和战略轰炸机的作战使用权。

美国空降部队如何组建与发展

美国空降部队成立的时间比较晚，也是在第二次世界大战中德军使用空降兵突击之后才引起美国对空降作战的重视。1940 年 6 月，美陆军第 29 步兵团抽调人员，在佐治亚州的本宁堡，建立了第一个试验性空降分队。

美军空降兵同航空兵一样，隶属于陆军建制。1942 年 3 月，陆军总部辖下设立了空降兵司令部。第 82 空降师和第 101 空降师于 1943 年底和 1944 年初调往英国，第 17 空降师也于 1944 年 8 月调往英国。同时，在欧洲战场组建了第 18 空降兵军司令部，负责指挥第 82 和第 101 空降师。1945 年 2 月，第 13 空降师被调往欧洲作战。美军的空降师编制是：师辖 2 个伞降步兵团、1 个滑翔机机降团及其他战斗保障分队，全师共 1 万人左右。美军的空中运输力量发展的较早而且实力雄厚，因此不但能够适应美军的空降作战需要，而且还在战争中帮助英军进行大规模的军事空运。在第二次世界大战中，英、美空降兵所以能多次进行大规模的联合空降作战，其中原因之一就是有强大的空中运输队伍，这一点同苏联形成鲜明的对比。美军的第一支空中运输部队成立于 1932 年。

美国军队院校有哪些组织结构

美军培养军官的教育机构。分初级军官学校、兵种专业学校、中级军事学院和高级军事学院 4 级。少数直属国防部，多数分属陆、海、空军。

初级军官学校，包括陆、海、空军的正规军官学校和候补军官学校。正规军官学校有陆军军官学校（西点军校）、海军军官学校（安纳波利斯海军学校）和空军军官学校（科罗拉多斯普林斯空军学校）。招收高中毕业生，大部分由总统、副总统或国会议员推荐。学制4年。学员毕业后授予少尉军衔，成为职业军官。美军高级军官主要来自这类学校。候补军官学校（空军称军官训练学校），由各军种自办。主要招收大学毕业生和大学文化程度的士兵。学制为数个月。学员毕业后授予后备役少尉军衔，根据需要，大部分转服现役。这类学校是美军现役少尉军官平时的一个重要来源，也是战时迅速扩充的一个重要途径。美军在地方院校还设有后备军官训练团，学生自愿报名，经批准后在校受训。学制分2年和4年两种。毕业后授予少尉军衔。

兵种专业学校，由各军种分别开设。陆军设有步兵、炮兵、装甲兵、通信兵、工程兵、军械和情报等学校。海军设有潜艇、两栖作战训练、飞行训练、舰炮长训练以及舰队声呐与电子等学校。空军设有飞行训练、领航员训练和技术训练等学校。通常设基本班和高级班。学制均为数个月。基本班招收新任命的军官，毕业后任排一级职务。高级班招收服役3～8年的尉官，毕业后任连一级职务。

中级军事学院，包括直属国防部的武装部队参谋学院和陆军指挥与参谋学院、海军指挥与参谋学院、空军指挥与参谋学院、海军陆战队指挥与参谋学院。主要招收服役9～15年的上尉或少校军官。武装部队参谋学院学制5个月，各军种的指挥与参谋学院学制9～10个月。毕业后升少校或中校。

高级军事学院，包括国防部的国防大学（下设国家军事学院、武装部队工业学院）和陆军军事学院、海军军事学院、空军军事学院。主要招收中校和上校级军官。学制10个月，毕业后晋升上校或准将。

美陆、海、空军和海军陆战队还各设1所军士长学校。主要培训资深的军士长。学制少则6周，多达22周。毕业后通常分配到旅级以上机关任高级军士长，作为部门首长管理士兵的顾问。

美军培养新军官的正规学校学制较长，教学内容较广，科学文化教育重于军事训练。军官进修、深造的院校学制较短，专科性强。兵种专业学校数量多，分科细，除培训初级军官外，还设士兵和军士班，负责士兵和军士的专业技术训练。

塞耶对西点军校有哪些贡献

1815 年，美国总统麦迪逊将工程兵部队与西点军校分离，并设立专职校长，专门分管西点军校的工作，作为 1806 届毕业生的奥尔登·帕特里奇光荣地就任这一职务，从而成为西点军校历届校长中最有争议的一个。

他之所以引起这样大的争议，主要由于他一上任就为西点制定了一套严格的规章制度、作息时间表、课程安排、新学员制度，并增建了校舍。这些对西点的正规化是有益处的。然而，同时他也犯了许多错误，在他任职期间，他肆意干涉教授工作，不执行上级命令，不经考试就允许学员毕业，对学员进行体罚。由于他的任人唯亲，滥用职权，校园内帮派主义、复仇主义、自由主义……五花八门，成为西点历史上的“黑暗时期”。

刚刚就任的门罗总统，在 6 月份访问西点。在这次访问中，门罗收到两封控告信，斥责校方无视学员学习成绩而让其升级等等，信中写道：“人，而不是法，军事院校规章制度，控制着西点军校。在这所崇高的军校内，个别人任意施展权威，拉帮结派，搞裙带关系，任人唯亲，而不是根据法定的原则任人唯贤。”

1817 年 7 月，门罗总统亲自干预帕特里奇案件，终使其被送上军事法庭。西尔韦纳斯·塞耶成为西点第四届校长，当时他的军阶只是少校，年仅 29 岁。这是 7 月 17 日斯威给这位新任西点校长塞耶的信：“经过反复地考虑之后，总统决定，对西点所发生的一切应由军事法庭彻底调查，我认为这可能是使大家都满意的唯一方法。只要你方便，我希望你立即去西点，负责那里的一切事宜。不久，你将会负起军校的全权之职。在西点你所具有的权利是行使职责的权力，在你行使这种权力时，将会得到我真诚的支持。对你的才能和热情，我有充分的信心……帕特里奇上尉将把西点军校的规章制度及条例全部移交给你。”

这里提到的规章制度是将西点假期改为夏季，新老学员均在 9 月 1 日报到。

西尔韦纳斯·塞耶确实不负众望，被后人誉为“西点之父”。在 1817～1833 年的任职期间，他采取一系列措施，从而奠定西点军校在美国的历史地位。这个 1807 年入校的军事院校学员，在校的成绩没有记录，1808 年毕业后有一段漫长的经历。1809～1811 年间他在西点任数学副教授，之后参加了 1812 年的战争、1815 年他被陆军部派往欧洲学习。历时两年，带回了法国的办学经验。在他任职的 16 年中，他对军校进行全面整顿，建立完整的教学秩序及体制，制订出以土木工程技术为主的 4 年制教育计划，并首创将学员分为十几个人一班的小班教学，根据学习成绩评定学员名次等。著名的“荣誉制度”就是由他最早提出来的。在学员队设立司令职务，确立严格的过失惩罚制度。与帕特里奇不同，塞耶公正、客观，通过考核每一学员，然后做出升留及开除等决定。新入学的候补生要进行基本智力考试，不合格者被淘汰，合格者编为学员团。这个团被编成两个连的营，第一连为优秀者，其他在第二连。每个连的学员吃、住、训练都在一起，并设立一个战术部，一天 24 小时管理全营。

塞耶对西点的贡献，使西点在美国社会中的地位达到举足轻重的地步。1833 年，虽然塞耶离开西点，但西点后来一直袭用他的做法，一步步发展。

西点军校如何招收学员

一个学校的优劣重要的一点表现在学员的构成，而这首先又取决于学员本身的固有素质，正是在这一点上，西点军校也体现出自己固有的特色。每年有 1400 名男女学员骄傲地走进西点军校，成为它的一员。他们来自不同地区和种族。

西点军校有非常严格的选择标准。这在 1843 年就由国会用法律形式固

定了下来。当时规定，总统可以推荐 10 名，每个众议员选区可以推荐 1 名。经过 100 多年来的变革，西点军校形成了更完备的选拔规则。

1. 学员申请条件

每年招生季节，组成 319 人的招生办公室，一名上校担任办公室主任，并设有宣传登记和考试两个科，在全国进行宣传，编制招生手册。

申请者必须具备这样几个条件，方有资格申请报名。

（1）必须在 7 月 1 日前满 17 周岁，不超过 22 周岁；

（2）必须是美国公民；

（3）未婚；

（4）不得怀孕，没有抚养一个或几个孩子的义务；

（5）诚实，有拼搏和进取心；

（6）高中以上或大学学历；

（7）为“美国高校测试评估计划考试（ACT）”或“高校联合会入学测验计划学习能力测验（SAT）”的优秀者。

同时，西点军校对报考生的身体素质同样有严格要求。

（1）按标准通过体格检查；

（2）身体健康，精神正常；

（3）有中等以上体力、耐力、灵敏度；

（4）西点军校的身体素质测验中的优良成绩者。

而按照美国法律规定，总统、副总统，国会参、众两院议员、陆军部等有权向西点军校推荐学员，他们能够推荐的名额分别是 10 名、5 名、5 名，其中每一个推荐名额中包含有 10 名候选人，这样有利于选拔与竞争。

2. 严格的选拔条件

西点军校向世界敞开胸怀，每年招收 40 个来自友好国家军事院校的学员。

报考者在高中最后一年的春季将填好的各种表格卡片，寄往学校招生办公室，在获得推荐提名之后准备参加 ACT 或 SAT 的考试。并在前一年 6 月 1 日至当年的 6 月 1 日接受体格检查，这种检查是在美国或国外军事基地检查中心进行。军事院校报考表格中，对有无病史、身高与体重等栏都有明确而苛刻的规定。规定的身高标准是男：1.52～2.03米；女：1.47～1.83米。高于或低于这一标准，都失去报考资格。同样对体重也有具体要求。其他五官、皮肤、牙科等16项都必须合格。考生身体素质的测验中包括单杠、立定跳远、篮球投掷、短程穿梭跑。跨入西点军校是一件难上加难的事，但许多青年人仍心向往之。每年招收约1400名学员，而考生往往多出十几倍。即便是已被录取的幸运者，也还面临着许多考验。在他们收到入学通知的同时，还有一个附录，规定了作为西点军校学员所必须尽的平均服役13年的义务（从1992年改为至少服役6年）及作为军人的服从与自我牺牲精神。

西点旨在通过4年的培养训练，在学员们毕业之时，使其具有职业军人所必备的一切性格、才智及其他方面能力走入社会，在未来的战争中发挥作用。因此，西点军校高达30%的淘汰率。在实行学分制的西点军校，每个学员必须修满比一般高校高得多的学分，即152～158分，才有留下来的可能。

美国海军战斗机武器学校是什么样的学校

美国海军战斗机武器学校位于圣地亚哥北面21千米的地方，有一幅别致的美国军事院校画在大门上的圆形标志，是一个瞄准器光环牢牢套住一架米格飞机的图案。这便是美国海军战斗机武器学校，培养海军精英飞行员的大本营。

派拉蒙电影公司曾以这所学校为题材，拍了部名为《无敌杀手》的电影，从而使该校名扬世界，以至于有了这个威风凛凛的外号。能进入这所学校学习的人，必须是一名优秀飞行员，同时也是个好教官。

美国海军战斗机武器学校成立于1969年，因为美军在实战中发现自己对米格飞机的击落率很低，美国海军在研究中发现自己没有适当的武器装备和训练，当时的F-4幽灵机只搭载空对空导弹，未装备机枪或机炮，空战中往往使自己处于被动。这便是海军战斗机武器学校诞生的动因和背景。原始校址只占迈瑞马基地的一个小角落。早期，学员以 F－4 战斗机对抗 F－8十字军战斗机的教官，在长空翻腾格斗，训练飞行及射击技巧。后来教官改飞 A－4 天鹰攻击机，如今已是 A－4 与 F－5 并用，装备日趋先进。

该校每年分为六个学期，一个学期时间为 5 周。每期招收 8～12 组学员，每组学员由飞行员和雷达拦截官组成。

在课程中期，学员组要进行 2 对 2、1 对 2、2 对 4 的战术演练，结束时要参加以 1（或 2 或 3）对不明架数敌机或者 1 对 1 的战术演练。在一个学期内，每个学员大约要完成 38 次飞行任务，20 名教官中的任何一人都可能成为其对抗对象。每天 7 点开始上课，空中训练也是紧张而激烈的。然而有幸进入该校学习的飞行员却觉得过瘾，用教员的话说，因为学员们“习惯于那种剧烈和攻击性飞行带来的快感，只要一试过，其他的事就不会引起你的兴趣了。”

5 周训练结束，学员会被授予一份结业证书和一枚队徽，满怀豪情地走向部队，走向未来的空战。

政治篇：
驴象共治下的社会

美国的国家组织是依据三权分立与联邦制度这两大政治思想而设定，当初在起草宪法时因恐权力过分集中于个人或某一部门将危害人民的自由，因而将立法、司法、行政三种权力分别独立，互相制衡，以避免政府滥权，根据宪法：立法机关是参议院与众议院并设的二院制议会；司法机关以联邦最高法院为首下设 11 个控诉法院，95 个地方法院及 4 个特别法庭；行政机关是以由人民直接选举的总统为最高行政首长，并以副总统辅之，下设若干个行政部门。

美国总统的产生、任期与职权

美国总统是美国的国家元首和政府首脑、武装部队总司令。

在《美利坚合众国宪法》中，有这样的规定，要想成为美国的总统，需在美国本土出生，在美国居住 14 年以上，年满 35 岁。总统是由间接选举产生的，每 4 年举行 1 次。总统选举分六个阶段：

第一阶段为预选。各党派竞选人竞争本党总统候选人提名，各州的政党选民投票选出本党参加全国代表大会的代表。

第二阶段为总统候选人提名大会。各政党分别召开全国代表大会，选出该党的总统候选人，然后由总统候选人提名副总统候选人及相关的竞选纲领。

第三阶段为竞选活动。各政党总统候选人在全国各地开展竞选旅行、进行广告大战、发表竞选演说、会见选民、召开记者招待会以及进行公开辩论等。此外，候选人还将通过多种形式阐述对国内外事务的政策主张，以赢得选民信任，争取选票。

第四阶段为全国选举。各州选民到指定的地点进行投票，在总统候选人之间进行选择，同时选出各州总统候选人。

第五阶段为选举团投票表决。各州的选举人组成选举团选举出总统，获得过半数选举人票（即 270 张以上）的候选人当选。如果没有一名候选人能够获得过半的选票，则由国会众议院从得票最多的前三名候选人中选出总统。

第六阶段为就职典礼。此阶段为总统选举的最后一道程序，当选总统于次年 1 月 20 日在国会大厦台阶上举行宣誓就职典礼。

总统的任期为 4 年，最初时美国没有规定总统连任的次数，但是由于第

1 任总统华盛顿连任 1 届后不愿继续连任了，由此便开创总统任期为 2 届的惯例。在美国历史上，只有第 32 届总统罗斯福连任过 4 届，主要原因是第二次世界大战和战后美国的经济大萧条。1951 年生效的宪法修正案第 22 条规定，“任何人不得连任总统之职 2 届以上”。

美国宪法规定，总统行使行政权。总统有权处理国家运转过程中的事务和联邦政府的各项工作；可以委任高级官员（但须参议院的认可）；下辖的一切行政机构必须向总统负责，接受总统的领导和监督；总统不对国会负责。总统是美国武装部队的总司令，可以召集各州的国民警卫队为国家服务；虽然宣战权属于国会，但总统可以越过国会，直接决定；总统应事先通知国会，然后宣布进入紧急状态，紧急状态应在 6 个月后自行终止，根据形势的需要，总统仍可以重新宣布进入紧急状态。总统负责处理对外关系，有权与外国签订行政协定；如果同外国缔结条约，要经过参议院同意。总统有权任命驻外使节。总统有权否决国会通过的法案，要想推翻总统的否决，参众两院必须各有 2/3 的议员进行反对；总统有权提出各种咨文，影响国会立法，享有委托立法权；总统每年向国会提交下一财政年度的预算咨文。总统可以任命联邦法官，但须经参议院的认可；总统享有赦免权(弹劾案和触犯州法律者除外)。总统在行使其权力时，应受到国会和联邦最高法院一定程度的制约。

白宫的主要作用是什么

白宫，是美国总统的官邸和办公地点。

白宫位于华盛顿市宾夕法尼亚大街 1600 号，始建于 1792 年，1800 年落成。1814 年遭到英军的焚烧，4 年后又重新建成。因第 5 任总统门罗下令把建筑外墙全部刷成白色，白宫由此得名。1901 年，西奥多·罗斯福总统建议国会正式命名它为白宫。

白宫是美国总统的办公地点和官邸，以前总统并没有法定的办事机构，罗斯福总统于 1939 年根据国会的授权发布行政命令，正式确立白宫为总统

的办事机构。白宫因此成为美国政府的代称。后来，随着总统权力的不断扩大，总统的办事机构和相关人员不断增多，白宫的中枢便成了白宫办公厅。主要协助总统处理日常事务，汇总国内外的各种情况，拟定一些具体方案，以备总统决策的需要；白宫办公厅可以安排总统与国会、议员、政府各机构、新闻界、企业界人士联系和磋商。白宫办公厅的主任由总统亲自挑选，是总统的首席行政助理，负责总统接见外宾和出席各种会议的日程安排，接受和转呈总统批阅的各种文件。白宫办公厅还设有白宫联络处主任、总统新闻秘书、总统和国会关系助理、总统主要文件撰稿人、政治特别顾问等官员。

美国参、众议院有哪些作用

参议院和众议院组成了美国的最高立法机关。参议员由各州选民直接选出，每个州仅有 2 个名额。凡是年满 30 岁，作为美国公民已满 9 年，必须是当选州的居民，都有资格当选为参议员。参议员任期为 6 年，每 2 年改选其中的 1/3，连续当选可以连任。众议员数按各州人口比例分配，由直接选举产生，每州至少 1 名，人数固定为 435 名，凡是年满 25 岁，作为美国公民已满 7 年，必须是当选州的居民。众议员任期 2 年，连续当选就可以连任。所以，美国参众两院的议员长期连任，是极为普遍的现象。但是，无论是参议院的议员还是众议院的议员，不得兼任政府的其他职务。

国会参众两院在各自议长主持下，开展日常工作。众议院的议长由全院大会选举产生，根据美国宪法规定，副总统兼任“美国参议院议长”一职。参众两院均设有诸多的委员会，还设有由参众两院议员共同组成的联席委员会。

美国国会行使立法权。议案一般经过提出、委员会审议、全院大会审议等程序。一院通过后，再送交另一院，依次经过同样的程序。法案经过参众两院通过后交给总统签署；如果总统不行使否决权，或虽然遭到总统的否决，但经过参众两院 2/3 议员重新通过，即正式成为法律。

国会还拥有宪法赋予的其他权力，如修改宪法权、对外宣战权等。参议院和众议院各自还拥有一些特殊权力。例如，总统任命的高级官员和与外国缔结的条约必须经过参议院同意；参议院还有审判弹劾案的权力，有权在特殊条件下重新选举副总统；众议院有权提出弹劾案和财政案，有权在特殊条件下重新选举总统。

美国政府由哪两种行政机构组成

美国政府的行政机构是美国管理公共事务的行政组织体系。它是美国政治制度的重要组成部分。包括联邦行政机构和州及地方行政机构。

1. 联邦行政机构

联邦行政机构是美国最高的行政结构，由内阁各部、总统办事机构和独立机构组成。

(1) 内阁各部，又称行政各部、大部。内阁各部之首是国务院，国务卿是国务院的首脑，为总统的主要外交顾问，全面负责协调、管理和指导美国的对外事务，也是国家安全委员会成员。内阁的各个部实行部长负责制。部下面设司（局）、处。部内机构通常分为机关管理机构和业务管理机构两类。由于各部的职责权限和历史发展不尽相同，各部的业务管理机构在设置上有较大的差别。而各部的机关管理机构在设置上基本相同，通常设有机关事务管理、人事、预算、财务和公共关系等机构，以及法律总顾问办公室、监察长办公室、受理与本部规章制度有争端的机构，还设有就地处理各自部或司（局）、处职责范围内事务的地方派出机构。部内的司（局）由助理部长（局长）领导、各处由助理部长帮办领导。

(2) 总统办事机构。①总统办事机构的核心是白宫办公厅，也是联邦行政机构的中枢，主要负责处理总统的日常事务，还要与国会等其他行政机构及社会组织进行拟定、磋商、联系，进而制定有关政策。②行政管理与预算局是一个非党派机构，主要职能是协助总统推进行政改革、执行联邦预算等。③国家安全事务委员会的主要职能是向总统提供与国家安全有

关的内政、外交和军事方面的总体政策。④政策发展办公室的主要职能是负责协助总统协调和拟定国内政策的各种选择方案，并监督政府在国内实行政策的情况。⑤科学技术办公室的主要职能是负责鉴定和分析政府有关科技、工程方面的主要政策、规划和计划项目，协助总统领导和协调各部门的科技发展。除了上述机构以外，还有其他的办事机构，这些办事机构也都是总统某方面行政决策的助手，发挥咨询、协调和监督功能。

（3）独立机构是一个很特殊的结构。主要职能是为完成政府专业管理和专门任务而设立的行政机构，该机构在联邦行政机构中所占的比例最大。独立机构分为三类：①独立管制委员会。例如，联邦贸易委员会、核管制委员会、联邦储备委员会、功绩制保护委员会、证券交易委员会、联邦通讯委员会、就业机会平等委员会、消费品安全委员会等。该类机构主要实行集体负责制，它既是行政机构，又具有受立法委托的准立法和准司法的职能。法律保证该类机构对其他机构和政治党派保持独立，从事行业和专业行政管理。②政府公司。例如，美洲国家基金会、联邦储备保险公司、田纳西河流域管理局、美国邮政局等是政府公司的典型。政府公司的特点是在日常业务上享有比较大的自主权，特别是财政权。政府公司一般采用企业性领导体制，如设立董事会等。③其他独立机构。这些机构是为政府或公众提供服务的，例如，人权委员会、人事管理局、国家艺术和人文科学基金会、国家科学基金会、行政服务总局等。

2. 州与地方行政机构

州与地方行政机构是根据州宪法确立的行政机构和行政体制。州长是地方的行政首脑。州行政机构一般包括：公安、人事、农业、商业、税务、劳工、卫生、福利等部门。地方行政机构是由州建立的，并在行政和法律上代表州进行管理。地方行政机构分为郡、县、市、镇、学区和特区等 6 种。组成各种地方的行政机构，根据行政区的大小和管辖事务范围大小来进行确定，其规模和数量并不完全相同。

美国国务院是什么样的单位

美国国务院在联邦政府各部中居首席地位，是成立最早的部级机关，1789 年 9 月由美国外交部改组而成。

国务卿是国务院的最高行政长官，由总统直接任命，但需要经过参议院同意。总统任命国务卿后，国务卿要对总统负责。在美国联邦政府中，国务卿是仅次于正、副总统的高级行政官员。国务卿还是内阁会议首席委员、总统外交事务的主要顾问，国家安全委员会的首席委员。

国务院除最高长官国务卿外，还设有副国务卿、政治事务副国务卿、协调安全援助计划副国务卿，以及副国务卿帮办、助理国务卿等官员。国务院是一个庞大的机构，设有国务卿办公室，主管欧洲、拉丁美洲、非洲、远东、近东与太平洋和南亚地区事务的地区司；主管公共事务、经济与商务、法律顾问、情报与研究的专业司；在世界各地设有许多大使馆、代表团、总领事馆、领事馆以及驻联合国代表团。

国务院在建立之初，除了负责对外事务外，还兼管内政事务，如管理领地，保管国家文献，与联邦法院联系等。如今，以前兼管的大部分内政，转交给了其他行政机构，如 1947 年国家安全委员会成立以后，国务院作为总统主要外交顾问及担负制定和贯彻外交政策的重要职责，部分地转移到国家安全委员会。

神秘的中央情报局

中央情报局是美国三大情报机构之一，总部设在弗吉尼亚州的兰雷。中央情报局成立于 1947 年，国会通过《国家安全法》设立国家安全委员会，中央情报局由该委员会领导。中央情报局不仅有遍布全世界的监听站；还有自己的广播设施、航空线、宇宙卫星及训练特种部队的基地，拥有大批间谍、特务和情报技术人员。

中央情报局的主要任务有：①以公开或秘密方式和技术手段，搜集外国的军事、政治、经济、文化与科技情报，协调国内各情报机构的工作；②为总统分析和估价情报，对其他国家进行间谍特务活动。

情报技术人员多具有较高学历，或是某些领域的专家。该机构的组织、人员、经费和活动严格保密，即使国会也不能过问。

联邦调查局的职责是什么

联邦调查局（FBI）的总部设在首都华盛顿，隶属于美国司法部。联邦调查局专门负责收集事实和报告事实。联邦调查局的调查范围主要有两种：普遍调查和国内情报调查。在进行国内情报调查时，联邦调查局负责调查间谍活动、破坏活动和颠覆活动，并将调查结果报告给司法部或各州政府，以作检察行动的参考。联邦调查局又是一个服务机构，协助司法部门鉴定事实，并在技术和训练方面提供帮助。

美国州政府的基本组成形式

州政府是各州的最高权力机构。美国是联邦制国家，由 50 个州组成。各州根据实际情况，制定有自己的宪法和法律，因而州与州之间的宪法有所不同，但通常均采用类似联邦宪法的形式，其中包括民权的声明，以及组成州政府的若干计划和原则。每个州的宪法都规定，州政府机构由立法、行政和司法三个部门组成。

1. 州立法机关

各州议会均由参议院和众议院组成，唯一例外的是内布拉斯加州实行一院制。两院的议员均由当地公民选举产生。通常情况下，参议院的议员比众议院的议员少。各州议员任期有所不同，大部分州的参议员任期为 4 年，众议员任期为 2 年。州参议院的议长由副州长担任，众议院的议长由众议员推选产生。大部分州每 2 年开 1 次为期 30～40 天的会议。州长可以根据特殊情况，有权召开特别会议。

州议会的主要职责是：制定适合本州的宪法和法律，核准政府预算，规定州政府的组织结构和各行政部门的职责，监督行政部门的各项工作等。除此之外，州议会还兼有一些其他的职能，例如州长想提名任用官员，必须由提交参议院，议员同意后才能生效；罢免州法官，必须经州参、众两院的表决；州议会对提案是否违反联邦宪法作出判断；州议会有权弹劾行政、司法人员。但是州财政议案，必须由州众议院提出，某些司法权和行政权（例如批准行政任命和审判弹劾案等）归州参议院所有。

州众、参议院议员提出议案，先交给委员会进行审议，如果通过再交全院审议。议案一旦通过，立刻送交另一院，再经过相同的程序进行审议。众、参两院都通过后，议案就可以送交给州长，州长签署后即为生效。除了北卡罗来纳州州长以外，其他各州的州长均享有否决权。如果州立法机关的 2/3 票数反对州长的否决权，州长的否决权无效。

2. 州行政机关

州长是州的行政首脑，每个州的宪法都有明文规定。州长由地方选民直接选举产生，一般任期为 4 年（少数州规定任期为 2 年）。州长享有的权力主要有：①除了副州长、秘书长、检察长、审计长、司库以外，州长可以任命其他地方高级官员；②监督法律的执行情况和各行政部门的工作情况；③管理本州的财政；④掌握本州的武装力量。州长是州国民警卫队的名义统帅；⑤负责与联邦政府和地方（其他州）政府进行联系；⑥行使赦免和减刑权（除了联邦法院判决的）。

3. 州司法机关

各州根据本州的宪法和法律，设立自己的法院系统，州法院与联邦法院平行，除了联邦宪法赋予联邦法院的司法权以外，其他司法权都属于州法院。各州法院可以依据本州的法律来审理各种案件。州法官基本上是由当地选民直接选举而产生，有的州法官由州长直接任命或议会选举而产生，任期从 2 年到终身不等。州法院分为三级：①地方法院，是一般刑事案件、民事案件的初审法院，可以行使有限的司法权；②县或地区法院或中级上

诉法院，主要审理私人间、私人与州或地方政府间的民事诉讼，以及有关触犯刑法的案件；③州最高法院，是州的最高审级，只审理下级法院的上诉案件。

美国地方政府的基本组成形式

地方政府是指州以下的各级政府。美国地方政府当初设立时采用的是英国 18 世纪时的政府组建模式，后来逐步发展成为现在的体制。各州地方政府根据州的实际情况，体制不同，设置不一，名称也有所不同。地方政府主要分为三类：县政府、市政府、市镇及乡村政府。此外，还设有学区和特区。地方政府是州政府的下级单位，地方政府的权力是州政府赋予的，主要职责是：管理当地治安消防、公共福利、公共卫生、文化教育，并接受州政府的监督。

1. 县政府

联邦宪法规定，设立县政府的基本条件为，两个或两个以上的镇及数个乡村。在美国 50 个州中仅康涅狄格、阿拉斯加、罗德岛这 3 个州没有设立县级政府。县政府是州政府的代理机构，采用“立法与行政”合一制。县政府通常称为监督委员会，一般由 3～5 人组成，多的可达 30 余人。委员由选举产生，县政府配备有法官、县行政司法长官、检察官、法医、审计官、司库、测量官、学校督察等，这些官员直接由地方选民直接选举产生。委员会的主要职责有：规定税收、拨款、授权借款等立法权，行政管理包括护理公路、水利灌溉、估税、征税、卫生等。随着时代的发展，城市不断发生变化，县政府的作用和地位不断下降。为了与时俱进，有些县政府在管理体制上，采取委员会制和经理制。

2. 市政府

市政府是根据州政府颁发的特许状和地方自治特许状而成立的自治体。市政府虽然从属于州政府，但在一定程度上拥有自治权，也就是说市政府在有些权力上不受州政府约束。市政府的体制比较复杂，主要有市长—市政会议制、委员会制、市政会议—经理制三种形式。

3. 市镇及乡村政府

美国许多地区由于管辖范围过小的原因，不适合设立市或县级政府，地方组织可以向州政府登记注册，经州政府同意后，领取许可证建立市镇和乡村。镇政府通常分为两种：一种以全镇大会为主要机构，大会每年召开1次，选举镇委员会和下属官员，讨论决定政策和拨款等事项，具有比较完备的行政权力；另一种是设一个行政长官或委员会，没有完整的行政权力。村政府的主要行政机构是全村大会，选举一个村委员会负责全村的各项工作，享有自治法人地位，可以行使与市政府相同的责任和权力。市镇和乡村政府处理的事务仅限于地方性的需要，例如订立地方卫生条例、铺路和装设街灯、消防和治安、供应饮水、处理垃圾污水等。

4. 学区和特区

联邦各州的法律都有规定，州可以根据实际情况的需要成立若干学区，负责经办中、小学教育。学区设有委员会，行使州政府授予的各项管理权，委员由学区内的选民直接选举产生，并聘请1名学监主持学区内的日常工作。特区通常是由各州议会表决而成立的，主要是为了完善其他政府机构难以处理的特殊问题，可以说特区是一个辅助行政机构。例如土壤保持、水供应、消防、交通与公共事业等。特区的管理机构是委员会，委员会中的成员有的是地方选民选举产生，有的是相关部门直接指派。尽管学区和特区政府在管辖上比较小，但不隶属于县或市政府，它们结合自身的发展，可以征税和举债，值得注意的是学区的经费基本上是由市、县、州政府分级承担和补贴。

哪些是美国地方政府不管的事

实际上，美国地方政府的权限比较小，而管不着的事却有一大堆。所以说，美国地方政府不管的事太多了，主要表现在以下几个大的方面。

（1）不负责老百姓就业问题。对于失业人员，县和州政府会发放几个

月的失业救济，提供就业培训和一些找工作的帮助。除了这些之外，就业问题完全是私营企业和老百姓之间的事情。

（2）不负责老百姓的菜篮子问题。因失业导致无家可归、风餐露宿，全是个人运气和能力问题。政府除了给点救济之外，别无他方。在许多城市，连过夜的收容所都是教会提供的。

（3）不负责提供公共交通工具。这一点与其他西方国家很不一样。要是不会开车，那可真就是寸步难行。尤其是在中小城市，居民区中连出租汽车都没有。

（4）不管也不经营媒体。美国政府全是靠老百姓缴纳的税收进行运作，所以政府不允许用百姓的税收反过来对百姓进行宣传。

（5）不管也不经营通讯业。美国的电讯公司、网络公司，全是私营。地方政府就是跟着征收点销售税。

（6）不提供医疗服务。美国的医疗卫生系统基本是私营的，各个县、市立的医院大多数都属于给穷人设置的。除此之外，政府对医疗卫生系统的运作基本是袖手旁观，就连许多操作规则都是由行业制定，比如获得医生和护士执照的考试，都是由各自的行业协会出题，考过了由政府有关部门颁发执照。

（7）不管老百姓的家庭纠纷。两家吵架，动起手来，警察闻讯赶来，制止武力行为。然后呢，真正地解决问题要上法庭。在美国，动之以情解决不了大大小小的纠纷，到法庭上晓之以“法”才是根本的解决办法。

美国地方政府的议会有哪些责任

责任之一：决定政府应该管什么

美国地方政府管的事不多，最基本的服务还要属公共安全和政府内的各项规则。公共安全是地方政府责任中最基本的项目，市政法典是另一项服务，议会有权决定是否要提供这两项服务。在美国，有的市政府干脆自己不提供公共安全服务，将“侦探拿贼”一类的警察责任交由县政府负责。

消防的责任则以合同的形式交给私营公司负责了。无论是自己干，还是签合同交给私营公司干，都还是政府的责任。

最近几年，美国各地的地方政府都在考虑在全社区范围内禁止吸烟。这是所有的公共场合包括餐馆、娱乐场所、工矿企业，政府机构就更不用说了。如果这项法案被通过，烟民们只能在自己家里和自家的院子里吞云吐雾了。保证社区的卫生环境是地方政府传统的责任，但保证空气清洁却是新鲜事物。顺便说一句，有一些州议会也在考虑禁烟的立法。有 35 个州有类似的法律从某种程度上禁烟。

责任之二：决定社区中基础设施的建设与维修

一个城市中的基础设施包括自来水系统、下水道、马路等等，是百姓生活中十分重要的一部分。从某种角度看，正是由于公共设施需要有人来看管，从而使得政府的存在十分必要。道路、自来水系统和排污系统的建设与维修等等，这一类问题是地方政府的主要责任。

责任之三：市政法典的制定和执行

所谓市政法典也可被称为"地方行政法规"。这个市政法典管得可宽了，从夏季老百姓何时可以浇自己的草地，到 18 岁以下的学生几点可以上街，几乎是面面俱到。这样的地方法规对人们能干什么、不能干什么，有极大的约束力。地方政府的市政法典五花八门，各个城市各有不同。

责任之四：决定发展前景

美国地方政府的议会对社区的发展都有一长远的规划，一般分为 5 年、10 年、20 年。这种"展望"决定了 20 年之后社区的面貌应该是个什么样子。市议会可以通过发展规划来决定，是将本社区搞成个工业城市呢，还是搞成一个商业城市；是重点发展旅游业，还是建设一个只有居民、没有任何商业和工业的社区；是需要盖摩天大窝棚、引进麦当劳，还是保持现有的风光等等。

责任之五：决定居民们应该缴纳多少税收

俗话说："没钱寸步难行。"政府的运作也是如此。美国老百姓要缴好多税，包括联邦所得税、州所得税、销售税、地产税等等。其中，地产税

和销售税中的一部分是由地方政府决定的。

美国有30多个州，其宪法赋予地方政府（县和市）更大的权力。这就是所谓的“家乡法规”。一般来讲，没有实行家乡法规的地方政府，在好些问题上都要按照州里的法规办事。那些有家乡法规的城市，其议会可以决定如何征税、征多少，以及如何使用征来的税。但是在一个有家乡法规的城市中，其议会便没有自行制定燃料税税率的权力，一切按照州里的税率办。

一个城市如何才能成为有家乡法规的城市呢？各州的法律大同小异。在伊利诺伊州，州宪法规定，凡是那些人口超过25000的城市，家乡法规自动生效。人口低于25000的城市，必须经过公民投票。那些实行家乡法规的城市如果打算去掉这项权力，也要进行公民投票来决定。

地方政府能自行增税，但是不是就可以无限制地胡来了呢？答案肯定是不可以的。

责任之六：批准预算和监督预算的执行

议会决定市政府应该有什么责任、为社区提供何种服务。但是具体需要从居民那里征收几个税收却是市政府的责任。每年一次，市政府都要根据议会指派的任务，将需要多少人力、多少材料估算出来，然后再提出需要的人力费用（工资福利）和买材料的费用。

政府的预算过程涉及的金额大，过程复杂，而且项目繁多。由于市议会身后有那些技术委员会给出主意，预算过程出问题的可能性是有，但不大。

批准了预算并不意味着万事大吉了。监督市政厅里那些管理者如何执行预算是地方政府议会的另一项主要任务。这里提到的“预算监督”并不是会计式的监督——那是审计的工作，我们在下一章中有详细介绍，而是确认管理者是否真正按照议会的意愿将每一个预算中包括的项目认真执行，并达到议会的要求。

预算监督中的一项主要责任是审批预算的更改。美国地方政府的预算，几乎100%是“专款专用”。这不是说在花钱上就没有灵活性了，而是说任何在预算执行中的改动——用句通俗的话讲就是将一笔钱另作他用，都必须有议会的批准。

美国文官制度的基本运行形式

美国文官制度是政治制度的重要组成部分，通常指有关文官考试、考核、任用、奖惩、培训、工资、待遇、晋升、调动、离职、退休、职位分类和管理机构等各项制度的总称。

1. 文官的含义

美国文官也被称为“政府雇员”。在广义上是指与军人（武官）有所区别的联邦政府雇员，包括市长、州长、总统等经过选民选出来的官员，特殊委员会里面的成员，部长、副部长、独立机构中任命的官员，以及在国家行政机关里供职的所有文职人员。在狭义上是指特定范围内的职业文官，主要包括经过公开考试后录用的人员，负责政府的各项公务受功绩制管辖的工作人员，从事公共事业的工作人员，服务于政府企业里的管理人员。职业文官录用以后，便受到法律的保护，不受政府更迭的影响，在政治上保持中立的立场，不参与政党的竞选活动。

2. 文官管理的基本原则

文官管理原则是 1883 年通过《彭德尔顿法》确定的，主要有：①通过公开考试，平等竞争的原则选拔文官，政府内的任何一级职位都对公民开放；②通过考试选拔的文官，任职期间除了违法者以外，不能因为政治原因（如政府更迭）被免职；③文官在政治上不得持个人立场，不得参与政党的竞选活动。美国第 39 任总统卡特于 1978 年提出《改革文官制度计划》经国会通过后，确定了文官功绩制的 9 项原则：①保证机会人人均等，本着公开考试公平竞争的原则，录用知识、技能和能力强的人员；②录用的文官，不论党派、种族、国籍、性别、年龄、宗教、婚姻状况、肤色，都应该受到公平合理的对待；③同一职位薪水相同，对于工作突出者给予适当的奖励；④所有在职者应该具备正直、高尚、无私的情怀；⑤文官工作时，

要讲效益和效率；⑥对于工作成绩突出者要继续任职，不够好者进一步改进，长期敷衍了事者进行免职；⑦政府创造条件，为文官提供训练和教育的机会，从而提升他们的工作能力；⑧保护文官免受专横行为或个人好恶之害，以及被迫为政党的政治目的而活动，并禁止文官使用其权力和影响去干预选举结果；⑨保证文官不因进行合理的揭发而遭受打击报复。1981年起实行“功绩工资制”，根据工作成绩加薪，改变按年资加薪的制度，鼓励文官做出成绩。

3. 职位分类制度

文官管理是美国人事行政的重要基础之一，也是美国人事行政的一个特色。在职位分类方面，芝加哥市政府于1908年首先采用，联邦政府于1923年开始实行这种方式。《职位分类法》明确规定，在文官委员会下设立人事分类司对联邦政府各个机构及华盛顿特区机构执行职位分类，并确立了3项基本原则：①分类基础是职务、责任和担任这一职位所具备的资历；②实行同职同酬制；③薪水的差别与资历的深浅、责任大小、工作难度成正比。文官按照职务性质可以分为：专业与科技类；次专业类、书记、行政与财务类；工艺、保护和保管类；事务和机械工作类；并且统一适用44等级的薪水分配原则。1931年联邦政府作了较大的调整，改为7类、81等等级。1949年第二个《职位分类法》出台，把原来的7类合并为一般行政和技艺保管两大职业门类。1954年，技艺保管被取消，其中部分职位纳入一般行政职门，另一部分职门为不适用分类法的例外职位。1958年和1965年底又做了进一步的调整，一般行政职门分为18个职等、22个职组、439个职系。1978年文官制度再次进行改革，联邦政府设置9000多个高级文官职务。这9000个高级文官的薪水不再属于文官职务薪水体系，从而变成“级别随人”薪水方式。

4. 考任制度

美国是实行考试录用制最为典型的国家，在选拔文官时有一套严格的程序。不是通过考试任用的人员仅限于政务官、民选官员、行政首长自行委派的人员，如专门技术人员、机密人员、临时职位人员，16～18职等的人员。录用文官的程序包括：①申请人登记。联邦政府相关部门制定招收人员的职务、资格和考试日程。符合资格的公民，都可以报考，主管人事的行政部门要给予登记。报考资格主要包括公民资格、教育程度、资历、年龄范围、健康与精神状况、训练程度、适应能力以及家庭情况等基本内容。②考试。文官考试大多由用人单位举办，注重客观性、可靠性、正确性、广博性、便利性原则。考试分为笔试、口试和操作实验等几个步骤。考试实行百分制。分数在 70 分以上的报考者都可以录入名册，以备推荐。除了考试以外，还要进行体检和社会及家庭背景调查。③候用。政府对考试合格者，按成绩分类编列候用名册，由任用机关采用 7 人规则（原为 3 人规则，即任用机关由候用的 3 人中选用 1 人）选择。如果在规定时间里（半年至 2 年）未录用者，即丧失考试合格的资格。④试用。求职者一经录用，均经试用。试用期 1～3 年，试用单位对其定期考核，期满合格者转正，不合格者令其辞职或免职。⑤任用。1～15 职等人员由行政首长任用。16～18 职等人员系高级文官，采用特别任用方式。

5. 培训制度

联邦政府非常重视文官的培训工作。美国第 31 任总统赫伯特·克拉克·胡佛于 1930 年发布行政命令，规定文官委员会和政府的各个部门都要对录用的文官实现培训；美国第 32 任总统罗斯福于 1938 年颁布行政命令，规定文官委员会掌管文官的培训；1958 年制定的《在职文官培训法》中明确规定，在职文官必须接受相关的培训，政府机构录用部门可以利用部外机构对文官进行培训；1970 年国会以立法的形式，规定联邦政府划拨专款，由政府下辖的各部对文官进行在职培训。其目的就是提高文官的相关技能和办事效率。培训的对象除了外交人员、田纳西河流域管理局人员和经总统任命的部分人员之外，供职于联邦政府的公务人员必须参加。培训的时间，根据不同的情况，酌情对待。培训类别主要为：机构自行训练、部会际训练和文官进修等。1978 年后开始有计划地在 14、15 职等中选拔杰出人才进行 1 年半至 2 年的培训。

6. 晋升制度

美国联邦政府对文官主要采用考试晋升制。除了豁免者以外，所有文官须通过考试才能晋升。晋升分为内部晋升和外部晋升两种，内部晋升是指行政机关内部某一职位出现空缺时，对本机关内有资格的文官以考试的方式择优晋升。外部晋升是指当行政机关某一职位出现空缺时，从机关外有资格的文官中以考试的方式择优晋升。如果文官本人对主管行政首长所作的晋升决定有意见，或者认为不公平，可以向功绩制保护委员会提起申诉。

7. 考绩制度

从 1887 年，联邦政府便开始实施考绩制度；文官委员会于 1902 年敦促各机构重视考绩；西奥多·罗斯福总统于 1905 年下令联邦政府的各行政机关每半年举行一次考绩；第一次考绩于 1920 年正式开始；《考绩法》于 1950 年正式颁布。考绩采用周年考绩法，个别考绩不实行年终集体考绩。考绩结果分三等：优等、满意、不满意。优等，为超出工作规定标准者，晋薪一级，并享有优先升职机会；满意，为合乎规定的工作要求者，晋薪一级；不满意，为未达到工作要求者，按程度分别予以减薪、降级、免职等处分。行政惩戒由行政首长、惩戒委员会或文官管理机构执行，惩戒分申诉、警告、记过、减薪、停升、停薪、降级、免职。

8. 退休与抚恤制度

1920 年《年金法与退休法》被联邦政府正式通过，后来经过多次修订，日臻完善。《年金法与退休法》明确规定，凡是在退休制实施的范围内，政府的文官达到一定年龄和工龄后，均可以申请退休，并从退休基金中领取退休年金。《年金法与退休法》中把退休分成：自愿退休、残废退休、分强制性退休以及延迟退休等种类。退休基金的基本来源是：文官按月扣除基本工资的 7%；文官服务机关提供与文官扣除部分相等的资金；职工自愿贡献的资金；以及上述资金的利息。联邦政府还规定对死亡文官的抚恤金制度，具体规定寡妇恤金、孤儿恤金及死亡一次金的数额与领取办法。

9. 文官管理机构

美国实行文官独立制，人事机构为部外制，即在行政组织系统之外，设有独立的人事机构，不受政党干预及行政首长的控制。1883 年国会颁布《彭德尔顿法》，成立文官委员会作为联邦政府的最高人事行政机构，还在 10 个地区设立办事处，负责办理联邦政府派驻各地区的人事业务。它与地方政府的人事行政业务无关。文官委员会的任务是做总统的助手，各部门的顾问，以及保护政府雇员不受不公正待遇和维护竞争择优体制不受破坏。由于长期以来功绩制受到政党的干扰，委员会的决策权与执行权的纠缠，文官委员会并未发挥其应有作用。1978 年文官委员会撤销，成立了功绩制保护委员会，负责受理文官申诉和调查裁决；并设置直属总统的人事管理局，负责全面管理人事工作。

美国政党有哪些沿革与特点

美国是世界上最早出现政党和实行两党制的典型国家之一。共和党与民主党在国家政治中占据重要位置。美国的行政管理制度、议会制度、司法制度以及选举制度，都与两党制有着紧密的联系。

1. 沿革

18 世纪北美资产阶级革命胜利以后，在 1787 年的宪法运动中，形成了联邦主义者（或称联邦党人）和反联邦主义者（或称反联邦党人）两大政治派别。联邦政府于 1789 年成立后，两大政治派别在宪法解释、联邦与各州权限，以及公债、设立国家银行等方面存在严重的分歧，以汉密尔顿（1705～1804 年）为首的联邦党人，代表着东北部大资产阶级、大商人等利益，他们主张建立中央集权政府，对宪法进行从宽解释；以杰斐逊（1743～1826 年）为首代表资产阶级民主派、州权派等利益的反联邦党人，他们要求扩大州权，保障自由，主张对宪法进行从严解释。两大政治派别在国会内外进行活动，逐步由国会内的政治派别发展为全国性政党。1791 年反联邦党人开始组织共和党，由国务卿杰斐逊任领袖，故又称杰斐逊共和党。

1795年联邦党人正式成立联邦党，并于1797～1801年执政。1801年以后，联邦党内部组织松散，并且在1812～1814年的美英战争中图谋分裂联邦，从而激起全国人民的极大愤慨，便一蹶不振，至1817年已名存实亡。1792年欧洲战争爆发后，共和党的势力迅速扩大，1800年的总统竞选中获得胜利，杰斐逊当选总统。19世纪20年代，共和党内部分裂为两派：一派以J. Q. 亚当斯为首，自称国民共和党；另一派以A. 杰克逊为首，称为民主共和党。在1828年和1832年的两次总统竞选中国民共和党彻底完败，后来这一派江河日下，一蹶不振。1828年民主共和党在选举中简称民主党，结果获得胜利，杰克逊当选为美国第7任总统。在1840年举行的第3次全国代表大会上，民主共和党正式定名为民主党。辉格党于1834年成立，这一党派明确反对杰克逊政权的松散，1840年在国会取得胜利后，一跃成为全国性的主要政党。19世纪40年代末，经过短暂辉煌的辉格党联盟开始瓦解。共和党于1854年7月在密执安州杰克逊城正式成立，北方的大多数辉格党人加入了共和党，在以后的4年中，北方各州的辉格党被共和党取代，成了与民主党竞争国家领导权的主要对手。

从此以后，美国的政坛开始了两党制的时代。19世纪50年代末，民主党内部发生了严重的分裂现象，部分生活在北方的民主党人加入了共和党；南方的民主党人为了维护种植园奴隶主的利益，主张扩大和巩固奴隶制。两党因利益不同，从而导致南北战争的爆发。此次战争中，以北方代表资产阶级利益的共和党获得胜利，美国从自由资本主义向垄断资本主义过渡，共和党与民主党两党之间的区别愈来愈小，根本利益日趋一致，都代表了垄断资本的利益。

在美国，除了民主党和共和党这两大政党以外，其他的政党为第三党。美国最早出现的第三党是工人政党。19世纪30年代，美国的工人阶级在争取政治权利和改善经济的斗争过程中，宾夕法尼亚、特拉华、俄亥俄、缅因等州的20多个城市相继成立了劳工组织，但这些劳工组织各自为政，都没能发展为全国性的组织。南北战争结束以后，美国的工业快速发展，工人阶级不断扩大，全国性的工人组织开始出现，这时比较著名的有劳动骑士团、全国劳工同盟等，这些组织虽然具备一定的时代特色，但缺乏领导核心和政治纲领，到19世纪末便逐步衰落与瓦解。

1872年国际工人协会北美联合会正式成立，下辖纽约、芝加哥、旧金山等30个支部，会员达5000名。1874年美国社会主义劳工党，由F. A. 左尔格、J. 魏德迈等人在费拉特尔弗亚城正式成立，到1879年在美国25个州发展了1万多党员。1890年D. 德莱昂成为美国社会主义劳工党的领袖，由于奉行工团主义和宗派主义，该党走向衰落，沦为一般性的工人团体。19世纪末20世纪初，社会主义运动和美国工人运动进入了一个全新的阶段，美国共产党和美国社会党由此产生。

第三党还包括历史上为选举总统而短期存在的政党。如1892年的平民党、1912年的民族进步党和1924年的进步党。在现代美国，第三党还有绿党、公民党、民主社会主义者组织等。其中，1862年成立的民主社会主义者组织在美国政治生活中有一定的影响，它是社会党国际正式成员。其他小党影响甚微。

2. 特点

美国政坛自从19世纪50年代确立两党制后，一直由共和党和民主党通过竞选总统的方式轮流执政。两大政党在竞争中具有一些共同的特点：①两大党都没有固定的纲领，也没有最终目标或长远的宗旨。②两大党都没有约束其成员的党籍。两党的普通党员不具备固定性，不需要交纳党费。按照惯例，只要在选民登记时，声明自己是共和党人或民主党人即可，无须提供相关的证明材料，选民登记处就可以视其为某个党（民主党或共和党）的党员。③两党都设立全国委员会、州委员会、县委员会和基层选区委员会4级组织机构。组织机构之间没有垂直的领导关系。两党在国会参、众两院设有党的领袖和助手（督导），同时还设有党团会议和政策委员会、竞选委员会和委员会事务委员会等相关的组织机构，这些与国会参、众两院外的政党组织机构没有领导关系。④美国通过民选的政府官员包括总统、州长、县长、市长以及国会议员，大部分来自两党（民主党和共和党）的候选人。他们以政党成员的身份参与竞选，一旦当选后又以政党成员的身

份出任联邦政府的公职。⑤在竞选联邦总统的过程中，由两党分别提名总统候选人；获胜的一方称为执政党，落败的一方称为在野党；获胜方的总统候选人为联邦总统，在野党的领袖是落选的总统候选人。⑥在国会中，席位占多数者为多数党，反之为少数党。由于总统是由美国选民选举产生，因此执政党不一定就是国会中的多数党。

美国民主党共产生了多少位总统

民主党是美国两大政党之一，以驴为党徽。1791 年成立时称共和党，1794 年改称民主共和党。又称反联邦党。后该党分裂，1828 年杰克逊派建立民主党。1840 年全国第 3 次代表大会正式定名为民主党。主要代表西南部新兴的植棉奴隶主和旧南部奴隶主、小农、边疆居民和工匠等阶级的利益。

安德鲁·杰克逊（1767～1845 年），美国第 7 任总统（1829～1836 年在任）。他为维护联邦统一，进行政治改革，美国学者称之为“杰克逊民主”，他的头像印在 20 元纸币上。

马丁·范布伦（1782～1862 年），美国第 8 任总统（1837～1840 年在任）。安德鲁·杰克逊总统第一任时，范布伦进入内阁任国务卿。1832 年范布伦被提名为杰克逊的副总统，并于 1835 年被提名为总统候选人。1836 年，范布伦击败辉格党（现共和党前身）的四名对手，当选为总统，他是《美国独立宣言》正式签署后出生的第一位总统。

詹姆斯·波尔克（1795～1849 年），美国第 11 任总统（1845～1848 年在任）。在 4 年任期内，完成了对选民的四大承诺：降低关税；恢复独立国库制；解决俄勒冈边界问题；取得加利福尼亚地区。把美国领土向北扩张到北纬 49°线，向西扩张到太平洋，向南几乎兼并了墨西哥一半领土。他每天工作 18 小时以上，被历史学家评为美国最勤奋最有效率的总统。

富兰克林·皮尔斯（1804～1869 年），美国第 14 任总统（1853～1856 年在任）。由于他对南方的同情不能见容于北部各州，导致国家的分裂，故任满后便隐退。他是第一位出生于19世纪的美国总统，直到今天为止，他仍是唯一一位来自新罕布什尔州的总统。

詹姆斯·布坎南（1791～1868年），美国第15任总统（1857～1860年在任）。布坎南出任总统时，正值美国处于历史上的一个重大关头。当时，南北双方在奴隶制问题上的斗争愈演愈烈。他尽管为避免南北分裂作过不少努力，但还是无力扭转局势，后来内战终于爆发。而他的继任者正是带领北方赢得战争，废除奴隶制的林肯总统。

安德鲁·约翰逊（1808～1875年），美国第17任总统（1865～1868年在任）。由于在南方重建上采取妥协立场，与国会的共和党议员意见不合，使他成为美国历史上首位被提出弹劾议案的总统（1868年）。最终在参议院以一票之差避过罢免的命运。尽管如此，他任期内依然有一定政绩，其中包括《美国宪法》第14条修正案的通过和购买阿拉斯加。

格罗弗·克利夫兰（1837～1908年），美国第22（1885～1888年在任）和24（1893～1896年在任）任美国总统，是唯一分开任两届的总统。在他任期内，自由女神像在纽约市竖立，任期内面临着机构改革、关税纷争、工人罢工等难题。他推行了文官制度改革，免去了近10万名共和党人的官职并换上了民主党人；他勒令铁路公司退出了近8千英亩非法占用的土地；他力图维持和制定有利于民主党利益的低关税政策。同时，他也是第一位接受当时的中国政府首脑（李鸿章）访美并与之会晤的美国总统。

托马斯·伍德罗·威尔逊（1856～1924年），美国第28任总统（1913～1920年在任）。他是唯一一名拥有哲学博士头衔的美国总统（法学博士衔除外），也是唯一一名任总统以前曾在新泽西州担任公职的美国总统。1962年历史学家对31位总统的投票排名，威尔逊高居前4位，仅次于乔治·华盛顿、亚伯拉罕·林肯和富兰克林·罗斯福。

富兰克林·德拉诺·罗斯福（1882～1945年），美国第32任总统（1933～1945年在任）。美国历史上唯一连任超过两届（连任4届，病逝于第4届任期中）的总统，美国迄今为止在任时间最长的总统。在20世纪30年代经济大萧条期间，罗斯福推行新政以提供失业救济与复苏经济，并成

立众多机构来改革经济和银行体系，从经济危机的深渊中挽救了美国，他所发起的一些计划至今仍继续在国家的商贸中扮演重要角色。罗斯福是第二次世界大战期间同盟国阵营的重要领导人之一。

哈里·S·杜鲁门（1884～1972年），美国第33任总统（1945～1952年在任）。二战期间他批准对日本使用原子弹，签署联合国协议和北约协议，形成了美国其后数十年反对共产主义的国家政策——杜鲁门主义。他任期内，尽管出现很多产业纠纷、丑闻以及前苏联间谍案，导致杜鲁门声誉受损，最后只得放弃竞选连任，但今日的历史学者仍视他为最出色的美国总统之一。

约翰·费茨杰拉德·肯尼迪（1917～1963年），美国第35任总统（1961～1963年在任）。美国著名的肯尼迪家族成员，他的执政时间从1961年1月20日开始到1963年11月22日在达拉斯遇刺身亡为止。肯尼迪43岁当选美国总统，为美国截至2015年最年轻的当选总统。也是美国历史上截至2015年唯一信奉罗马天主教的总统和唯一获得普利策奖的总统。

林登·贝恩斯·约翰逊（1908～1973年）是美国第36任总统（1963～1968年在任）。在内政上他提出了与“新政”、“公平施政”、“新边疆”一脉相承的改革计划，即“伟大社会”施政纲领；在外交上，他奉行他的前任所制定的政策，使得越战不断升级，由于美军在越战中伤亡惨重，其政策遭到了国内外的普遍反对，使他赔上了政治前途。

詹姆斯·厄尔·卡特（1924～），美国第39任总统（1977～1980年在任）。担任美国总统期间，中美两国正式建立了外交关系，卡特在埃及与以色列的和谈并签署戴维营协议中起到了重要作用，1990年7月4日获费城自由勋章，2002年获诺贝尔和平奖。

威廉·杰斐逊·克林顿（1946～），美国第42任总统（1993～2000年在任）。尽管克林顿在任期间发生了涉及他的一系列丑闻，包括白水门案件和拉链门案件，但克林顿任内却有一定政绩，尤其是他在任期间创造了美国长达8年的经济繁荣，并使美国高科技行业的发展飞速，奠定今日美国高科技大国的地位。所以克林顿是历史上得到最多公众肯定的总统之一。

贝拉克·侯赛因·奥巴马（1961～），美国第44任总统（2009～至今在任）。为美国历史上第一位非洲裔总统，挪威诺贝尔委员会将2009年诺贝尔和平奖授予奥巴马，以表彰他在促进国际外交和各国人民合作所作出的非凡努力。

美国共和党共产生了多少位总统

共和党是美国两大政党之一，以象为党徽。19世纪50年代，北部工业家与南部种植园主的政治斗争白热化。1854年民主党政府通过《堪萨斯—内布拉斯加法案》，取消对奴隶制扩展的地域限制，导致1854～1856年堪萨斯内战，促成共和党于1854年7月成立。它由北方民主党中的激进派、自由土地党人和前辉格党的大部分党员组成。主要代表工业资产阶级、中产阶级、工人和西部小农的利益。

亚伯拉罕·林肯（1809～1865年），美国第16任总统（1861～1865年在任）。其任总统期间，美国爆发内战，史称南北战争，林肯坚决反对国家分裂。他废除了叛乱各州的奴隶制度，颁布了《宅地法》《解放黑人奴隶宣言》。林肯击败了南方分裂势力，维护了美利坚联邦及其领土上不分人种、人人生而平等的权利。内战结束后不久，林肯遇刺身亡。他是美国最有作为的三位总统之一（其他二位为乔治·华盛顿、富兰克林·罗斯福）。2006年，亚伯拉罕·林肯被美国的权威期刊《大西洋月刊》评为影响美国的100位人物第1名。

尤里西斯·辛普森·格兰特（1822～1885年），美国第18任总统（1869～1876年在任）。他是美国历史上第一位从西点军校毕业的总统。在美国南北战争后期任联邦军总司令，屡建奇功。但能征惯战并不等于善于理政，格兰特的平平政绩与他的赫赫战功成为明显对照。特别是在第二连任总统任期内，他对南方奴隶主妥协让步以及对贪污腐化的属员采取姑息纵容态度，引起了选民的普遍不满。

拉瑟福德·伯查德·海斯（1822～1893年），美国第19任总统

（1877～1880年在任）。南北战争时期，因军功屡次晋升，战后开始政治生涯。两度当选国会议员，三度出任俄亥俄州州长，以“为人正直和办事有效率”著称。1876年大选中，因发生了美国历史上最大一次选票计算纠纷，海斯直到总统就职日前两天才被宣布为合法总统。任内努力改善内战后国内状况，取得了一些成就。他是第一个接见中国常驻使节的总统。

詹姆斯·艾伯拉姆·加菲尔德（1831～1881年），美国第20任总统（1881年9月遇刺身亡，在任不到4个月）。他是美国首位具有神职人员身份的总统，是美国第二位被暗杀的总统。他在数学方面的贡献主要是在勾股定理的证明方法上的新成就，他也是美国历史上唯一一位数学家出身的总统。

切斯特·艾伦·阿瑟（1830～1886年），美国第21任总统（1881～1884年在任）。阿瑟是美国历届总统中资历最浅的一个，因总统加菲尔德遇刺身亡，阿瑟便很快地登上了总统宝座。他执政期间，推行了一些“开明”政策，如废除了“分赃制度”，实施量才录用的文官制度，签署反对一夫多妻法案等。

本杰明·哈里森（1833～1901年），美国第23任总统（1889～1892年在任）。上台时，美国工业化臻于完成，经济结构发生了历史性变革。哈里森顺应潮流，制定了旨在稳定局势、防止社会动荡的《谢尔曼反托拉斯法》。对外，哈里森积极扩大美国的影响，组织召开了第一届泛美会议，成立泛美联盟。哈里森政府还与许多国家签订了贸易互惠协定。

威廉·麦金莱（1843～1901年），美国第25任总统（1897～1901年在任）。执政后他采取提高关税和稳定货币的政策，加上其他措施，美国的经济有了很大起色，麦金莱因而获得“繁荣总统”的美名。对外，他发动美西战争。麦金莱是美国立国后被刺身亡的第三位总统。

西奥多·罗斯福（1858～1919年），美国第26任总统（1901～1908年在任）。在他的总统任期内，对国内的主要贡献是建立资源保护政策，保护了森林、矿产、石油等资源；签署公平交易法案，推动劳资和解。对外奉行门罗主义，实行扩张政策，建设强大军队，干涉美洲事务。西奥多·罗斯福发动“进步主义运动”，主张用联邦政府的权力对现行秩序加以改革，使美国社会重新走向和谐。他们把反垄断作为改革的主要内容。

威廉·霍华德·塔夫脱（1857～1930年），美国第27任总统（1909～1912年在任），他在总统任期内虽然政绩平平，但一直勤勤恳恳，做了不少工作，如逐步采取年度预算，建立邮政储蓄体系，鼓励保护自然资源，大力推行反托拉斯法等等。塔夫脱还曾任过律师、地方检察官、州高级法院法官、司法部副部长、法庭庭长、法学教授、美国第一任菲律宾总督等。

沃伦·甘梅利尔·哈定（1865～1923年），美国第29任总统（1921～1923年在任）。1921年4月12日，哈定总统在国会的一次联合会议上说，美国"将不参加"国际联盟，赢得了主要来自他的共和党伙伴的热烈掌声。在拒绝国际联盟的同时，这位总统保证，他的政府将与那些想组成一个他称为非政治的国家联合体，以及与想使惨遭战争蹂躏的欧洲国家复兴的外国政府合作。美国报刊曾就如何评价历届总统在美国学者中进行过调查，结果是哈定三次被列为美国最糟糕的十个总统的第一名。

约翰·卡尔文·柯立芝（1872～1933年），美国第30任总统（1923～1928年在任）。1920年大选时作为沃伦·哈定的竞选伙伴成功当选第29任美国副总统。1923年，哈定在任内病逝，柯立芝随即递补为总统。1924年大选连任成功。政治上主张小政府，以古典自由派保守主义闻名。

赫伯特·克拉克·胡佛（1874～1964年），美国第31任总统（1929～1932年在任）。在执政初期，胡佛得意忘形地谈论美国的经济制度如何如何"完美无缺"，吹嘘"美国比以往任何国家的历史上都更接近于最后战胜贫困"。胡佛自以为是地坚持："美国的基本企业，是立足于健全与繁荣的基础之上的"，"危机只是暂时的，繁荣就在眼前"。他实行了典型的"自由放任"政策，不但没有提出切实可行的对策，反而坚决地阻止国家提供对付危机的福利补贴。时至今日，人们仍不免将胡佛与20世纪30年代的那场大萧条联系在一起，它让几百万美国人丢了饭碗。

德怀特·戴维·艾森豪威尔（1890～1969年），美国第34任总统（1953～1961年在任）。艾森豪威尔是个戎马半生，战功卓著的美国总统。

虽然艾森豪威尔担任总统时支持度不高，但自1980年迄今，艾森豪威尔的历史评价逐渐升高，他经常被评选为美国最优秀的总统前十名。

理查德·米尔豪斯·尼克松（1913～1994年），美国第37任总统（1969～1974年在任）。1972年2月，尼克松首次访问中华人民共和国，他也成为首位访问中国的美国总统。在尼克松的任期内，逐步将美国军队撤出越南。1973年1月27日，美国签署《关于在越南战争结束、恢复和平的协定》。3月29日，美军完全从越南撤出。后因"水门事件"辞职，也是美国历史上唯一一位在任职期内辞职的总统。

杰拉尔德·鲁道夫·福特（1913～2006年），美国第38任总统（1974～1976年在任）。福特执政期间，美国从越南撤军、美国国内通货膨胀，经济萧条。由于在美国国会内民主党占多数，政府无法通过重要的法律。福特被迫用尽他的否决权。许多人对福特特赦尼克松也非常不满。在1976年大选中，民主党总统候选人吉米·卡特以微弱优势击败了福特。

罗纳德·威尔逊·里根（1911～2004年），美国第40任总统（1981～1989年）。任职期间，里根推行的经济政策被称为里根经济学。1984年4月26日至5月1日，里根应邀对中国进行国事访问，他是中美两国建交后首位在任时访华的美国总统。他的演说风格简明而极具说服力，被媒体誉为"伟大的沟通者"。历任总统之中，他就职年龄最大。他是历任总统中唯一一位演员出身的总统。1993年里根获总统自由勋章。

乔治·赫伯特·沃克·布什（1924～），美国第41任总统（1989～1992年在任）。由于美国历史上存在过两位布什总统，因此又常被称为老布什，以便与其同样担任过美国总统的长子乔治·沃克·布什作区别。老布什最为人知的政绩是1991年海湾战争。他在任内成功打败伊拉克，并向后者实施经济制裁。

乔治·沃克·布什（1946～），别名"小布什"，美国第43任总统（2001～2009年在任）。任内遭遇了2001年的"9·11"事件，随后于2001～2003年间先后发动阿富汗战争、伊拉克战争等一系列反恐战争并取得较大成效，推行了1.3万亿元的减税计划以及对于医疗保险和社会福利体制的改革和社会保守主义的政策。布什政府在反恐战争的正当性、关塔那摩湾事件、虐囚门事件以及飓风卡特里娜救灾工作的处置上遭遇到众多批评，执政民调认可度在“9·11”事件之后也有逐渐下滑的趋势。美国在线于2005年举办的票选活动《最伟大的美国人》中，布什评被选为美国最伟大的人物第6位。

历史篇：从殖民地到全球霸主的蜕变

北美原为印第安人的聚居地，15 世纪末，西班牙、荷兰等国开始向这里移民，英国则后来居上。1775 年，爆发了北美人民反抗英国殖民者的独立战争。独立战争结束后的 1789 年，乔治·华盛顿当选为美国第一任总统。南北战争之后，美国的资本主义经济得以迅速发展。19 世纪初，美国逐步对外扩张，1865 年开始重建时期，逐步废除奴隶制。进入 20 世纪后，历经过第二次世界大战。二战后，美国国力大增，是当今世界上唯一的超级大国。

美洲有哪些土著居民们

大约在25400年前美洲印第安人的先祖从西伯利亚经过白令海峡到达阿拉斯加，然后再逐步向南迁徙，并且一直到达美洲的最南端。

公元1500年，北美洲的印第安人大约150万人左右。这些土著人种无论从遗传、语言、社会等各个方面来看，存在着较大的差异。根据人类学家的估计，15世纪时生活在格兰德河以北广大区域里，至少分布着400种互不关联、各具特色的文化形态，有着多种多样的人体类型和语系。其中主要有：爱斯基摩人、阿留申人、阿塔帕斯卡人、阿尔衮琴人以及在今天的美国境内的易洛魁人、苏人（一名达科他人）、肖肖尼人、穆斯科格人（一名克里克部落）、波尼人以及摩其村落人（一名普埃布洛人）等。

这些分布在不同地域的印第安人组成数量众多的部落集团，分别从事采集、渔猎、游牧和农业。其中，爱斯基摩人和阿留申人，以猎食海象、海豹为生；居于北美西部沿海的印第安人，主要以渔业为生；加利福尼亚的印第安人则依靠采集果实维持生活；达科他人捕猎野牛度日；北美西南部和东南部的部落从事农业生产。

在未殖民统治以前，印第安人处于氏族公社制。北美西部的印第安人已经发展到了以父系为主导的氏族社会，东部还停留在母系制的氏族社会。氏族是构成社会的基本单位，一个胞族由几个氏族组成，一个部落由几个胞族组成。每个部落都有自己的领土与方言。氏族设有议事会，成年男女享有平等选举的权利。

15世纪末，欧洲殖民者刚刚踏上北美时，印第安人慷慨援助，但他们站稳脚跟以后，就开始大肆夺取印第安人的土地，对印第安人采取种族灭绝政策。美国独立后，统治集团采取武力和欺诈相结合的手段把他们从世代居住的土地上赶走。仅在19世纪，美国对印第安人发动了200多次扫荡性战争，把他们驱赶到西部贫瘠的沙漠地带和一些州的零散的“保留地”内。美国印第安人的人口锐减，到1865年，除阿拉斯加外，只剩下38万人。在被驱逐与被征服的过程中，印第安人与殖民者进行英勇斗争。在力量对比悬殊的情况下，斗争持续了几个世纪。在斗争中涌现出一批英雄人物，如美塔科姆、杜堪士、黑鹰、红云等。

根据1990年美国的人口统计，印第安人有188万人，仅占美国人口的0.8%。他们居住在26个州的200多处保留地中。在最近的几十年中，随着科技的发展和印第安人对外界的认识，许多人离开了保留地，到大城市谋生。在今天高度发达的美国，印第安人仍然是经济上最为贫困，就业人数最少，健康、教育和收入水平最低，居住状况最恶劣的少数民族。尽管如此，北美印第安人仍表现出强大的生命力，他们组织自己的政治文化团体，争取生存空间，反对种族歧视，捍卫印第安人的文化传统。

英属北美殖民地共有哪些

1607～1733年英国在北美建立的13个殖民地。它们分别是：弗吉尼亚、马萨诸塞、康涅狄格、罗得岛、纽约、新泽西、特拉华、新罕布什尔、宾夕法尼亚、马里兰、北卡罗来纳、南卡罗来纳、佐治亚。这些殖民地最初建立时，基本分为4种类型：英王直辖殖民地、公司特许殖民地、自治殖民地与业主殖民地。1752年以后，为了加强对这些殖民地的控制，除了宾夕法尼亚、马里兰、特拉华3个业主殖民地和罗得岛、康涅狄格2个自治殖民地外，剩余的8个殖民地都转变成英王直辖殖民地。在这8个殖民地中，最高行政首脑称总督，掌握着政治、军事、财政大权，代表英王进行统治，总督下面设有参事会协助总督处理日常事务。1619年，弗吉尼亚率先成立维护种植园主利益与资产阶级的议会，接着其他殖民地也纷纷响应，相继成立了议会。殖民地议会具有颁布法律、征税、分配殖民地经费等项权利，但前提是不能与宗主国法律相抵触。日后它们逐渐发展成为殖民地人民争取权利，维护自身权益的机构。

殖民地中除黑人、印第安人外，还有苏格兰人、爱尔兰人、荷兰人、德意志人、瑞士人、瑞典人、法国人和英国人等。其中，英国的移民最多。1750年时，殖民地内的人口约为238.4万人，其中黑人有38.4万人。生活在殖民地中的人，压迫与剥削的状况十分严重。可以这样形象地说，殖民地的社会结构就像一个金字塔，位于塔顶的是大商人和大种植园主，中间为小土地所有者、小工厂主、技师、自耕农等，再下面是手工业者、佃农、渔民、雇农、工匠、学徒等，最底层的是契约奴、黑人。在殖民地中，印第安人的状况最惨，他们是被剿灭与屠杀的对象。为了反抗英国殖民统治与压迫，J. 莱斯勒在1681～1691年的起义与培根1767年的起义，是早期两次最大的革命运动，不过终以失败而告终。

农业是殖民地经济的主导，但工商业也有一定的发展，总体而言处于商业资本主义阶段。由于地理条件、自然因素及居民成分的不同，南部和北部的经济也有较大的差异，南部属于种植园经济，北部除了农业生产外，捕鱼、造船、航运以及贩奴等也很发达。中部盛行大庄园土地制，粮食生产丰富，有“面包殖民地”之称。工业基本处于手工工场的阶段，18世纪50～60年代，十分盛行分散式手工工场制度。纽约、波士顿、费拉德尔菲亚（费城）等城市渐渐发展成为殖民地的工业中心。

英国为了加强自己对殖民地的统治，大力打压殖民地经济的发展，并制定了一系列的苛刻的法案与条令，如制铁条例、制帽条例、航海条例、糖蜜条例等。自从7年战争后，英国变本加厉的殖民政策致使殖民地人民反抗的斗争也日益激烈，1765年的反印花税条例斗争、1770年波士顿人民反抗英国殖民当局制造波士顿惨案的斗争、1773年波士顿的倾茶事件等，这些反殖民地的斗争，为独立战争的爆发，创造了条件。

什么是“五月花”号事件

“五月花”号是一艘船只，用于英国对北美输送移民。“五月花”号长19.5米，载重约180吨。因在该船上制定《“五月花”号公约》而闻名。

英国清教中分离派是最激进的一派，由于受英国国教的迫害，这些分离派教徒于1608年8月乘船离开英国前往荷兰。其中一部分分离派教徒决定迁居北美，并与弗吉尼亚公司签订移民合同。1620年9月23日，在牧师布莱斯特率领下乘“五月花”号驶向北美。当时船上有102名乘客，其中35名是分离派教徒，剩下的是工匠、渔民、贫苦农民及14名契约奴。11月21日，“五月花”号到达科德角（今马萨诸塞州普罗文斯敦），他们一路颠簸于感恩节后第一天在普利茅斯上岸。登陆前，也就是11月21日，分离派的领袖在船舱内制定了一个共同遵守的《“五月花”号公约》，有41名成年男子在上面签字。其基本内容为：组织公民团体；拟定公正的法律、法令、规章和条例。公约由此奠定了新英格兰诸州自制政府的基础。

什么是大陆会议

在北美殖民地与英国的矛盾不断尖锐化的过程中，《强制法令》于1774年春被英国议会通过，这激起殖民地人民的极大愤慨。7月间，13个殖民地在马萨诸塞通讯委员会的倡议下，决定召开代表会议。9月5日至10月22日会议在费城举行，史称“第一届大陆会议”。这次会议上，除了佐治亚外，12个殖民地的56名代表出席了会议。作为弗吉尼亚议会的代表G. 华盛顿参加了会议。大会一致同意向英王递送请愿书，要求英国取消高压政策。此外，会议还支持马萨诸塞商人们发动的抵制英货和断绝与英国贸易的决议案，并制定了《权利宣言》。这次会议，团结了北美殖民地的解放力量，在促进殖民地独立政权的建立方面走出了重要一步。

第一届大陆会议后，英国非但没有妥协，反而对殖民地采取变本加厉的镇压措施，这直接导致了1775年4月19日康科德和列克星敦的武装冲突。在殖民地人民反英的情绪推动下，1775年5月10日，第二届大陆会议又在费城召开。这次与会代表有66人，新代表中有j. 杰斐逊和B. 富兰克林。波士顿的富商J. 汉考克被选为会议主席。这次会议的主题较前一次更加鲜明，大陆会议从性质上来说，已发展为国家政权组织，开始起着常设

的中央政府的作用。1775 年 6 月 15 日会议通过组织大陆军的决议，G. 华盛顿被任命为总司令。10 月，大陆会议开始组织一支海军。11 月建立海军陆战队。12 月，在大陆海军“阿尔弗雷德”号舰艇上第一次升起一面用 13 条横道——标志 13 个殖民地联合的旗帜，该旗帜是美国国旗的雏形。1776 年 7 月 4 日，大陆会议颁布由杰斐逊起草的《独立宣言》，宣称“一切人生而平等”，宣布脱离英国，成立美利坚合众国。

1777 年 11 月 15 日，第二届大陆会议通过《邦联条例》，1781 年 3 月 1 日获各州批准。依据《邦联条例》成立的邦联国会代替了大陆会议，而大陆会议则成为立法机构，直到 1789 年 3 月才终止。

独立战争经历了哪些过程

七年战争以后，英国并没有停止对北美殖民地的掠夺和统治，反而严格限制殖民地工商业的发展，使北美殖民地与英国政府之间的矛盾尖锐起来。1774 年 9 月 5 日，第一次大陆会议在费城召开。就在第一次大陆会议后，新英格兰人民自发组织起了民兵，J. 汉考克被任命为波士顿安全委员会主席。1775 年 4 月 18 日马萨诸塞州的总督 T. 盖奇得知距波士顿 21 英里（约 34 千米）的康科德有民兵的武器库，就趁着夜色派遣了一支英军去偷袭康科德。

波士顿安全委员会得知 T. 盖奇偷袭武器库的消息后，当晚把信息传递到列克星敦和康科德报信。第二天早晨 5 时左右。英军到达列克星敦后遭到当地民兵的阻拦，英军突然开火，民兵死伤十多人。英军抵达康科德后，同样遭到当地民兵的伏击。列克星敦战斗和康科德战斗揭开了独立战争的序幕。

列克星敦和康科德战斗后，如果英军从加拿大直下拿下纽约，继而控制哈得孙河流域，那么对大陆军就会造成极大的威胁，于是大陆军远征加拿大。1775 年 11 月 12 日大陆军占领蒙特利尔。1776 年初大陆军进攻魁北克失利，退出加拿大。英军为了对付远征加拿大的大陆军，只好将一半的军力部署在加拿大，这样英军其他地方的战斗力被削弱。在波士顿，英军被围困达 11 个月之久，1776 年 3 月被迫撤出。6 月，大陆军在南方击退英军对南卡罗来纳的查尔斯顿的进攻，英军在南方建立基地的美梦被彻底粉碎。1776 年 7 月 4 日大陆会议通过了《独立宣言》，3 个殖民地正式宣布独立。

1776 年 8 月，英国政府任命 w. 豪接替 T. 盖奇任英军统帅，率领 3.2 万兵力向纽约发动进攻。英军在长岛登陆时，双方发生了激烈的战斗，在这场战斗中英军伤亡不到 400 人，大陆军死伤则高达 1500 人。大陆军面对如此形势，果断撤退，从而避免了全军覆没的危险。9 月 15 日英军占领纽约城，1777 年 9 月 26 日占领了费城。以华盛顿为总司令的大陆军，在英军猛烈的攻势下，只好退守费城附近的瓦利福奇（福奇谷），进行过冬休整。

在战争的第二阶段，大陆军采取灵活的敌军支队的战术，从而改变了被动境地。1776 年的圣诞之夜大陆军成功偷袭了驻守在特伦顿的黑森雇佣军，普林斯顿的英军 3 个团于 1777 年 1 月 3 日被大陆军击溃。面对大陆军的战术，英军及时做出调整，他们在控制了重要城市和海岸线后，采取速战速决的方式，避免与大陆军纠缠。与此同时，留驻加拿大的英军也大举南下，试图以夹击的形式，全歼华盛顿的军队。英军的 B. 圣莱杰部在莫霍克谷遭民兵袭击，只好退回加拿大。J. 伯戈因部沿尚普伦湖一路北上，顺利到达哈得孙河的上游。可是，他派往佛蒙特的一支 1000 人的分遣队，在柏宁顿被佛蒙特绿山青年义勇军全部歼灭。接着，英军伯戈因部行动迟缓，被大陆军和新英格兰民兵所困。1777 年 9 月 19 日和 10 月 7 日在弗里曼农庄的两次战斗中英军被打得落花流水，只好退到萨拉托加，还没有来得及站稳脚跟就被大陆军和民兵团团包围，伯戈因率 6000 英军于 10 月 17 日，携大量辎重向大陆军和民兵投降。

萨拉托加大捷后，1778 年美法订立同盟。西班牙与法国于 1779 年缔结联盟，以法国同盟者身份在海上参加反英战争。1780 年荷兰也加入反英的行列，从而大大削弱了英国封锁北美海岸的力量。

这一时期，英、美双方的力量基本处于平衡状态。法国舰队的加入，

是英军的一个心腹大患，他们担心法国舰队封锁特拉华河，于是便主动撤出费城，集中大批兵力坚守纽约城。1778 年 H. 克林顿接替豪任英军统帅，开始在南方发动攻势。英军于 1780 年 5 月攻陷查尔斯顿。克林顿这个时候被胜利冲昏头脑，以为南方胜局已定，便率军返回纽约，派 C. 康沃利斯固守查尔斯顿。然而，英军没有想到的是，北美游击队配合大陆军，在金山地区考彭斯和吉尔福特给英军造成了重大伤亡。

在双方的相持阶段，英军的力量在减少，美方的力量在增加，大陆军于 1781 年 4 月开始进行战略反攻。美方方面，N. 格林率领大陆军一路南下，在南卡罗来纳攻击英军，迫使英军退守海岸线。4 月 25 日英将领康沃利斯率部北上至弗吉尼亚，追击由拉法耶特侯爵率领的一支大陆军。拉法耶特成功地摆脱了英军的追击。康沃利斯只好移守约克镇（一译约克敦）。华盛顿这个时候，利用康沃利斯的战术错误，制订了从海上和陆上协同围歼英军的计划。华盛顿说服法国的海军司令 F. J. P. 德格拉斯伯爵，将 28 艘战舰由西印度群岛调来，进入切萨皮克湾。华盛顿部的大陆军和罗尚博部的法军在弗吉尼亚与拉法耶特部大陆军会合，包围约克镇。1781 年 10 月 19 日 8000 名英军投降。约克镇战役之后，英国议会被迫同意议和，战争事实上停止。1783 年 9 月美英签订了《美英巴黎条约》，英国正式承认美国独立。

独立战争的胜利，为美国日后的发展扫清了道路，也推动了 18 世纪后期欧洲各国的资产阶级革命，对于拉丁美洲殖民地人民反对宗主国西班牙和葡萄牙的解放运动也产生了积极的影响。

西进运动的目的是什么

早在英属殖民地时期，北美向西移民的活动就已经开始。当时，南部的奴隶主、北部的土地投机商和一些贫苦的老百姓，都希望能够在西部获得土地。1763 年英国政府颁布了禁止移民越过阿巴拉契亚山脉以西的公告令，目的就是把殖民地人民限制在能够控制的地方。而以后的独立战争，粉碎了英国政府的这一规定。1783年英、美双方议定了和平解决方案，承认美国的独立，英国把阿巴拉契亚山以西至密西西比河这一大片属于印第安人的土地开放给了美国。美国为了得到这些土地，开始用诱骗、强迫订约购买和武力等手段，陆续强占密西西比河以东印第安人的土地。A. 杰克逊总统于1830年5月签署了《印第安人迁移法》，把当地的印第安人强行驱赶到密西西比河以西。在驱赶印第安人的过程中，他们动用军队，押送印第安人到达密西西比河以东地区。当时的“旧西南部”主要包括今肯塔基、田纳西、亚拉巴马、密苏里、密西西比、阿肯色、路易斯安那诸州的广大土地，这些肥沃的土地被种植园奴隶主占有，成为棉花的主产区。而“旧西北部”主要包括今俄亥俄、印第安纳、伊利诺伊、密歇根、威斯康星诸州的殖民开发，这是由于1785年通过的《土地条例》和1787年通过的《西北准州地区条例》而迅速形成的。独立战争开始时，这里仅仅生活着几千名法国人，到了1810年移民人数已有27万多，1860年达到693万人，仅芝加哥城的人口就有100万。这片广大的区域，为盛产谷物和养畜业发达的地区。

尽管如此，美国没有停止扩张的脚步，密西西比河以西成为下一个目标，他们通过强行购买和武力的手段兼并了英国、西班牙、法国的殖民地以及墨西哥的大片国土。这一过程，其实就是在密西西比河以西地区大肆掠夺、屠杀和驱赶印第安人的血腥过程。1803年，美国乘着在欧洲爆发战争的时机，以1500万美元价格从法国手中购买了被称为路易斯安那的广大地区面积约为215万平方千米。1810年和1819年美国又从西班牙手中夺走佛罗里达。1846年，迫使英国签订条约排挤英国人，此时美国的国土由北部北纬49度的国境线一直延伸到太平洋沿岸，排挤走了这个地区的英国人。1846年和1853年，美国先后找种种借口，挑起对墨西哥的战争，夺取了墨西哥总计约246万平方千米的国土。

到了1853年，美国已把国境线延伸到太平洋沿岸，国土面积已经达到约785万平方千米，是当初宣布独立时版图的7倍多。1840年以前密西西比河以西的人口稀少。19世纪40年代移民开始多起来，1848年加利福尼亚发现金矿后，对西部的开发起到了巨大的推动。1850 年以后，这个地区的移民和经济得到快速的发展。此后，美国还在继续向西扩张，1867 年用 720 万美元从俄国手中购买了阿拉斯加，1894 年，推翻了夏威夷国王，美西战争爆发后，彻底兼并了夏威夷群岛。

美国领土不断扩大，吸引来大批的外国移民。1790～1860 年外国移民有 500 多万，1861～1913 年达 2700 万。1790 年阿巴拉契亚山以西的人口只占当时全国总人口的 3%，1860 年时已经占全国人口的 49%。国外移民，对西部的开发和美国经济的迅速发展，起到了巨大的推动作用。移民使得美国可以从事大规模的农业生产，可以以巨大的力量和规模开发工业资源，从而加速了摧毁英国工业的垄断地位。

什么是门罗主义

美国的领土扩张，从杰斐逊执政起就已经开始了。其扩张的过程中，与英国发生了冲突。在 1812 年的美英战争中，美国企图向北扩张的计划受挫后，就把扩张的矛头指向了拉丁美洲。当时，拉丁美洲正处于独立运动的时期，欧洲的“神圣同盟”企图想干涉它们；英国也想利用这一契机，向拉美地区进行扩张。

见此情形，门罗总统于 1823 年 12 月 2 日在致国会咨文中宣称：美国不会干涉欧洲列强们的内部事务以及它们之间的战争；美国承认并不干涉欧洲列强在拉丁美洲的保护国和殖民地；欧洲列强不得再在南、北美洲开拓新的殖民地；欧洲列强压迫或控制南、北美洲国家的所有企图都将被美国视为敌对行为，并提出“美洲是美洲人的美洲”的口号。实际上，这是美国对欧洲列强宣布拉丁美洲属于美国的势力范围。从某种意义上讲，门罗主义有一定的积极意义，起到了阻止欧洲列强瓜分拉丁美洲的作用。

在门罗主义的指导下，美国以地区老大的身份，调解了一系列拉美国家之间的纠纷。1895 年，在英属委内瑞拉与圭亚那边界问题上发生了争端，英国在美国的压力下，同意成立仲裁法庭，以确定两国边界。T. 罗斯福（1901～1909 年在任）于 1904 年提出“罗斯福推论”，对门罗主义作进一步的补充。T. 罗斯福指出，一旦某个拉美国家“闹事”，美国不需要任何借口和理由，就可以干涉其内部事务。在罗斯福、T. w. 威尔逊的任期内，美国就经常干涉拉丁美洲的内部事务，特别是加勒比地区。1933 年以后，F. D. 罗斯福执政时放弃了干涉拉丁美洲的政策，转而推行睦邻友好的政策。第二次世界大战后，美国依然在拉美地区推行门罗主义。1959 年 6 月，在美国操纵下的雇佣军入侵危地马拉；1961 年 4 月，美国组织雇佣军入侵古巴；在加勒比海危机中，逼迫苏联做出让步；1964 年 1 月，美国直接干涉巴拿马；1965 年美国出兵多米尼加镇压人民武装起义；1983 年美国与 6 个加勒比国家组成“多国部队”出兵格林纳达。这些行动，都可以认为是门罗主义的继续。

废奴运动有哪些过程

废除黑人奴隶制的运动，从 19 世纪 30 年代初就开始在美国北部兴起。早在殖民时代和独立战争时期，B. 富兰克林、A. 杰弗逊等人就先后提出了废除奴隶制，但均没有得到有效的实施。美国独立后，北部代表资产阶级利益的各州，先后宣布废除黑人奴隶制。但南部诸州的奴隶主们，为确保自身的利益和棉花种植业的扩大，不希望废除黑人奴隶制。如此南北两种状态，严重影响美国的发展。

18 世纪 20 年代前后，废奴运动的组织在美国开始出现。1826～1827 年，143 个废奴团体在巴尔的摩集会，谴责奴隶制度的种种罪恶。18 世纪 30 年代初，《解放者》周刊（1831～1865 年）上刊发了威廉·加里逊要求废除奴隶制的文章，1832 年威廉·加里逊还和其他废奴主义者创建了新英格兰反奴隶制协会。1833 年 4 月总部设在纽约的全国性的反对奴隶制协会成立。接着，在北部各地纷纷建立了反奴隶制协会，到 19 世纪 40 年代这类组织大大小小大概有 2000 个，人数超过 20 万，从而形成了声势浩大的群众

运动。

废奴主义者虽然遭到反动势力的压制和迫害，仍坚持积极开展各种活动，出版了几千种书籍报刊，并散发了大量传单，有大批演讲员到各地宣传废奴运动的宗旨和控诉奴隶主的罪行，各种文艺作品和专著也以不同方式揭露和抨击奴隶制的罪恶。此外，废奴主义者还组织“地下铁道”，通过隐蔽的方式，经由秘密的路线和食宿站，指引和协助大批黑人奴隶逃离南方。

南北战争爆发之前，至少有 6 万奴隶因此获得自由，哈莉特·塔布曼是“地下铁道”的著名组织者之一，她原本也是女奴出身。为了争取更多奴隶获得自由，她曾多次深入南部各州，协助数百名奴隶逃出南方。这种组织奴隶逃出南方的活动，对南方奴隶制度的根基有一定的动摇意义。在这场声势浩大的废奴运动中，19 世纪 40 年代开始，有不少废奴主义者主张采取政治斗争。道格拉斯和塔潘兄弟等人组织的自由党，就主张武装斗争。但加里逊等人坚持用道德说教的方式，让奴隶主们接受废除奴隶制，反对通过武装斗争的方式。尽管在斗争手段上出现分歧，大家的目标是相同的。H. B. 斯托夫人所著，1852 年出版的《汤姆叔叔的小屋》（一译《黑奴吁天录》）对黑人奴隶的悲惨生活作了极其动人的描述和揭露，在社会上引起广泛的反响，有力地推动废奴运动的发展。到 19 世纪 50 年代获得社会各阶层人士的多方支持，逐渐形成联合战线性质的政治运动。1859 年爆发的约翰·布朗起义将废奴运动推向高潮。南北战争爆发后，废奴主义者全力投入战争。在广大人民群众的推动下，A. 林肯总统颁布的《解放宣言》，宣告废奴运动的最终胜利。

南北战争是怎样的过程

19 世纪中叶，北部自由劳动制度与南部奴隶制度之间的矛盾显得日益尖锐，最后发展到不可调和的地步。南部实行的奴隶制度，严重阻碍了美国社会经济的发展，南、北两大利益集团，在争夺西部土地的过程中表现得尤为激烈，19世纪上半叶，美国向西扩张领土的过程中，一个个新州接连成立。每当一个新州成立之际，是否废除奴隶制就在该州内产生争斗。北方的资产阶级主张在新州内禁止推行奴隶制度，要求新州为自由州；南方奴隶主为了保障自己的利益，希望在西部扩大奴隶制，主张在新州内实行奴隶制，由于奴隶主在国会及政府占有绝对优势，他们推行的奴隶制在新州中连续取得胜利，从而激起北方广大人民的愤慨。各地掀起的废奴浪潮和起义，纷纷把矛头指向南方的奴隶主。至此，一场改变美国命运的战争，渐渐拉开序幕。

1. 第一阶段

共和党人A. 林肯于1860年当选为美国总统，民主党在这次竞选中遭到惨败。这次惨败，成为南方奴隶主发动叛乱和脱离联邦的信号。南部的南卡罗来纳率先发出脱离联邦的声明，接着佐治亚、亚拉巴马、佛罗里达、密西西比、路易斯安那和得克萨斯诸州相继声明脱离联邦。1861年2月，这些脱离联邦的州成立“南部同盟”，J. 戴维斯任政府总统。叛乱政府军于1861年4月12日开始炮轰联邦要塞——萨姆特。14日攻陷该地。4月15日林肯政府发布讨伐令，内战由此爆发。不久，弗吉尼亚、北卡罗来纳、田纳西、阿肯色4州退出联邦政府，加入奴隶主领导的南部联盟。

战争初期，北方的实力远远超过南方，当时北方的人口有2234万，南方只有910万，而且380多万还是黑奴。北方的工业发达、物产丰富、铁路网四通八达，而南方以农业为主，几乎没有工业，铁路也少得可怜。但是，南方有充分的军事准备，装备精良，士兵训练有素。而且，J. 布坎南总统在内战前夕（奴隶主的代理人）曾把大量武器和金钱输送到南方。内战初期，林肯政府战争目的并不是解放南方奴隶，而是恢复南北的统一。林肯领导的北方政府之所以不愿触动南方的奴隶制度，主要是担心一些边境的奴隶州会倒向南方叛乱者一方，从而失掉边境诸州这个重要的战略地区。由于北方政府不肯宣布解放奴隶，就使得“奴隶制由南部的致命弱点变成了它的坚不可破的甲胄。由于有奴隶负担着所有的生产劳动，南部就可以把所有适于作战的人都投到战场了！”因此，在内战第一阶段，北方在军事

上连遭失败。在1861年7月马纳萨斯和1862年夏的半岛战役，北军损失惨重。北军虽然在西线取得一系列辉煌战果，从南军手中夺取了几个重要战略据点，但是这些战果都被东线的惨败所抵消。

在北方军事上屡次失败的情况下，共和党内部的激进派及社会上的废奴主义者提出解放奴隶和武装黑人的主张。林肯也意识到解放奴隶的必要性。

2. 第二阶段

1862年9月23日，林肯发表预备性的解放宣言。宣布：假如在1863年1月1日以前南方叛乱者不放下武器，叛乱诸州的奴隶将从那一天起获得自由。消息传到南方后。成千上万的奴隶逃往北方。英国工人阶级也展开了支持北方的运动，迫使英国政府放弃了原来的干涉计划。林肯政府还实行一系列革命措施和政策：1862～1863年实行武装黑人的政策，成千上万黑人报名参加北方军队，其中主要是逃离南方的奴隶；1862年5月颁布的“宅地法”规定：一切忠于联邦的成年人，只要交付10美元的登记费，就可以在西部领取160英亩土地，在土地上耕种5年后就可以成为这块土地的所有者。林肯政府严厉镇压反对分子，清洗军队中南方代理人。1863年开始实行征兵法，以代替募兵制，从而增强北方的兵力。同时林肯调整了军事领导机构，实行统一指挥，任命有卓越军事才能的U.S. 格兰特为全军统帅。

1863年，北方在军事上出现了转机。同年7月1日葛底斯堡大捷，成为美国南北战争的转折点，主动权转到北方军队手中。1864年，北方采取新的战略方针：在东、西两线同时向南方联盟展开强大的攻势。东线的主要作战目标是消耗敌人的有生力量；西线深入敌方腹地，切断“南部同盟”的东北部与西南部的联系。西线由W.T. 谢尔曼将军率领的北军于1864年9月攻下亚特兰大，两个月后开始了著名的“向海洋进军”。在进军过程中，彻底摧毁了南方联盟的各种军事设施，沉重而有效地打击了他们的经济力量，使南方的经济陷于瘫痪状态。东线战场上，格兰特将军率领的北军把敌军驱逼到叛乱“首都”里士满附近。面对北方政府的强大攻势，加之奴隶纷纷逃亡，1865 年初种植园经济濒于瓦解。不仅如此，北方海军还对南方叛军实行了海上封锁，切断了南方与欧洲的贸易。同时，南方内部开始分裂，许多小农纷纷加入“联邦派”，从事反战活动。在北方的攻势下，南方逃兵与日俱增，粮食及日用品匮乏。R. E. 李的部队于 1865 年 4 月 9 日陷入北方军队的重围之中，李被迫向格兰特请降。南北战争就此结束，美国恢复统一。

3. 内战的意义

北方在这次南北战争中的胜利，确立了资产阶级在全国的统治地位。奴隶制因内战而消除，从而为以后美国的资本主义快速发展扫清了道路。在加速西部开发的过程中，“宅地法”的实施，促进农业资本主义发展中美国式道路的胜利。因此，到了 19 世纪末美国就成为世界上最先进的工农业资本主义大国。美国内战以后，“重建时期”的黑人仍然在诸多方面受到压迫和剥削，但在政治上拥有选举权及公民权。可以说，南北战争在美国发展历史上，具有划时代的伟大意义。

什么是排华运动

南北战争结束以后，美国进入了经济发展的最好时机，由于需要开发太平洋沿岸，19 世纪后半期，美国资本家开始从中国东南沿海招募华工，他们在华招募劳工的主要原因是，华人劳工的工价低廉，能吃苦耐劳。从踏上美国土地之日，华工们遭到迫害的事件时常发生，但作为国家政策，美国政府还是鼓励和欢迎华工来美。

第一条横贯北美大陆的铁路于 1869 年建成，极大改善了自西向东的交通状况，太平洋沿岸缺乏劳工的状况才有所缓和。19 世纪 70 年代经济危机席卷美国，直接导致资产阶级与工人阶级之间矛盾激化。资产阶级为了消减工人阶级的不满情绪，利用工人中复杂的民族成分这一特点，抓住欧洲移民与华工在就业上产生的矛盾，煽动不明真相的工人排挤华人。1876 年总统选举中，两大资产阶级政党为了争取工人的选票，竞相提出排华口号。

1879年，国会通过限制华工来美的法案，虽然遭到总统的否决，但迫于舆论压力，于第二年派出代表团与中国的清政府谈判，最终签订了限制华工去美的条约。1882年5月6日，美国国会通过了排华法案——《关于执行与中国人有关的某些条约条款的法案》。这项法案总共15条，规定自生效之日起：华工10年内暂停来美，已经取得合法留居美国权利的华工，如果离开美国后想再回来，必须在离开时领取回美证明，否则概为非法；中国政府给劳工们所发的来美证明，必须经过美海关官员认证；中国人没有权利加入美国国籍。

《关于执行与中国人有关的某些条约条款的法案》后来经过多次修改、增补及重新制定，对华人来美限制越来越严，如1888年10月1日的《斯科特法案》宣布，留居美国的华工如果离开美国，就不能重新回来，以前所发的返美证明一律作废；1892年5月5日的《基里法案》规定，除了把排华法案延长10年外，还规定在美华人必须注册登记，取消华人享有人身保护令的特权，在审查来美华人是否合法期间不准保释，被判定非法来美者遣回原籍；1902年4月29日的法案则把排华地域扩展到所有美国属地，不但华工来美被完全禁止，就连排华法案中列明可以自由往来的教师、学生、商人、旅游者，甚至政府官员，来美时也受到多方阻滞和刁难。排华法案的通过助长了早已存在的排华情绪，并导致80年代后期一系列重大排华事件，不仅给旅美华侨生命财产造成巨大损失，而且使中美两国人民的友谊遭到严重破坏。美国排华是种族主义的一种表现，其起因含有政治、经济、思想文化、习俗等多方面因素，而以政治因素为主。排华时间如此之长，范围如此之广，程度如此之烈，则与美国政府的支持有着密切关系。

针对美国的排华法案，自1876年起清政府就不断地提出抗议。对此，美国政府找种种借口与理由不予置理。清政府处于列强压迫之下，明知排华会产生严重的后果，也没有采取相关措施，反而步步退让，并在1884年与美国签订新的条约，10年内华工禁止赴美。这一条约标志着清政府承认美国的排华法案，清政府的软弱助长了美国的排华气焰，他们变得更加肆无忌惮起来。美国国会于1904年4月27日，通过将所有排华法案无限期延长的议案，这激起了中国人民的极大愤慨，接着便爆发了1905年的抵制美货运动，迫使美国政府放宽商人、教师、学生和旅游者的入境限制，但华工的状态基本没有改变。1924年和1930年美国政府根据形势的需要又连续颁布新的移民规定，继续杜绝华工进入美国。

第二次世界大战期间，中美两国成为反法西斯同盟国，而排华法案严重阻碍了中美关系的发展。在国际大环境的影响下，1943年12月17日F. D. 罗斯福政府废除所有排华法案。尽管排华法案已经废除，但移民限额每年被严格控制在105名之内。1965年10月3日，美国国会通过《补充移民国籍法案》，重新调整东西方移民的限额比例，确立先来先办理的原则，并规定每个国家一年向美国移民不能超过2万名。至此，中国才与他国享受到同等待遇。

什么是大棒政策

美国第26届总统西奥多·罗斯福曾在一次演说中援引了一句非洲谚语"手持大棒口如蜜，走遍天涯不着急"来阐明他任内（1901～1909年）的外交政策，后来发展成为所谓"大棒加胡萝卜政策"。

20世纪初，美国的军事和经济力量处于世界领先地位，从而助长了对外扩张的野心，特别是加勒比海地区的侵略。A. T. 马汉（1840～1914年）的海权理论对美国政府产生巨大的影响，罗斯福根据马汉的理论，以武力为后盾，迫使拉丁美洲国家听命于美国。如1903年的巴拿马政变，就是罗斯福政府参与策划并出动海军给予支持；1904年，美国出动军舰，封锁多米尼加共和国的港口码头，迫使该国把所有关税交给美国管理。美国不仅在拉丁美洲推行大棒政策，还把这一政策延伸到其他地区，在解决加拿大与阿拉斯加的边界纠纷中，美国对加拿大和英国施压。1904年，一位美国公民在摩洛哥触发法律而被捕，美国政府得知消息后立即出动军舰，并向摩洛哥当局发出最后通牒，迫使该国释放被捕的美国公民。

什么是金元外交

T. 罗斯福总统任期内推行的“大棒政策”遭到世界各国，特别是拉丁美洲人民的强烈反对。W. H. 塔夫脱总统执政时期（1909～1913 年）改变了罗斯福的“大棒政策”，他和国务卿 P. C. 诺克斯鼓吹积极的经济扩张政策。

塔夫脱提出“用金元代替枪弹”的怀柔政策，诺克斯则提出“每个外交官都是推销员”的口号。他们的主张是，充分运用外交政策保护和推动美国银行家到海外进行投资，特别要扩大对中国和加勒比海地区的投资，从而把这些地区中的其他发达国家排挤出去，实现自己软性扩张的目的。

实质上，枪弹外交并没有完全被金元外交所取代，而只是对枪弹外交的一种补充，表面看上去更加亲和罢了。在“金元外交”的鼓励下，加勒比海地区的各国涌入了大量的美国资本，美国的银行巨头还挤进国际银行团，积极参与对中国湖广铁路的贷款计划，并对中国东北地区的投资和经济渗透。由于“金元外交”具有极强的隐蔽性和欺骗性，一些弱小的国家很难识破美国的险恶用心，最终沦为美国的附属国。美国尝到“金元外交”的甜头后，后任总统 T. W. 威尔逊继续推行这项政策。此后，美国政府经常使用金元加实力的政策对他国进行渗透，这种状况直到 1934 年才有所改变。

什么是加维运动

19 世纪 80 年代在美国黑人中兴起一种“回到非洲去”的民族主义思潮。世界黑人进步协会于 1916 年被 M. M. 加维从加勒比地区的岛国牙买加迁到美国纽约哈莱姆区。从此以后，“回到非洲去”这个运动获得巨大发展。世界黑人进步协会有自己的宣传阵地，他们创办的《黑人世界》周刊，是当时世界上最大的专门为黑人服务的报纸。

第一次世界大战期间，成千上万的黑人从农村涌入城市，从而造成严重的失业现象。加维运动对那些从南方迁到北方的黑人具有极大的吸引力，大批黑人纷纷加入这场运动。加维根据当前的形势，开展了一项文化复兴运动，宣传他们黑人祖先曾经的光荣历史，用于启迪黑人的自信心和自尊感。他主张黑人要经营自己的企业，政府要改善黑人的地位。并提出“回到非洲去”的计划，号召黑人在非洲建立自己的国家。第一次世界黑人进步协会大会于1920年在加维的主持下得以召开，并于1921年宣布建立非洲共和国“流亡政府”，在重返非洲前行使职权，自任临时总统。

加维运动激发了黑人的民族自豪感，表达了黑人对自由和土地的向往，但它的纲领具有浓厚的空想色彩，显得不切实际。加维运动虽然以黑人民族主义为基础，其最大的缺陷是从种族的观点出发而不是从阶级的观点出发，逃避了现实斗争的残酷性和可行性，反映出了黑人中小资产阶级的妥协性和不稳定性。进步黑人领袖 W. E. B. 杜波依斯等人就非常反对加维运动。尽管如此，第二次世界黑人进步协会大会于1924年如期召开，会上提出了“回到非洲去”的行动纲领。1927年加维本人被美国政府驱逐出境，回到牙买加。1935年，加维把进步协会总部迁往英国的伦敦，想重整旗鼓，结果未能获得成功。1940年，加维在伦敦走完他的一生，运动随之结束。加维运动所倡导的思想，对20世纪60年代的美国黑人人权运动具有一定的影响。

大萧条指的是什么时候

1929年10月美国股市猛跌，到了11月中旬，仅纽约证券交易所股票价格下跌40%以上，造成证券持有人损失高达260亿美元。这种局面，严重冲击了美国的金融制度，动摇企业界信心，阻碍工、农业发展，致使海外购买和投资严重萎缩，使美国经济陷入停滞不前的状态。从1929年至1932年，短短几年间，美国有101家银行破产，109371家企业破产，全部私营公司的纯利润从1929年的84亿美元降为1932年的34亿美元。1931

年美国工业生产总指数比 1929 年下降 53.8%。重工业生产的缩减尤为严重。农业总产值从 1929 年的 111 亿美元，降到 1932 年的 50 亿美元。进口总值从 1929 年的近 40 亿美元，降到 1932 年的 13 亿美元，出口总值从 53 亿美元降到 17 亿美元。由于工、农、商业萎缩，到 1933 年 3 月，完全失业工人达 1700 万，约有 101.93 万农民破产，沦为佃农、分成制农民和雇农，许多中产阶级也纷纷破产。国民收入从 1929 年的 878 亿美元，降到 1933 年的 402 亿美元，1933 年的商品销售额，下降到 1929 年水平的 67%。危机期间，一方面生产过剩，商品积压，甚至销毁大量农产品和牲畜，另一方面广大劳动人民又缺衣少食。据 1932 年 9 月《幸福》杂志估计，全国有 3400 万成年男女和儿童，即约占全国总人口的 28%无法维持生计（1100 万户农村人口未计在内）。200 万人到处流浪，栖息在破烂的“胡佛村”里。在这次大萧条中，工业、农业、信用危机同时并发，并波及整个资本主义世界，使世界工业生产总产值下降 36%，世界贸易额缩减 2/3。

对这次大萧条，H. C. 胡佛政府基本上是采取传统的放任主义的对策。同时也采取了一些反危机措施。通过全国信贷公司（后改为“复兴金融公司”），拨款给工业和铁路公司，使其免于破产；采取收购农产品，举办信用贷款和实行保护关税，以维持农产品价格，提高农产品在国际市场的竞争能力；此外，责成银行信用协会以互相调节资金的方式，防止银行破产。但这些措施收效甚微。因此这次经济危机持续时间特别长，危机过后进入特种萧条阶段，未达繁荣又陷入 1937 年危机。

罗斯福新政的实质是什么

美国第 32 任总统 F. D. 罗斯福于 1932 年 7 月 2 日，在接受总统候选人提名演说中，第一次使用“新政”这个名词。新政有三方面内容：①走出大萧条，恢复美国的经济；②救济大萧条中的失业者和贫民；③限制垄断资本的一些弊端。为了实现这些目标，罗斯福执政后，加强政府对社会经济的干预。新政运动大体可分为两个阶段：1935 年以前和 1935～1939 年。

第一阶段着重调整与恢复，第二阶段着重改革，救济则贯彻始终。

1. 第一阶段

第一阶段（1932～1935 年）为了挽救和重建濒于崩溃的美国金融货币体系，1933 年 3 月 6 日罗斯福决定暂时关闭全国银行。三天以后，国会委托联邦储备银行发行货币，授权一些有实力的金融公司优先购买银行的股票，从而给全国银行提供必需的流动资金；授权财政部资助和整顿银行，并且严格禁止输出和储存黄金。紧接着，5 月 27 日和 6 月 6 日，国会又分别通过证券交易法和联邦证券法，政府可以直接对证券的发行和交易实行管理。6 月 16 日国会通过《格拉斯-斯蒂高尔银行法》，把商业银行和投资银行区分开来，这样可以防止银行动用储蓄者的资金进行投机，还规定成立联邦储蓄保险公司，对一些小额存款实行保险，确保这些存款不被挪用。1933 年 4 月国会又通过放弃金本位制，实行美元贬值和有节制的通货膨胀，以鼓励出口、减轻债务人负担、刺激生产、提高物价等方式来对应经济危机。

为了恢复农、工、商等其他行业，1933 年 5 月 12 日国会通过《农业调整法》，授权农业调整管理局动用政府津贴，鼓励农民压缩耕地面积、销毁农产品、屠宰幼畜，以此控制基本农产品的产量和牲畜饲养的头数，提高农产品的价格和刺激农民购买力。这一办法果然起到作用，1936 年农业总收入比 1932 年增长了 50%。6 月 16 日国会通过《全国工业复兴法》，成立国家复兴管理局，指导劳资双方订立本行业的公平竞争法则，对各该行业产品的产量和价格作出规定，希图实行某种程度的计划经济，但由于大企业的操纵，收效不大。该法还规定劳工有同企业主签订集体合同的权利，并有关于最低工资和最高工时的规定。

为紧急救济大批失业者和贫民，1933～1934 年期间，先后建立平民自然资源保护队、联邦紧急救济署、房主贷款公司、联邦住房管理局、公共工程管理局、国民工程管理局，为失业者提供就业机会和起码的救济。1933 年 5 月 18 日，通过建立田纳西河流域管理局的法案。兴办田纳西河流域水利工程，从事防洪、发展航运、保护环境、生产化肥和提供廉价电力等。

新政给美国经济、政治和社会生活带来很大影响，资产阶级的近期利益受到一些限制和损害，反新政活动时起时伏。1934年，经济危机最险恶阶段刚刚过去，垄断资产阶级中绝大多数人就不愿政府继续进行干预。另一方面，由于新政施行的第一阶段主要有利于大企业家和大农场主，广大中、小企业和农场、失业工人、佃农、分成制农民、雇农、贫民和一般知识分子处境改善不大，有的情形还进一步恶化。于是，他们一面将新政派选进国会，一面在美国共产党的影响下展开声势浩大的斗争，要求加强改革。

2. 第二阶段

第二阶段（1935～1939年）为了应对经济大萧条这种局势，从1935年1月起罗斯福政府提出加快改革步伐，采取适当地限制垄断资本和有利于工农群众及贫民的措施。为此在政府的主导下，先后成立了工程振兴局、全国青年管理处等相关机构和部门，用以解决失业问题，并制定《社会保障法》规定实行失业保险和老年保险，帮助社会上那些无力养活自己的人。此法经过1939年修订后，把美国推上了“福利国家”的道路。

1935年8月23日国会通过新银行法，对垄断资本进行制约和管理，成立联邦储备委员会管理各个储备银行的储备金额、利息、贴现率、兑换率以及相关的公开市场活动等。8月28日的《公用事业控股公司法》对那些公用事业帝国判处“死刑”，对其他控股公司进行管理。8月30日的《财产税法》使财产税增到70%的最高限度；公司所得税则以累进制代替单一制。有产阶级称此税为“敲诈富人”税。为加强劳工地位，7月5日总统签署《全国劳工关系法》，宣布公司工会为非法，进一步保证工会通过自选代表与资方集体谈判的权利。

罗斯福推出的新政，表面上看起来对美国的经济有所帮助，并取得了相当不错的效果，但这种方式不能从根本上消除资本主义内部存在的矛盾，加之1936年经济形势显著好转后，罗斯福政府就紧缩信贷，大力削减联邦政府开支以平衡预算。从1937年秋末起，又出现新的经济危机，这次危机比之前更具破坏力，1938年夏初，罗斯福政府迫不得已只好重新放松信贷，扩大联邦政府开支。很快，放松信贷取得成效，从1938年秋末起，经济又开始回升。1938 年 6 月 25 日罗斯福政府通过《公平劳动标准法》。1933 年的《农业调整法》出现诸多弊端后，1938 年 2 月 16 日国会通过第二个农业调整法，代替第一个《农业调整法》。到 1939 年，国际局势发生重大变化，罗斯福的注意力转移到扩军备战上，新政才告一段落。

罗斯福新政通过加强国家干预经济，继承和发扬了美国 19 世纪末以来的改良传统，基本克服了 1929～1933 年的经济大危机，从某种意义上说，挽救了美国资本主义制度。新政加速了私人垄断资本主义向国家垄断资本主义的过渡。在这场新政运动中，受益者依然是资本家，而广大公民依然是弱势一方，依然没能在新政中获得真正的实惠和好处。

美国中立法的产生与废除

1935 年，在意大利入侵阿比西尼亚（现称埃塞俄比亚）的前夕，美国的孤立主义派利用美国人民不愿卷入战争、渴望和平的愿望，于 8 月 31 日推动国会通过第 1 个中立法。中立法规定"在两个或若干个国家之间发生战争时或在战争过程中，美国不得将自己的武器、弹药通过属地或其他中立的港口码头，转交给交战国，如若出现上述行为，均属违法"。并且还规定禁止美国公民乘搭交战国船只旅行和美国船舶运载军用品至交战国，但不禁止其他物资包括战略物资的出口。

到 1936 年 2 月底，中立法期满时，国会立即通过第 2 个中立法，把第 1 个中立法的有效期延长到 1937 年 5 月 1 日，并补充一些条款，例如不向交战国提供贷款等。1937 年 4 月 29 日，眼看第 2 个中立法即将到期，国会通过第 3 个中立法，除前两个法规定的内容以外，又规定中立法适用于发生内战的国家，授权总统判定战争状态之是否存在，不仅有权禁止武器输往交战国，而且可以禁止任何货物输往交战国。

第二次世界大战爆发前期，F. D. 罗斯福认定美国的防线是在欧洲，多次向国会提出修改中立法。1939 年 11 月 3 日，国会经过多次争论，通过了修正的中立法。这次修正的中立法，废除了武器禁运的条款，允许交战国

可以购买美国的军火，但购买方要实行“现购自运”的原则。接着，罗斯福又提出《租借法案》，国会于 1941 年 3 月 11 日通过，随着《租借法案》的实施，中立法已经名存实亡。1941 年 12 月 7 日，日本偷袭珍珠港，美国对德、意、日宣战后，中立法正式废除。

睦邻政策有哪些基本内容

小约翰·卡尔文·柯立芝（1872～1933 年）执政的后期，罗斯福就主张改善对拉美的政策，但没有得到柯立芝的支持。而到了 H. C. 胡佛政府时期，虽然继续对拉美实行武装干涉政策，但在罗斯福的提议下，胡佛政府不得不做些睦邻的姿态。罗斯福就任总统以后，正式提出：“在对外政策方面，我们的国家应该奉行睦邻政策。”

根据罗斯福政府的指示，1936 年底的泛美特别会议上，美国正式放弃武装干涉的政策。其基本内容有：不干涉拉美国家的内政；撤回在拉美各国的驻军；订立互惠贸易协定；对拉美各国实行经济援助。与此同时，罗斯福政府还先后废掉了干涉古巴内政的普拉特修正案；取消派军队去墨西哥的权利；从海地撤军；放弃干涉巴拿马和多米尼加的策略；同古巴等 10 多个拉美国家订立了互惠贸易协定等。

美国能够直接放弃武装干涉，不是美国收敛了自己的野心，而是拉美人民长期斗争的结果。而美国和拉美各国改善关系，有利于第二次世界大战期间西半球国家反法西斯统一战线的形成和美国在政治经济上控制拉丁美洲。可事实上，美国从来没有停止对拉美各国的控制、干涉和颠覆活动，只不过手段更加隐蔽更加巧妙罢了。

二战后美国占领日本起到什么作用

1945 年 8 月 15 日，日本宣布无条件投降。28 日，美军派先遣部队进驻日本，在东京设立总司令部，对日本实行军事占领。

1945年9月23日美国单方面公布《美利坚合众国对日占领初期基本政策》，公然篡改和违反《波茨坦公告》，宣称日本成为美国忠实的属国。1945年12月，3国外长会议在莫斯科召开，会议上决定在华盛顿设立由苏、美、英、法、中、澳、印、荷、加、新、菲11国（后来缅甸和巴基斯坦加入）代表组成的远东委员会，作为制定占领政策的最高决策机构。在东京设立由苏、中、美、英4国代表组成的盟国管制日本委员会。但前者的决定必须通过美国政府向盟军总司令部发布指令，后者是盟军总司令的咨询机关，都不能限制美国对日本的单独统治。1945年8月至1947年底，美国对日政策的主要目的是彻底消除日本成为美国威胁的可能性。同时，也由于亚洲各国人民和日本人民要求铲除军国主义、实现民主主义的强烈愿望，解散了日本的军队及军事机构，对日本政府也接连发出解散财阀、农地改革、制定日本国宪法等非军事化、民主化指令，以瓦解军国主义体制。

1948年至1950年，随着美国在全球推行“冷战”政策和中国人民解放战争的迅速发展，美国希望日本成为“反共堡垒”和“远东工厂”。在这种情况下，美国加强了对日本的援助，加紧分裂和镇压日本的工农运动，不再整肃日本国内的军国主义者，并且强制实行“稳定经济九原则”，把对日政策的重点移到经济上。朝鲜战争爆发后，美国把日本作为侵朝战争的基地。7月8日，命令日本政府新建7.5万人的警察预备队。同时，加紧进行对日本单独媾和的活动。1951年9月8日，美、英、法等国与日本签订片面的《旧金山对日和约》。同日，美国、日本又缔结《日美安全保障条约》，美国结束对日占领，但条约规定美军继续留驻日本。

什么是杜鲁门主义

美国第33任总统杜鲁门（1884～1972年）于1947年3月12日，在致国会的一份咨文中提出“遏制共产主义”作为国家政治和对外政策的指导思想。这份咨文被称为“杜鲁门主义”。

这份咨文中，杜鲁门说明了援助希腊和土耳其的主要原因是美国接替英国，填补东地中海的真空；进而指出任何国家的民族解放运动和人民革命运动都危害美国的安全，宣称世界已分为两个对立的阵营，分别是“自由国家”阵营和“极权政体”阵营，每个国家都面临着不同的抉择；因而美国必须要承担“自由世界”抗拒共产主义的使命，充当世界宪兵的角色。他还认为如果丧失希腊，就会立刻危及土耳其和整个中东，“影响不仅远及东方，而且远及西方”。这就是多米诺骨牌理论的早期说法。因此，他要求国会立即采取果断行动，向希腊和土耳其提供 4 亿美元的军事援助。1947 年 5 月 22 日，杜鲁门正式签署《援助希、土法案》。1947～1950 年，美国援助希、土两国 6. 59 亿美元。由美国出钱出枪，重新武装和改编希腊政府军队。1949 年，在美军军官指挥下扑灭了希腊人民革命。

杜鲁门主义是美国对外政策的重大转折点。当时它与马歇尔计划共同构成美国对外政策的基础，标志着资本主义世界霸权从英国转到美国手中，标志着美苏两国由战时的盟国变为战后的敌国，标志着美国政府第一次公开宣布将“冷战”作为国策。在此后 25 年内，杜鲁门主义一直支配着美国的对外政策。

什么是马歇尔计划

美国国务卿 G. C. 马歇尔于 1947 年 6 月 5 日，在哈佛大学发表演说中谈到，欧洲是美国的盟友，我们已经制定出援助欧洲经济复兴的方案，故称马歇尔计划。

马歇尔称，欧洲的经济已经濒于崩溃的边缘，日常生活必备的物质已经极度匮乏，而这些国家已经无力支付大量的进口产品。如果没有外来的援助，就会面临严重的政治、经济、军事和社会危机。他呼吁欧洲国家采取积极的行动，共同制订复兴计划，美国则用其生产过剩的物资援助欧洲国家。

1947 年 7～9 月，英、法、土、荷、丹、葡、意、奥、瑞典、比、卢、瑞士、挪、希、爱尔兰、冰岛16国的代表在巴黎开会，决定接受马歇尔计划（1948年4月，德国西部占领区和的里雅斯特自由区也宣布接受），建立了欧洲经济合作委员会，提出了要求美国在4年内提供援助和贷款224亿美元的总报告。1948年4月3日美国国会通过《对外援助法案》，马歇尔计划正式施行。

马歇尔计划原定期限5年（1948～1952年），1951年底，美国单方面宣布提前结束，取而代之的是《共同安全计划》。美国对欧洲拨款共计131.5亿美元，其中88%属于赠款，剩余的12%为贷款。马歇尔计划实施期间，西欧各国的生产总值增长了25%。马歇尔计划是第二次世界大战以后，美国对外经济援助最成功的计划，是美国利用援助拉拢西欧盟国，抗衡苏联，争夺西欧市场的重要手段。这项计划，为日后的北大西洋公约组织和欧洲经济共同体的建立奠定了基础，对西欧的发展起到了促进作用，同时，也缓和了美国国内即将爆发的经济危机。

什么是尼克松主义

第二次世界大战以后，世界范围内形成以美苏为首的两大阵营，20世纪60年代中期，美苏争霸加剧，第二世界力量持续增长、第三世界也在快速崛起，加之美国侵越战争的失败，以及国内出现多种危机，尼克松主义就是在这种背景下形成的。1967年10月，尼克松在《外交季刊》上发表了《越南战争之后的亚洲》一文，正是这篇文章表达出了个人主义的萌芽。

1969年7月25日，尼克松出访亚洲，中途经过关岛时宣布对亚洲的新政策。尼克松新政策的要点是：越战结束后，美国仍然在世界大舞台上发挥重要作用，并恪守与盟国之间的各种条约。当受到外部核威胁和国内威胁时，美国不再以直接的方式参与进去，而是鼓励亚洲盟友自己承担国内安全和军事防务的责任。尼克松的这一亚洲政策被称为“关岛主义”。此后，历年的国情咨文中，尼克松逐步把这一政策扩大为全球政策，以及处

理与其盟友全面关系的基本方针。1970年，尼克松又把这个主义总结为美国与其全球盟友之间的“伙伴关系”（主要包括政治、军事和经济等方面）；并且强调，这个中心点是，美国不再为自由国家提供保卫的责任。1971和1973年，尼克松在此基础上又做出调整，表明此主义代表美国对全世界的基本立场，是美国对待其全球主要盟国的重要方针。狭义上只限于美国对海外义务上的调整，以及与其盟友之间的关系；广义上还对与中苏关系作出指导，即“实力”加“谈判”，不让美苏之间出现战争。

其实，1970年尼克松在国情咨文中，就提出以“伙伴关系、实力和谈判”为三大支柱的“新和平战略”思想，并指出“实力和谈判”是对共产党国家的基本方针。在以后一些政策声明里，他又把这一“新战略”与“尼克松主义”相互交替使用。而美国的一些高级官员就直接把“三大支柱”称为“尼克松主义”。尼克松主义有其进步的意义，在其任职期内，美军从越南撤军，中美关系得到改善，把战略重点转向苏联，美国的国际地位也从而得到调整。尼克松主义是美国第二次世界大战以后对外政策的一次重大调整，标志着从杜鲁门主义开始的冷战、遏制政策彻底结束，成为以后几届政府外交政策的基本出发点。

水门事件有哪些过程

1972年的美国总统竞选过程中，为了得到民主党竞选的策略，共和党中以尼克松竞选班子成员J. M. 麦科德为首的5个人，于6月17日潜入民主党的总部水门大厦安装窃听器并偷拍竞选资料，当场被相关人员抓获。麦科德等人在开始的几个月，一直否认有其他人参与此事，安装窃听器纯属他们的个人行为。尼克松本人并没有因这次丑闻而落选，反而以绝对压倒的优势，再次当选美国总统。

1973年3月23日，“水门事件”有所变化，受理此案的华盛顿地区法院J. 西里卡法官公布了麦科德给他的信，信中麦科德表示自己和其他被告是在政治压力下，被迫认罪并保持沉默，实际上白宫和争取总统连任委员会都卷入了水门事件。麦科德"开口说话"，让尼克松当局猝不及防，4月30日，他被迫宣布让E. 理查森代替原司法部长，并同意参议院提名的A. 考克斯任特别检察官，重新审理此案。其实，占参议院多数的民主党早在2月7日就成立了以S. 欧文为首的水门事件委员会。自5月17日起，该委员会举行一系列听证会，揭露出尼克松政府诸多的非法活动。7月间，欧文委员会和考克斯要求尼克松交出录音带和文件资料，尼克松援引"行政特权"拒绝了他们的要求。

在考克斯的一再坚持下，哥伦比亚特区上诉法院和西里卡法官分别下令让尼克松配合调查。考克斯咬住不放，尼克松恼羞成怒，于10月份要求理查森免除考克斯特别检察官的职务。理查森听后，非常气愤，主动辞职。后来，考克斯虽然被解职，但立即引起民众的愤怒，许多人要求国会考虑弹劾总统。更有甚者，甚至把尼克松与希特勒相提并论。随着案情的发展和民愤的高涨，弹劾总统的呼声愈来愈高。在巨大的舆论压力下，1974年初，尼克松被迫向新任特别检察官L. 贾沃斯基交出少数录音带后，拒绝配合检察官的工作。2月初，众议院授权其司法委员会，司法委员会有权传讯包括总统在内的任何人，众议院这一授权，为弹劾总统做好准备。4月18日，贾沃斯基又通过地区法院传调64盘录音带，尼克松不予认可，于是贾沃斯基请求联邦最高法院进行裁决。5月15日起，众议院司法委员会也陆续传调各种白宫文件和105盘录音带，尼克松仍然拒绝合作。7月24日，联邦最高法院宣布支持贾沃斯基传调64盘录音带的要求。在这些录音带中，其中一盘录有1972年6月23日总统与白宫办公厅主任H. R. 霍尔德曼的谈话，这些谈话证明了尼克松曾指示霍尔德曼让中央情报局制止联邦调查局参与水门事件的调查。从而说明尼克松不仅参与了掩盖真相的活动，还有滥用职权，妨碍司法工作的行为。根据美国宪法的相关规定，国会可以弹劾总统。

1974年7月30日，众议院司法委员会向众院呈送3项弹劾条款，其中第1、2两条指控尼克松妨碍司法工作和滥用职权。众议院司法委员会的弹劾条款，得到两党的支持。当尼克松的律师和国务卿A. M. 黑格听了1972

年6月23日谈话录音带后，也感到非常震惊，认为总统除了辞职，没有任何办法可以挽回败局。当尼克松失去了所有支持后，于8月8日不得不向全国发表电视演说，宣布辞去总统职务，水门事件才算告一段落。

地理篇：
两洋之间的超级航船

美国本土位于北美洲大陆中南部，东濒大西洋，东南临墨西哥湾，西滨太平洋；北与加拿大为邻，西南与墨西哥毗连。所属阿拉斯加州位于北美洲西北部，夏威夷州位于中太平洋北部。国土总面积 9372614 平方千米，居世界第四位；其中陆地约占总面积的 97.8%，内陆水面占 2.2%。海岸线总长 19924 千米。全国划分为 50 个州和首都华盛顿所在地哥伦比亚特区。

科迪勒拉山系贯穿美国全境

科迪勒拉山系是世界上最长的褶皱山系，纵贯南、北美洲大陆西部。科迪勒拉山系北起阿拉斯加，南至南美洲最南端的火地岛，绵延长约15000千米。该山系由一系列平行的山脉、山间高原和盆地组成。自然环境复杂多样，几乎囊括了地球上所有气候和生物带。科迪勒拉山系中的高山多发育现代冰川。高大的山系对美洲大陆气候和水文网的分布、地理环境地域分异乃至横贯大陆的交通，都产生重大影响。自然资源丰富。北美洲西北沿海和南美洲的赤道附近以及安第斯山南部，森林茂密，水能丰富。有铜、铅、锌、锡、金、银、石油、煤、硫黄和硝石等多种矿藏。

北美洲的"脊骨"落基山脉

落基山脉又译作洛矶山脉，全长4500千米，海拔通常2000～3000米，最高峰埃儿伯特山为4399米。是科迪勒拉山系在北美的主干，该山脉由许多条小山脉组成，被称为北美洲的"脊骨"。落基山脉纵贯加拿大和美国西部，北面连接马更些山脉和布鲁克斯山，南面与墨西哥境内的东马德雷山脉相接。

落基山脉是北美大陆重要的气候分界线，也是北美大陆最重要的分水岭，除圣劳伦斯河外，北美几乎所有大河都发源于此。落基山脉西边的河流属于太平洋水系，山脉东边的河流分别属于北冰洋水系和大西洋水系。

落基山脉还是北美东西交通的天然障碍，尽管如此，还是有少数山口可以通铁路和公路，目前有9条铁路可以穿越。

落基山脉矿产资源非常丰富，是北美著名的金属矿区。例如美国境内比尤特和宾翰的铜、银、锌、铅，科达伦的铅、银、锌，科莱马克斯的钼等都很著名。而它的伐木业主要分布在蒙大拿州和爱达荷州北部较湿润的山区。畜牧业（牛、羊）主要分布在南落基山，山地用作夏季牧场，盆地为冬季牧场。耕作业只限于谷地或适宜旱作的地区。

山区景色奇特优美，随着交通的发展，旅游业迅速增长。有落基山、黄石、大蒂顿、冰川等国家公园以及月火山口、恐龙、大沙丘、甘尼森河布莱克峡谷等游览胜地。山区城镇较小，大部分随采矿业发展而兴建，或为交通、游览中心。

形成于侏罗纪末至白垩纪初的内华达山脉

内华达山脉是北美科迪勒拉山系西面山地的重要组成部分，位于加利福尼亚州东部，该山脉北起拉森峰，南到蒂哈查皮山口，分别与喀斯喀特山和太平洋沿岸山地相接，全长 640 千米；东、西介于大盆地和加利福尼亚中央谷地之间，宽 80～130 千米。山体连绵高峻，平均海拔 1800～3000 米，有 10 座海拔在 4300 米以上的山峰，其中惠特尼山海拔 4418 米，为美国本土的最高峰。西坡面迎太平洋湿润气流，降水量较多，森林茂密，有黄松、糖松、道格拉斯冷杉、红杉等，为美国重要林区；雪线高度 3600 多米，发育现代冰川；费瑟、默塞德等 10 余条河流均顺坡西流，注入加利福尼亚中央谷地的萨克拉门托河和圣华金河，是该地区农业灌溉和城市用水的重要水源；小湖泊众多，其中面积最大的是塔霍湖（502 平方千米），也是美国第二深湖（501 米）。东坡气候干旱，植被稀疏，以灌木和草类为主。湖泊、瀑布、峡谷、奇峰、森林、冰川等，构成山区独特的自然景色，辟有约塞米蒂等 3 个国家公园和许多州立公园、游览地。

被印第安人誉为“太阳之家”的麦金利山

麦金利山是北美最高峰。当地印第安人称作迪纳利峰，是“太阳之家”的意思。麦金利山位于阿拉斯加州中南部阿拉斯加山脉中段，海拔 6193 米。

麦金利山大部分常年被冰雪覆盖，雪线高度约1830米。麦金利山的南坡降水量较多。冰川规模较大，主要有卡希尔特纳和鲁斯等冰川。海拔762米以下发育了森林，以杉树、桦树林为主。雪峰、冰川相互辉映，绿树成带，风景优美，早在1917年就被美国辟为国家公园。

阿巴拉契亚高地

阿巴拉契亚高地位于北美的东部，全长约2600千米。东、西介于大西洋沿岸平原与中部平原之间，该高地北起纽芬兰岛，经过加拿大东南沿海和美国的东北部，至亚拉巴马州中部，为北窄（130～160千米）南宽（480～560千米）的形状。主要为平缓的高原、丘陵和谷地，海拔300～600米，局部地带为海拔较高的狭长山地。森林茂密，自北而南有云杉、冷杉林、桦、山毛榉、椴、糖槭、铁杉、白松和栎树林等。阿巴拉契亚高地矿藏资源丰富，拥有世界最大的石棉矿。它是美国最大的煤产区，同时并有铁、铅、锌和大理石、花岗石等。阿巴拉契亚高地自然风光优美，有4个国家公园，此外还有许多州立公园和游览地；著名的阿巴拉契亚小道从缅因州伸至佐治亚州，全长3254千米，为远足者往来的小道。

世界第四长的河流密西西比河

密西西比河位于北美大陆中南部，发源于明尼苏达州的艾塔斯卡湖，一路向南注入墨西哥湾，全长3950千米。若以密西西比河最大的支流密苏里河的源头雷德罗克湖算起的话，全长达6262千米，是世界第四长河。密西西比河的干、支流流经美国31个州和加拿大2个省，流域北起五大湖附近，南到墨西哥湾，西抵落基山，东到阿巴拉契亚高地，面积达322万平方千米，约占整个北美洲总面积的1/8。密西西比河西边的支流要比东边多而且长，并且形成一个巨大的不对称的树枝状水系。密西西比河水量丰富，近河口（维克斯堡）的年平均流量1.88万立方米/秒。

密西西比河是美国内河交通的大动脉。有将近50条支流可以通航，整个干、支流相加起来，通航里程可达2.59万千米，其中水深在2.74米以上的航道就有9700千米（含干流通航里程长约3478千米）。海轮可以直通距离河口395千米的巴吞鲁日。密西西比河除了干流上游和伊利诺伊河、密苏里河1～2月结冰外，其余河流全年都可以通航。经伊利诺伊等运河，可以与五大湖—圣劳伦斯海路相通；从密西西比河河口的新奥尔良港途经墨西哥湾沿岸的水道，向西可以直接到达墨西哥边境，向东可以到达佛罗里达半岛南端，目前密西西比河已经构成了与江河湖海相连、航道四通八达的现代化水运网。沿岸主要港口有圣路易斯、孟菲斯、巴吞鲁日、新奥尔良等。

密西西比河水系是美国中南部农业灌溉以及生活和工业用水的主要水源，流域内水力蕴藏量2630万千瓦，主要分布在俄亥俄河及其支流上，开发程度较高。

有“大泥河”之称的密苏里河

密苏里河全长3725千米，如果从杰斐逊河源头雷德罗克湖算起，则长达4125千米，是密西西比河最长支流。由杰斐逊河、麦迪逊河和加拉廷河在蒙大拿州西南部汇合而形成的。密苏里河流经美国中西部7个州，在圣路易斯以北24千米处汇入密西西比河。密苏里河的流域面积达137.2万平方千米，在加拿大境内有6600多平方千米。密苏里河随着水源季节的变化而变化，枯水期流量小，丰水期流量大。每年的6月形成最高水位，河水可升高9米以上，最大流量为25488立方米/秒；冬季水位极低，最小流量为119立方米/秒。由于密苏里河流经黄土区，土壤侵蚀严重，河流含沙量极大，故有“大泥河”之称。后来，经过40多年的治理和开发，在河流上修建了100多个水坝和水库，不仅控制了洪水泛滥，并且在丹佛—科林斯堡间的科罗拉多山麓地带开辟大片灌溉区，还改善了航运条件。从艾奥瓦州的苏城到河口，已形成一条长1177千米、水深2.7米、宽91米的内陆航道，

除冬季结冰期外，全年通航 7 个半月。

美国流量最大的河流俄亥俄河

俄亥俄河位于美国中东部，是密西西比河流量最大支流，全长 2100 千米，流域面积 52.8 万平方千米。俄亥俄河的主流由莫农加希拉河和阿勒格尼河在匹兹堡附近汇合而成，河流的流向西南，至开罗附近注入密西西比河。河口年平均流量 7080 立方米/秒，超过开罗以上的密西西比河流量。俄亥俄河比较稳定，全年水位落差不是太大，秋季稍微低一些，春季稍微高一些。为防御春季降水和融雪造成洪水泛滥的局面，早在 1929 年就建成了具有 50 级活动闸的低水头渠化工程。为适应运输量增长，1937 年将其改为 46 级，现在又改成 19 级，使河面保持为宽 91.4 米、深约 3 米的航道，全年均可以通航；俄亥俄河上还建有运河与伊利湖相连。流域内工农业生产发达，有钢铁、采煤、石油和陶瓷等工业。

闻名于世的田纳西河

田纳西河是俄亥俄河最大支流，以霍尔斯顿河源头计，长 1450 千米，流域面积约 10.6 万平方千米，田纳西州约占一半。由阿巴拉契亚高地西坡的霍尔斯顿河和弗伦奇布罗德河在诺克斯维尔西面汇合而成。流经美国东南部的田纳西和亚拉巴马等州，向南转了一个大弯，于肯塔基州的帕迪尤卡附近注入俄亥俄河。河谷狭窄，水力资源丰富。田纳西河的上游水浅、流急；中游多漩涡、急流与沙洲、浅滩；而下游谷地较开阔，可以通航。

田纳西河流域的综合治理与开发闻名于世。20 世纪 30 年代初，流域内航运受阻，灾害频繁，森林毁坏，土地贫瘠，经济落后。经过半个世纪的综合治理，干流上修建了劳登堡等近 10 个大水坝，支流上也修筑了大、小水坝和蓄水库约 20 多个，结合河道整治，使干流全程成为一条水深 2.75 米、常年通航的内陆水路，形成一个具有防洪、航运、发电、供水、养鱼、旅游等综合效益的水利网。水力发电占流域供电量的20%。航运、电力等的发展促进了地区经济繁荣。

有“美洲尼罗河”美称的科罗拉多河

科罗拉多河是北美西部主要河流，全长2333千米，流域面积为64.7万平方千米。主干流发源于科罗拉多州中北部，南落基山脉中的弗兰特岭西坡，然后向西南流经犹他、亚利桑那、内华达、加利福尼亚等州和墨西哥西北端，最后注入加利福尼亚湾。科罗拉多河的河口年平均流量311.5立方米/秒，季节变化很大。含沙量很高，每年泥沙入海量1.63亿吨，河口三角洲面积8600平方千米。河流落差很大，从源头到河口总落差3500多米，有丰富的水力资源，特别是位于科罗拉多高原的中游河段，有一系列峡谷，特别适合筑坝建电站。20世纪30年代以来，在科罗拉多河上先后建起了胡佛、戴维斯、帕克、格伦峡谷等大坝和水库，不仅如此，还有科罗拉多河-大汤姆逊河等跨流域调水工程，总库容量有740亿立方米，可以灌溉流域内外约5000万亩农田，并且还能向加利福尼亚州南部20个城市提供生活用水。科罗拉多河通过一系列的综合治理，已经基本控制住了洪水和泥沙。科罗拉多河对美国西南部和墨西哥西北部干旱地区经济发展具有重要意义，有“美洲尼罗河”之称。

让美加两国受益的圣劳伦斯河

北美东部的大河是圣劳伦斯河，全长3057千米，流域面积达102.6万平方千米，在美国和加拿大两国基本各占一半。圣劳伦斯河是五大湖的出水道，由安大略湖东北端流出后，流向呈西南向东北，最后注入大西洋圣劳伦斯湾，这段河的全长约1287千米，流域面积约30万平方千米。五大湖-圣劳伦斯水系以在德卢斯附近注入苏必利尔湖的圣路易斯河源头算起，圣劳伦斯河属雨雪补给型。因有五大湖水体系调节，加以流域内降水季节分

配均匀，水量丰沛而稳定，且含沙量较小。圣劳伦斯河的河口年平均流量1054立方米/秒，流量年变幅仅70%左右。每年12月至翌年4月河流封冻。河中富水产，有鲟鱼、鲈鱼、鳟鱼、青鱼、沙钻鱼等。

第二次世界大战以后，加、美两国共同投资，整治和扩建安大略湖至蒙特利尔的圣劳伦斯航道。该项工程于1951年开始，1959年竣工，历时9年，通过修筑3条运河和7座船闸，开辟了一条可供吃水8.2米船只出入的深水航道。同时在康沃尔、博阿努瓦等地兴建大型水电站，总发电能力350多万千瓦。五大湖-圣劳伦斯河谷地区是加、美两国人口、城市集中和工农业发达地区，深水航道的开辟为其提供了巨大的货运动脉，密切了大湖与大西洋的联系，具有重要经济意义。货运以谷物、矿石等初级产品为大宗，其中苏必利尔湖以西地区的出口小麦，从拉布拉多地区输往五大湖沿岸各大钢铁厂的铁矿石，均经此航道，两者合计约占总货运量的一半。但仍存在冬季冰封停航和因船闸多而航速较慢等弱点，航道容量也不适应船舶吨位不断增大的趋势，并面临其他运输部门的竞争，有待进一步整治和改善。

世界面积最大的淡水湖苏必利尔湖

苏必利尔湖是北美五大湖之一。美国和加拿大共同拥有，湖面海拔183米，它东西长616千米，南北最宽的地方为257千米，总面积为8.24万平方千米。湖岸线长达3000千米。平均深度在148米左右，最大深度在406米左右，蓄水量占五大湖总蓄水量的一半以上。湖区气候为冬寒夏凉，常年多雾，风力强劲，湖面经常波涛汹涌。水面随季节的变化幅度为40～60厘米，冬季水位相对较低，夏季水位相对较高。苏必利尔湖的水温常年较低，夏季中部水面温度一般不超过4℃。冬季湖岸被冰封冻，全年可以通航期约6～7个月。苏必利尔湖的湖水纯净，湖中最大岛屿罗亚尔岛已经被美国辟为国家公园。北岸的湖岸线曲折，有许多湖湾，背靠悬崖岩壁；南岸以沙滩为主。大约有200条左右的河流汇入湖中，其中较大的有圣路易斯河和尼皮贡河等，这些河流大多从北岸和西岸注入，流域面积（不包括湖面积）12.77万平方千米。苏必利尔湖的湖水经圣玛丽斯河倾注休伦湖，两湖落差约6米，水流湍急。建有圣玛丽斯运河，借以绕过急流，畅通两湖间的航运。湖区森林茂密。矿产资源丰富，主要有梅萨比的铁、桑德贝的银以及湖泊北面的镍和南面的铜等。主要湖港有美国的德卢斯和加拿大的桑德贝等。

美国最大的淡水湖密歇根湖

密歇根湖是北美五大湖之一，面积5.8万平方千米，南北长达517千米，东西最宽约190千米，是五大湖中唯一完全在美国境内的湖泊，同时也是美国最大的淡水湖泊。

密歇根湖的湖岸线长达2100千米。湖泊北深南浅，平均深度84米，最深处达到282米，湖面海拔约177米。密歇根湖的水呈逆时针方向缓慢流动。从每年的12月中旬到第二年的4月中旬湖岸地带被冰雪封冻。湖的南岸相对平直，布满沙丘，并且建有人工港；湖的北岸相对曲折，分布有天然的良港，此外还有比弗岛及福克斯、马尼图等岛群点缀其中。接纳福克斯等小河注入，流域面积11.8万平方千米（不包括湖面积）。经东北端的麦基诺水道与休伦湖相连。南端原有芝加哥河注入，为了处理芝加哥的污水，20世纪初人工改变其流向，使它经芝加哥运河注入伊利诺伊河。湖泊对气候具有明显的调节作用，西风盛行使东岸冬暖夏凉，早秋晚春不冰冻。盛产苹果、桃、李等，为美国主要水果带之一；格林湾东岸的半岛是全国闻名的红酸樱桃产地。东部湖滨地区是夏季旅游胜地。南岸人口稠密，是美国重要工业基地。主要湖港有芝加哥、密尔沃基等。

风景优美的休伦湖

休伦湖是北美五大湖之一，面积为5.96万平方千米，平均水深60米，最深229米，美国和加拿大共有。湖面海拔177米，整个湖长330千米，最

宽处295千米，湖岸线有2700千米。休伦湖湖泊水质良好，主要盛产鱼类。冬季沿湖岸封冻，航运的季节主要在4月初至11月末。湖内岛屿众多，主要分布在乔治亚湾，其中马尼图林岛是世界上面积最大的湖岛（面积2766平方千米）。湖岸由沙滩、砾石滩和悬崖绝壁组成，风景优美，是休养、娱乐理想之地。休伦湖的四周有许多小河注入，流域面积约有13.39万平方千米（不包括湖面积）。休伦湖西面经过圣玛丽斯河连接苏必利尔湖，西南面经过麦基诺水道与密歇根湖相通，南面经过圣克莱尔河-圣克莱尔湖-底特律河流入伊利湖。整个湖区蕴藏有丰富的金、银、铜、铀、盐和石灰石等矿产资源，是美国和加拿大两国重要的工业区。圣克莱尔河的东岸有许多炼油厂和石油化工厂，该区域被称为加拿大的“化工谷”。休伦湖多深水港，主要湖港有美国的贝城、阿尔皮纳、麦基诺城和加拿大的萨尔尼亚、戈德里奇等。

最具人文气息的安大略湖

安大略湖是北美五大湖之一，湖面海拔75米，面积1.95万平方千米，平均深度为85米，最深处有236米，美国和加拿大共有。整个湖略微呈东西延伸，长达311千米，南北最宽处有85千米，湖岸线长达1380千米。比伊利湖低99米。每年的12月至第二年的4月中旬沿岸地带呈封冻状态，全年可以通航的时间一般在8个月左右。

安大略湖北岸是宽广平坦的平原，南岸有尼亚加拉崖壁横亘。有小河注入湖内，较大的河流有杰纳西河、布拉克河、奥斯威戈河等，流域面积约7万平方千米（不包括湖面积）。西南面通过尼亚加拉河承受上游4大湖的水量，最后经过圣劳伦斯河注入大西洋。根据湖水的流向，建有许多运河，与周围湖、河相互连通。如东经奥斯威戈运河与纽约州巴吉运河、哈得孙河和大西洋相通；西南经韦兰运河（避开尼亚加拉瀑布）与伊利湖相连；西北经特伦特运河与休伦湖的乔治湾相连；东北经里多运河与渥太华河相通。1959年圣劳伦斯深水航道竣工，其航运地位更显重要。安大略湖区内人口稠密，沿湖周围平原地区的农业发达，工业主要集中于湖港的周围，如加拿大的多伦多、金斯顿和哈密尔顿，美国的罗切斯特等。

伸入内陆最深的海湾切萨皮克湾

切萨皮克湾是美国东海岸的河口湾，也是伸入内陆最深的海湾，平均水深 8.5 米，最大深度 53 米。北部在马里兰州，南部在弗吉尼亚州。切萨皮克湾主要成因是由于地壳的运动，导致海岸下沉，海水逐渐淹没萨斯奎汉纳河及其支流的下游谷地而形成。

切萨皮克湾呈南北走向，长约 310 千米，宽度在 6～50 千米之间。所涵盖的水域面积为 11000 平方千米。湾口宽约 17 千米，在亨利角和查尔斯角之间。东岸的岸线蜿蜒曲折，地势较低，散布着大大小小的沼泽和岛屿；西岸分布着河谷和半岛。注入切萨皮克湾的河流大约有 150 条，其中最大的河流是萨斯奎汉纳河，流域面积约有 19.2 万平方千米，注入的水量占所有河流入湾水量的 50%；其次是波托马克河，注入的水量占所有河流入湾水量的 15.5%。湾内淡水和咸水交汇在一起，盐度差异明显，湾口、湾中和湾底的盐度分别为 30‰、15‰和 5‰。切萨皮克湾是美国中大西洋沿岸的航运中心，北端通过运河与特拉华河和特拉华湾相连；南经伊丽莎白河与阿尔伯马尔湾沟通，构成大西洋沿岸水道的重要一环。切萨皮克湾的湾口建有连接两岸的桥梁、人造岛、隧道和高架桥工程，长达 37 千米。湾内最狭处的森代角与肯特岛间筑有切萨皮克湾桥，连接两岸交通。湾内水产资源丰富，盛产螃蟹和牡蛎。沿岸散布着许多的古迹，是疗养和旅游的最佳选择之地。主要港口有巴尔的摩、诺福克等，其中诺福克也是美国重要的海军基地。

富饶的墨西哥湾

墨西哥湾是大西洋深入北美大陆东南部的海湾，略呈椭圆形，面积为 154.3 万平方千米，东西长 1609 千米，南北宽 1287 千米，海岸线长 4828

千米，平均深度1512米，最深点锡格斯比深渊5203米。绝大部分为美国和墨西哥领土所环抱。古巴岛位于湾口的中部，其北侧的佛罗里达海峡（最窄处宽仅80千米）与西侧的尤卡坦海峡（最窄处宽约216千米）分别沟通大西洋与加勒比海。整个墨西哥湾的沿岸皆为低平的沙质海岸，多沼泽和由沙洲、沙嘴、珊瑚礁阻蓄或封闭成的潟湖。北岸和西北岸分别有密西西比河和格兰德河（北布拉沃河）等注入。地处热带和亚热带，气候湿热，加以海域几乎近于封闭，故水面温度和盐度较高。墨西哥湾冬季有强风，夏末初秋飓风较多。大陆架地区浅滩广，入湾河流带来许多悬浮物质和浮游生物，为较重要的渔场，主要出产鲱鱼、牡蛎、鲻鱼、鲔鱼、小虾等。

墨西哥湾是世界上最早进行海洋石油勘探和开采的地区之一，早在1938年美国就在距离海岸2.4千米处开凿了第一口油井，1947年11月又在距离海岸19千米处发现了大油田。现在，该湾为世界上重要的海洋石油产区。属于美国的油、气田主要分布在路易斯安那州岸外，其次是得克萨斯州岸外，石油和天然气产量分别占全国产量的1/8和1/2以上；属于墨西哥的油、气田集中在坎佩切湾，石油产量约占全国总产量一半以上。近年，随着科学技术的发展，在深水区发现了油、气的储藏。此外，围绕墨西哥湾的大陆架还是重要的硫产区。沿岸主要港口：美国有休斯敦-加尔维斯顿港、莫比尔港、博蒙特-阿瑟港、坦帕-圣彼得斯堡港、新奥尔良港等，古巴有哈瓦那港，墨西哥有坦皮科港、韦拉克鲁斯港。

火山喷发堆积而成的阿留申群岛

阿留申群岛是北太平洋的火山岛弧，由14个较大岛屿和众多小岛组成，总面积约1.8万平方千米，是阿留申山脉从阿拉斯加半岛向西南海域的延伸。属于美国的阿拉斯加州管辖。

阿留申群岛从东端到西端全长2250多千米，分隔白令海和北太平洋。群岛中大多数岛屿为火山岛，耸立着40余座火山，不少火山仍有间歇性活动。乌尼马克岛上的希沙尔丁火山海拔 2860 米，是群岛最高峰。岛弧南侧濒临阿留申海沟。海岸线曲折。地表多裸露的岩石与悬崖。气候冷湿，冬季平均气温 -0.5℃，夏季 10℃，年降水量 1000～1270 毫米。因位于冷、暖气团及寒、暖洋流相遇之地，天气变化多端，多强风和暴雨，全年约 90%的时间被浓雾笼罩。山地雪线很低，冰川广泛发育。植被以草类、苔藓、地衣等为主。现辟为国家野生生物保护区。1867 年与阿拉斯加一起自俄国购得。居民主要住在乌纳拉斯卡、埃达克和谢米亚三岛，从事捕鱼、打猎、驯养毛皮兽和维修机场等职业。群岛是美国海、空军事基地，进入亚洲大陆的捷径。岛上建有许多机场和港口，埃达克岛和谢米亚岛为空运中继站。乌纳拉斯卡岛的荷兰港为一天然深水港，可容大型舰船，现为海军基地，并有群岛最大的集镇。

美国的海外属地关岛

关岛是太平洋马里亚纳群岛中最大和最南端的岛，面积为 541 平方千米，人口有 17.8 万（2010 年），首府阿加尼亚。岛上原住居民是查莫罗人、英语为官方语言。

关岛地势南高北低。北部为珊瑚石灰岩高地，平均海拔 150 米，森林茂密，植被良好；南部多火山、多地震，最高点拉姆拉姆山海拔 400 米，属于热带雨林气候，年平均气温 26℃，年平均降水量近 2000 毫米，8、9 月有台风。

关岛 1565 年被西班牙占领，1898 年美西战争后割让给美国，1941 年被日本占领，1944 年美国复占，1950 年被宣布为美国领地，归美国内政部管辖，现实行内部自治。关岛是美国在太平洋的海、空军重要基地和海空交通枢纽。军事基地也是关岛的经济支柱，约 1/3 的土地为军用地。有少量自给农业和家禽饲养业。20 世纪 70 年代初发展炼油、酿酒和纺织工业。近年来旅游业发展较快。首府阿加尼亚在岛的西部，附近有国际机场。

军事禁区中途岛

中途岛是北太平洋中的珊瑚岛。美国海军基地。由一环礁围绕的桑德岛、东岛和斯皮特岛组成。环礁周长 24 千米，陆地面积约 5 平方千米。位于夏威夷群岛西北，因地处太平洋东、西岸的中途而得名。为美国与亚洲国家间的中转地，夏威夷群岛的西北屏障。1867 年被美国占领，自 1903 年起由美国海军部管辖。1905 年设横越太平洋海底电缆中继站。1939 年建航空站和潜艇基地。1942 年 6 月，日军为夺取太平洋中部前哨阵地，切断美军海上补给线，发动了中途岛海战。现海军基地设施主要在桑德岛，该岛东端和东北端有 2 个港池，拥有码头多处。东岛建有机场。岛上地势低平，平均海拔约 3 米。环礁西北部有宽约 5 千米的开口，水浅多礁，航行不便。主航道位于斯皮特岛南部、桑德岛和东岛之间。斯皮特岛内风浪较小，利于舰艇驻泊。桑德岛西侧水域多珊瑚暗礁，锚泊不甚安全。亚热带气候，年平均气温 22℃，年降水量 1000 余毫米。多东风和东北风，2 月常刮强风。潮汐为不规则半日潮，平均潮差 0.77 米。海流不规则，时有强流。周围水域盛产各种鱼类。

远离美国大陆的波多黎各岛

波多黎各岛位于大安的列斯群岛最东部，面积 8897 平方千米，西隔莫纳海峡与多米尼加共和国相望。由主岛波多黎各岛以及莫纳岛（54 平方千米）、别克斯岛（132 平方千米）、库莱布拉岛（28 平方千米）等属岛组成。人口 352 万（1993 年）。全岛分为 7 个州。首府是圣胡安。

波多黎各岛的主岛略呈长方形，东西长 160 千米，南北宽 55 千米。全岛 3/4 为山地和丘陵，南、北海岸地带为狭窄的平原，地处北纬 18°附近，属热带海洋性气候，沿海平原年平均气温 25°，山区约 20℃，气温年变化很小。北部面迎东北信风，年降水量在 1500 毫米以上；南部背风，年降水量不足1000毫米；5～11月为雨季。中部山区降水最丰，遍布热带森林；北部地区土地肥沃，水热条件优越，适宜农业发展；南部比较干旱，以牧业为主，农业需要灌溉。

岛上的居民73%的是白人，23%的是印欧混血种人和4%的黑人。人口主要集中在北部沿海平原，尤聚居于以首府圣胡安为中心的东北沿海一带。城镇人口比重高，居民多信奉天主教。西班牙语与英语为官方语言。

哥伦布第二次航海时到达本岛，称为圣胡安。16世纪初西班牙建立殖民统治，改今名。原住居民印第安人阿拉瓦克族被赶杀殆尽。该岛曾长期为西班牙的军事基地，种植园经济发展较西印度群岛其他地区迟缓，从非洲贩卖来当作劳力的黑人也较少。1897年从西班牙手中取得自治权。1898年美西战争后归属美国。1952年成为美国的一个“自由联邦”。

第二次世界大战前，岛上的经济以农业为主，工业极为落后，仅有酿酒、制糖等。第二次世界大战以后，美国为了发展岛上的经济，开始进行大量的资本投入，先后建立了一大批中小型工厂，这些工厂主要以来料加工为主，如金属制品、电子零件装配、纺织、服装、化妆品、机械设备等。20世纪60年代以后，美国从委内瑞拉进口石油，发展起石油化学工业，以及化学纤维和服装工业等；电力、水泥等工业也得到发展。工业在经济中已占主导地位，至80年代初工业产值已占国内生产总值的36.5%，成为西印度群岛中工业较发达的地区。以圣胡安为中心的东北部沿海和丘陵为全岛主要工业区。

波多黎各岛的工业发展上去了，农业的地位自然下降，20世纪80年代初产值仅占国内总产值的2.1%，可以使用的耕地面积占全岛面积15.7%，可以使用的草场占37.9%，森林覆盖率仅为该岛面积的20.1%。主要农产品有甘蔗、烟草和热带水果。严重的耕地不足和人口的增长，居民需要的粮食依赖进口。北部沿海平原以产甘蔗、菠萝为主，丘陵地以产咖啡、香蕉、烟草为主。南部沿海平原产热带水果、甘蔗，并发展畜牧业。近海有丰富的水产资源，渔业发展较快，在东岸法哈多等地建立了现代化渔业基地。

波多黎各岛气候宜人，适合旅游，游客大部分来自美国。年平均收入约7亿美元，相当于农业产值的2倍。岛上的交通运输以公路为主，里程有9322千米，柏油马路占86%。圣胡安是优良的国际贸易港，马亚圭斯和蓬塞也是重要港口。圣胡安附近的国际机场有航班与欧洲、美国等地联系。

文化篇：

多元与包容并存的精神产物

早期的移民把欧洲文化带到美国，这些文化遍及美国各地。时至今日，美国文化已经成为世界文化的主流之一。许多的美国艺术家们对于发展新的风格，新的自我表现方式，甚至新的文化形式都作出了巨大的贡献。美国文化的主要内容是强调个人价值，强调通过个人奋斗、个人自我设计，追求个人价值的最终实现。这种刻意塑造自我价值理念，激发了个人的积极性，使许多人的智慧和潜力得以充分发挥，从而促进美国的振兴和发展。

美国哲学中的人格主义有哪些核心内容

人格主义形成于19世纪末，创始人是B. P. 鲍恩，是以美国为中心的现代西方宗教哲学流派，主要在新教徒中流行。G. H. 霍维森对人格主义的发展起到了推动作用。后来人格主义的主要代表人物是鲍恩的学生A. C. 努德森、R. T. 弗卢埃林和E. S. 布赖特曼等。当代人格主义的代表性人物是W. H. 韦克迈斯特、P. A. 贝尔托契和R. N. 贝克等。

人格主义在不同时期有不同的代表人物，他们的理论也各有特色，但他们有一个共同之处：认为人的自我、人格是首先存在的，人格与世界密切相关而变得有意义；人格是自由意志的直接表现，具有自我控制性和自我创造性；人的认识行为是由人格内在品质所决定的，为了达到认识的目的，人的直觉只能依靠人格的内在经验，不能凭借推理和概念；每一个人的人格都是独立的，但也是有限的，每一个人都会向往至高无上的、无限的人格，这样的人格就是上帝，上帝是每一有限人格的归宿。人格内部存在着美与丑、善与恶等不同价值观，它们作为道德的实体，时刻发生着冲突，一切社会冲突的根源就来自这种冲突。为了解决存在于社会中的问题，就需要个体调节人格的内部冲突，促进人的自我修养和道德的再生，这就要求人们必须信仰上帝。

通常情况下，人格主义者不强调自己的独特性，承认它是旧思维方式下产生的新名称。人格主义者把哲学史上那些承认或强调人、主体、自我作用的哲学家，都认为是自己的先驱或同道。在现代哲学中，他们与绝对唯心主义、实用主义和H. 柏格森等人的哲学有着密切的联系。

美国哲学中的实用主义有哪些核心内容

实用主义属于经验论哲学路线的派别，产生于19世纪末。主要代表人物的观点虽然各有特色，但他们注重“行动”“生活”“效果”，把知识当作工具，把真理等同于“有用”。实用主义直接反映了美国资产阶级的生活方式和思维方式，是美国20世纪以来最具影响力的哲学派别之一。

1871～1874年间，哈佛大学有一个叫“形而上学俱乐部”的学术团体。该团体的主要成员有C. S. 皮尔士、W. 詹姆斯等，前者是实用主义创始人，后者后来成为实用主义主要代表人物之一。

1872年皮尔士在“形而上学俱乐部”作了一个报告，1877年他把报告整理成为《信念的确定》和《怎样弄清我们的观念》两篇文章，发表在《通俗科学月刊》上，就是这两篇文章确立了实用主义的基本观点——效用原理。皮尔士在文章中提出，思维是为了确立信念，信念产生行动，行动的效果决定观念的意义。1898年，詹姆斯在皮尔士“效用原理”的基础上进一步提升，进而形成一个比较系统的实用主义理论体系。詹姆斯认为，实用主义是解决一切宗教问题和哲学问题的最佳方法，他所提出的有用就是真理的理论和彻底经验主义成为实用主义的真理和经验论的典型形式。在他的大力推动下，实用主义得到长足的发展，很快就发展成为美国最时髦的哲学。继C. S. 皮尔士、W. 詹姆斯之后，J. 杜威对实用主义做了进一步的诠释。他提出了工具主义和经验自然主义，并推广到政治、教育、道德、社会生活等方面，从而扩展了实用主义的影响范围，促使实用主义在很长一段时期内成了美国占统治地位的哲学。杜威在芝加哥大学任教时的同事G. H. 米德对美国实用主义的发展也起了不少作用。他以提出并发挥所谓社会行为主义，或称社会心理学而著称。19世纪30年代后期，逻辑实证主义逐渐传入美国，对美国哲学，特别是对实用主义的发展产生了重大影响，并因而导致将实用主义和逻辑实证主义熔为一炉的倾向。C. L. 刘易斯的“概念的实用主义”和C. W. 莫里斯的“科学经验主义”就是这种“混

血儿”。在美国实用主义的发展中，还出现了公开用实用主义来歪曲、攻击和冒充马克思主义的倾向。杜威的学生 S. 胡克就是这种倾向的最著名的代表。

由于实用主义满足了资产阶级的口味，体现了他们讲究实际功效的基本特性，在西方产生了较为广泛的影响。到了 20 世纪 40 年代后期，欧洲的一些哲学流派传入美国，并逐渐取代了实用主义在美国哲学中的主导地位。为了维护实用主义的主导地位，那些信奉实用主义的哲学家把实用主义加以改造，使之与这些流派“融合”起来。实用主义的一些主要观点对后起的哲学流派，仍产生一定的影响力。实用主义不仅仅在美国发展，也流传到西方一些国家。例如，20 世纪初，以 F. C. S. 席勒为代表的实用主义运动在英国出现；以 G. 瓦拉蒂、M. 卡德诺尼、G. 帕比尼为代表的实用主义思潮在意大利出现。实用主义也曾流传到中国，1920 年前后，杜威曾亲自到中国讲学，宣扬其实用主义理论。他的学生胡适等人，进一步把实用主义运用到中国的思想、文化研究的各个方面。

美国哲学中的新实在论有哪些核心内容

新实在论属于折中主义哲学流派，主张具体事物和脱离具体事物的共相都具有实在性，主要流行于英国、奥地利和美国，特别是在美国具有很大的影响力。新实在论在美国的主要代表人物有 R. B. 佩里、W. P. 蒙塔古、E. B. 霍尔特、W. T. 马尔文、E. G. 斯波尔、J. W. B. 皮特金等。

新实在论具有斗争精神，是在反对唯心主义及反对新黑格尔主义的论战中发展起来的。19 世纪末，欧洲的布伦塔诺就反对主观唯心主义，主张从心理学上区分心理内容和心理行动，认为心理上所产生的一切行动必然指向一定的对象；同时他还强调对象的实在性，即被认知的对象不依赖于认知的行动而存在。

美国的新实在论与英国的新实在论几乎同时形成。美国新实在论产生的第一个标志是，1901～1902 年蒙塔古和佩里先后批驳 J. 罗伊斯对实在论的攻击。1910 年 7 月在《哲学、心理学和科学方法》杂志上，以斯波尔丁、霍尔特、佩里、马尔文、蒙塔古、皮特金为代表的 6 位美国哲学家，发表了《六个实在论者的纲领和第一篇宣言》一文，正式提出了实在论哲学的基本原则。1912 年，他们又联合出版《新实在论》一书，系统而明确地阐述了新实在论的主张。他们认为：被认知的对象是独立存在的，不会依赖于我们的意识而存在；独立存在的认识对象的本性是“中立的”，不属于物质层面的也不属于精神层面的；存在着某些既独立于个别事物又独立于意识的共相或本质，不能从经验中观察到，但可以在逻辑上证明它们的存在，并且可以通过逻辑分析的方式发现它们。

新实在论批判了当时的唯心主义，但未能真正地解决唯心主义存在的弊端，他们的“建设性”理论本身就比较混乱和矛盾，特别是在认识论上竟然把虚幻的客体和真实的客体放到了同等的地位，这种认知从而混淆了错误与真理的界线。自 1914 年起，美国的新实在论者由于在观点上出现严重的分歧而导致分化。20 世纪 20 年代前后，新实在论在美国逐渐被批判实在论所取代。

美国哲学中的批判实在论有哪些核心内容

批判实在论产生于新实在论，是 20 世纪 20 年代前后在美国出现的哲学流派。D. 德雷克、A. O. 洛夫乔伊、J. B. 普拉特、A. K. 罗杰斯、G. 桑塔雅那、R. W. 塞拉斯、C. A. 斯特朗等人是倡导者，其中桑塔雅那为该学派的主要代表人物。1921 年，他们联合出版《批判实在论论文集》一书，表达了他们对认识问题的共同观点。1916 年，塞拉斯单独出版《批判实在论》一书。

批判实在论者完全否定新实在论的存在。他们认同客观世界中，无论人们对事物是否知觉，它们都是真实存在的，但同时他们又认为，新实在论者的缺陷是并没有看到真实存在的“某些极为重要的区别”，因此“为自己造成了一些非常严重的困难，特别是在知觉和谬误这些问题上”。批判实

在论者在试图解决新实在论无法解决的问题的过程中，逐步形成了自己的哲学流派。

新实在论的某些观点与朴素实在论的一元论较为相似，在批判实在论的体系中，多数人放弃了对一元论的认识路线，进而采用二元论观点，认为认识的主体和被认识的客体二元地存在着，从而把意识和客观世界形而上学地对立起来；认为"感觉材料"或"本质"，或"特性复合体"，或"性质群"是认识的基本出发点，认识的直接材料既不是作为存在物的主体或客体，又不是内心状态，还不是外界的物质对象，而是呈现于意识的"本质"。

批判实在论为解决新实在论所遇到的"困难"，虽然作了种种尝试，但其自身也有各种无法克服的困难。从 20 世纪 30 年代后期，批判实在论在无法自我突破的情况下，就逐渐在哲学界失去了影响力。

美国哲学中的自然主义有哪些核心内容

自然主义是 20 世纪 30 年代出现在美国的一个哲学流派。最初受实用主义者 J. 杜威和批判实在论的主要倡导者 G. 桑塔雅那的影响。后来哲学史家把杜威和桑塔雅那称为自然主义的创始人。

20 世纪 40 年代，实用主义、新实在论、批判实在论等唯心哲学流派的衰落，自然主义者的观点也随之从唯心主义逐渐转向唯物主义。Y. 克里科里安于 1944 年编译的《自然主义和人类精神》一书中的观点，就反映了 E. 纳格尔、J. 兰德尔等大多数自然主义者向唯物主义的转变。1949 年，R. W. 塞拉斯等另外一些自然主义的代表人物出版的《未来的哲学》一书中，把自己的观点与古希腊的德谟克利特和近代的 T. 霍布斯、D. 狄德罗、L. 费尔巴哈，包括马克思、恩格斯所代表的唯物主义紧密联系起来。20 世纪50～60 年代，自然主义中的这种唯物主义倾向变得更加鲜明起来，塞拉斯、J. 萨默维尔等人对辩证唯物主义也有了更深层次的了解。自 70 年代以来，自然主义的主要代表人物相继去世，加之没有突出的后继者，自然主义逐渐衰落。

自然主义者的基本观点很不一致，所以就决定了它本身的庞杂性。在自然观上，一部分人把自然理解为无所不包的集合体，在他们看来宇宙是由自然物组成，自然就是存在的现实和现实存在的世界，就整个物质体系，不会以任何意识或智慧而转移。他们认为物质的产生和消失有其自身的自然原因，强调从自然本身去解释自然，旗帜鲜明地反对求助于任何超自然的力量。在自然主义者中，大部分人认为自然在发展的过程中有规律性，这种规律存在于客观中，不会以认识者为转移，自然过程所以可以理解，主要因为它符合事物发展的规律。不过，他们一般只把规律理解为事件的重复性和同一性，没有认识到规律是事物的本质联系和必然联系。有的人还过分强调偶然因素的作用，甚至否认发展过程中的必然联系。

在认识论上，自然主义者基本上都反对不可知论，承认自然的可知性，他们相信以科学为依据，并采用科学的经验与方法，就能够认识自然界。他们认为，科学的经验与方法是认识自然的唯一途径，而凭借直觉和神秘体验是发现不了真理的。在自然主义者看来，人们一直在努力寻求自然的解释，而绝望的情况下才求助于非自然的解释。非自然的解释仅仅是表示某些事件在某个历史时期内没有得到充分的说明，并不表示这些事件永远无法得到解释。可以说，自然主义者在一定程度上解决了哲学最基本的第二个问题（思维能否正确认识存在的问题），但他们解决得不彻底，或多或少带有狭隘的经验主义立场。另外，忽略了理论思维的作用。

就社会历史观而言，自然主义者几乎都持历史唯心主义的立场，因此他们在认知上不可能了解物质生产在社会发展中起到的决定性作用，也不了解社会内部的矛盾是推动社会发展的主要动力。他们不赞成暴力革命，主张循序渐进地进化，争取建立“民主的社会主义”。在政治上他们支持自由主义纲领，在经济上他们主张分权主义。

美国哲学中的操作主义有哪些核心内容

操作主义 20 世纪 20 年代产生于美国，创始人为美国著名实验物理学家 P. W. 布里奇曼，主张以操作定义科学概念的一种学说。代表人物还有 D.

胡格、A. 腊波波特等。

操作主义者试图通过把所有实验操作与科学概念联系起来，以此消除操作上无法确定的科学术语和科学概念。他们所说的操作，主要是指在实验室中进行的操作，主要包括量度操作或工具操作。操作主义者认为：科学概念与相对应的操作是同义的；如果科学概念不能与操作相联系，不能由操作定义的概念都是毫无意义的。在他们看来，牛顿相对论中的长度概念和力学中的长度概念是以不同的操作来定义的，因而它们的产生具有不同的意义。他们强调，离开实验操作所得出的所谓客观的、唯一的长度是不存在的，因而也没有实际的意义。他们宣称，以 A. 爱因斯坦的量子力学和相对论等现代自然科学的新成就是操作主义的理论基础。

操作主义者为了解释离开实验操作的一些更为抽象的科学概念，做出了大量的例证，后来还承认精神操作。精神操作可细分为纸和笔的操作及言语操作；前者指数学和逻辑运算，后者包括其他思维活动。

操作主义具有浓郁的约定主义和实用主义色彩。他们认为，科学理论和科学概念的真理标准，在于操作上的是否实用和方便；实用和方便说明是真的，不实用不方便就是假的。为了避免唯我论，有些操作主义者认为操作属于共同的，而不是个人的。时至今日，操作主义的理论对西方自然科学界和哲学界仍有一定的影响，并渗透于心理学及其他人文科学、社会科学中。

美国哲学中的普通语义学有哪些核心内容

普通语义学 20 世纪 30 年代形成于美国，是现代西方哲学流派之一。创始人 A. H. S. 柯日布斯基，原籍为波兰的美国哲学家。普通语义学的代表人物有，政论家 S. 切斯、祖籍日本的美国语言学家 S.I. 哈亚卡瓦（早川一荣）和数理生物学家 A. 腊波波特等人。他们除研究语言、思维和行动之间的关系外，还研究语言、符号与其所指之间的关系，并重点研究语言对思维和行动有哪些影响。他们建立了普通语义学研究所、国际普通语义学会，主办了《普通语义学报》和《普通语义学评论》等。

他们把人类世界分为语言世界和实物世界，并认为随着文化不断地向前发展，语言世界也随之不断地扩大。在语言世界中，人人都需要具备语义学修养，人人都应该接受语义学训练，从而更好地掌握“外延法”，以此用来辨别词语有无确指的对象。他们强调有对象的词语（有外延的词语），才是可用可信的词语。他们宣称，研究普通语义学的目的就是增进人与人之间的相互了解，从而做到协同合作、消除矛盾和纷争。

在普通语义学家看来，任何词语都有其自身的内涵，即便像“美人鱼”这类虚假的概念，同样也不失内涵，可以把“美人鱼”解释为有着“美女头、鱼身子的怪物”。但他们认为，虚假概念没有外延（无特指的对象），因为外部世界中没有可以例证的实物。例如“天使夜里守护在我床头”这句话就无外延意义。因为天使除了看不见、摸不着，也无法用科学的方法进行检验。他们指出，对于这类虚假概念的争论，必然是没有休止的，甚至造成冲突。因此，人类纷争的根源是无外延词语，需要通过“外延法”加以清除。不仅如此，他们还把“科学的抽象”和“荒唐的抽象”混为一谈，认为资本主义、帝国主义、共产主义等，也属于“无外延的虚构”，并说人类的痛苦和冲突就是这些词语造成的，应该禁用它们。

20 世纪 40～50 年代，普通语义学在美国产生了一定的影响，它研究语言对思想、行动的关系和作用，具有一定的合理因素。但普通语义学夸大了语言的作用，把它视为社会生活中的决定力量，这未免有点小题大做了。同时，普通语义学否定科学抽象，贬低理性认识，如此一来就陷入了狭隘的经验主义之中。

如何理解美国文学中的重农派

重农派是美国现代南方作家组成的一个文化团体，又称“逃亡者派”。1915 年，以田纳西州纳什维尔镇范德比尔特大学为中心，一些文化人常常聚集在一起，讨论文学及哲学等相关的问题。第一次世界大战期间，这种

集会曾一度中断，1919 年又重新恢复。活动的实际领导者是范德比尔特大学的教师、诗人约翰·克罗·兰塞姆，在他的身边聚集着例如诗人阿伦·泰特、唐纳德·戴维森、罗伯特·潘·华伦、莫里尔·莫尔以及小说家安德鲁·纳尔逊·莱特尔等一批有才华的年轻人。1922 至 1925 年，他们出版的杂志《逃亡者》，在文艺圈具有一定的影响，杂志中发表的重要文章后来被编辑成为《逃亡者文选》(1928 年)。"逃亡者派"一词即由此而来。

"逃亡者"们提倡维护南方传统的文学地方主义，从而使其成为"南方文艺复兴"中的一支重要力量。1930 年，以兰塞姆、华伦、泰特以及诗人约翰·弗莱彻、剧作家斯塔克·扬格等"逃亡者派"为主体的 12 位南方作家，结集出版了专题论文集《我要表明我的态度》。这部被看作"重农派"宣言的著作，在当时美国的文艺界引起了巨大的反响。这些文章的主题思想均以南方农业社会的准则，来批判、评价现代美国资本主义社会。此后，阿伦·泰特等人又编辑出版了"重农派"的第二部论文集《谁占有美国?》(1936 年)。

20 世纪 30 年代，正是美国的经济大萧条时期，重农派所宣扬的思想对南方的知识分子产生极大的影响。这种思想不仅始终贯穿在泰特、兰塞姆、华伦、戴维森等人的诗歌中，同时也出现在莱特尔、卡罗琳·戈登、威廉·福克纳以至于尤多拉·韦尔蒂等人的小说中。所以，便形成了一股声势浩大的文化潮流，有"重农运动"之称。华伦与克林斯·布鲁克斯于 1935 年共同创办了《南方评论》，兰塞姆于 1939 年创办了《肯庸评论》，这些杂志自然就成为"重农派"作家的活动阵地。美国现代重要的文艺批评流派"新批评派"，就是围绕着这些刊物而逐步形成的。"重农派"的很多核心人物，后来都成为"新批评派"的重要成员。

如何理解美国文学中迷惘的一代

"迷惘的一代"是第一次世界大战后出现在美国的一个文学流派。这个文学流派是一个没有组织、没有共同纲领的团体。有关"迷惘的一代"的由来，有一个简单的小插曲。有一次，侨居巴黎的美国女作家格特鲁德·斯泰因对海明威等人说："你们都是迷惘的一代。"海明威觉得这句话很切合实际，就把它作为自己长篇小说《太阳照常升起》的一句题词，于是"迷惘的一代"随着《太阳照常升起》迅速在美国传播，"迷惘的一代"便成了一个文学流派的名称。

"迷惘的一代"的作家厌恶战争，却又找不到出路。第一次世界大战爆发时，他们大多是20岁左右的年轻人。这些热血青年，在美国联邦政府"拯救世界民主"口号的鼓动下，怀着理想，奔赴欧洲战场。战争中，他们目睹了惨烈的杀戮，进而感悟到战争远不是他们所设想的英雄的事业，所谓的"民主"、"光荣"、"牺牲"都是发动战争的利益集团，编出来骗人的谎言。他们在战争中经历了种种生与死、血与火的洗礼，了解到普通兵士渴望与家人团聚的反战情绪。这给他们留下了无法医治的心灵创伤。"迷惘的一代"的作家的作品反映了这些思想感情。例如，约翰·多斯·帕索斯的《三个士兵》、爱·肯明斯的《巨大的房间》、威廉·福克纳的《士兵的报酬》和《萨托里斯》。

"迷惘的一代"的代表作家是厄内斯特·海明威。他曾到欧洲打过仗，身负过重伤。海明威当初投身军队，抱有崇高的理想，随着他对战争的认识，发现自己不过是战争中的一枚被利用的棋子，从而他的态度发生了巨大的转变，开始像其他反战作家一样，厌恶、逃避与诅咒战争。他对战后的生活不抱任何希望，所以在他的作品中迷惘、悲观的情绪较为浓厚。"迷惘的一代"的作家不单单指参加过欧洲战争，也包括那些没有参加过战争、对前途迷惘和迟疑的20世纪20年代的作家，例如托马斯·艾略特、司各特·菲茨杰拉尔德·托马斯·沃尔夫等。20世纪20年代是"迷惘的一代"的繁盛期；30年代以后，他们的创作倾向，包括海明威在内，都有了不同程度的变化。

如何理解美国文学中的黑山派

黑山派是美国当代的一个诗歌流派。20 世纪 50 年代初，在马萨诸塞州黑山学院任教的罗·邓肯、查·奥尔逊、罗·克里利等人创办《黑山评论》杂志，他们在杂志上发表自己的观点，提倡“放射体”诗歌，逐步形成一个流派。

1950 年奥尔逊的《放射体诗歌》一文，表明了他们的主要观点。奥尔逊认为，诗是一种载体，诗人通过这个载体“能”传递给读者，因此诗是“能的放射”和“能的结构”；要以自然流畅的“音乐片语”代替传统诗律中的节拍；诗歌的形式，仅仅是内容的延伸；提倡快速写作，一个意念不需要其他的粉饰，必须直接导向另一个意念。黑山派诗人还倡导诗歌朗诵。他们强调诗歌应该口语化和自发性，采用美国传统的俚语和口语，反对艾略特等人的学院派诗风。50 年代后期，黑山派与垮掉派诗人合流，在美国文坛引起较大的反响。

如何理解美国文学中的垮掉的一代

“垮掉的一代”是第二次世界大战后在美国出现的一个文学流派。有人根据英文“Beats”和“Beatniks”（“垮掉青年”的俗称与谑称）译成“避世青年”或“疲塌派”，也有人根据其诗歌的部分特征，称为“节拍运动”或“敲打诗派”。

“垮掉青年”对第二次世界大战后美国现实社会不满，又迫于麦卡锡主义高压政治，他们便以“脱俗”方式，来表示内心的不满与愤慨。他们平时穿着奇装异服，以不屑的姿态蔑视传统观念，并且放弃学业和工作，长期混迹于社会的底层，形成独立的社会圈子和处世方式。20 世纪 50 年代初，他们用“地下文学”向保守文化发起冲击，表达自己的反叛情绪。

“垮掉的一代”的文人中，多数来自东部。代表人物有约翰·克莱伦·

霍尔姆斯、威廉·巴罗斯、杰克·凯鲁亚克、塞缪尔·克雷姆、艾伦·金斯堡、格雷戈里·柯尔索和加里·斯奈德等。1950年，凯鲁亚克与巴罗斯分别完成了《小镇与城市》（1951年）和《吸毒者》（1953年）。霍尔姆斯从二人的小说中受到启发，在小说《走吧》（1952年）中更明确地反映纽约"垮掉青年"在生活中的种种感受，接着又在《纽约时报》上宣扬垮掉派文学，但受到东部学院派的打压，垮掉派在无法在纽约立足的情况下，他们就到西部寻求同道和发展基地。当时，劳伦斯－李普顿在洛杉矶近郊的西威尼斯建立起垮掉派组织，并于1955年发表小说《神圣的野蛮人》。在旧金山，一群立志从事"文艺复兴"的反学院派诗人，以劳伦斯·弗林盖悌所开的"城市之光"书店为中心聚合在一起，他们的领导者就是后来成为"垮掉的一代"理论家的肯尼斯·雷克思罗斯。

"垮掉文人"和反学院派诗人（包括旧金山诗人和黑山派诗人）于1955年夏天，在旧金山联合举办诗歌朗诵会。金斯堡朗读了他的那首被誉为"50年代《荒原》"的长诗《嚎叫》。这首诗表达出"我这一代精英"的痛苦与自暴自弃，斥责军事化、商业化的社会。1956年，金斯堡的诗集出版，在全美引起轰动。1957年，凯鲁亚克的长篇小说《在路上》出版，该小说描述的是垮掉者们凄惨的流浪生活，从而被大批精神苦闷的青年奉为"生活教科书"和"行动指南"。这两部作品出版后，《黑山评论》、《常青评论》等杂志连续出专号加以推荐。诺曼·梅勒的《白种黑人》（1957年），以及1960年他在波士顿审讯中为巴罗斯小说所做的辩护，则从理论上论证了"垮掉文学"存在的意义。垮掉一代的作品，之所以能受到人们的追捧，有其社会因素，加之商业化宣传使得美国青年纷纷效仿"垮掉"的生活方式，从爵士乐、摇摆舞、吸大麻、性放纵直至参禅念佛和"背包革命"（指漫游旅行），一时间成为一种社会风气。

个人在当代社会中的生存问题是"垮掉派"人生哲学的核心。霍尔姆斯和梅勒利用欧洲的存在主义观念，主张通过满足感官欲望来把握自我。斯奈德和雷克思罗斯则吸收佛教禅宗的学说，用虚无主义来对抗生存危机。在政治上，他们标榜"没有目标的反叛者，没有口号的鼓动者，没有纲领

的革命者”。在艺术上，据雷克思罗斯在《离异：垮掉的一代的艺术》（1957 年）中宣称，他们“以全盘否定高雅文化为特点”。凯鲁亚克创制的“自发式散文”写作法和查尔斯·奥尔逊的“放射诗”论，在“垮掉文人”中被广泛奉行。

“垮掉文学”虽然掺杂大量的不健康因素，仍在美国文学史上留下了一定影响。大量“垮掉诗”因具有反象征主义和大众化倾向，深受年轻人喜爱，并长期在他们中间流传。在小说方面，凯鲁亚克的一组“路上小说”，除了《在路上》之外，还有《地下人》（1958 年）、《达摩流浪汉》（1958 年）、《特莉斯苔萨》（1959 年）、《孤独天使》（1959 年）等。这些小说的最大特点是继承了马克·吐温在《哈克贝里·费恩历险记》中所开创的美国文学中写流浪生活的传统。另一个特点则是小说中的主人不隐讳自己的感受和境遇，作自我剖析，这种“个人新闻体”手法在 60 年代得到较大的发展。

“垮掉”作家中，巴罗斯对吸毒、暴行、犯罪和堕落等社会阴暗的一面，进行大胆的描写。同时他又在语言和小说的形式上进行大胆实验，用“剪裁法”改变小说的结构。代表作《裸露的午餐》（1959 年），反映了“真正地狱般的”地下生活，引起了一场诉讼和论争。以后的作品如《诺瓦快车》（1964 年）、《柔软机器》（1966 年）和《爆炸的火车票》（1967 年），均采用了真实与梦魇相结合的手法，全面、深刻、冷酷地表现作者厌恶社会的冷酷的幽默感。因此，有人把巴罗斯列入“黑色幽默”小说家行列。

如何理解美国文学中的黑色幽默派

“黑色幽默派”是 20 世纪 60 年代美国重要的文学流派。弗里德曼于 1965 年 3 月编了一本由 12 位作家作品组成的短篇小说集，题名为《黑色幽默》，“黑色幽默”一词即由此而来。黑色幽默派是美国 20 世纪 60 年代小说创作中最有代表性的流派之一。进入 70 年代后，“黑色幽默”的实力锐减，但不乏好作品出现，时至今日在美国文学发展史中仍有一定的影响。黑色幽默派的主要作家有唐纳德·巴赛尔姆、约瑟夫·海勒、托马斯·平钦、布鲁斯·杰伊·弗里德曼、约翰·巴斯、詹姆斯·珀迪、克特·小伏尼格等。

"黑色幽默"的小说家以人物为中心，重点描写围绕在人物周围的荒谬和来自外在的种种压迫，以一种听天由命的嘲讽态度来表现环境和个人(即"自我")之间的互不协调，并把这种互不协调的现象进行放大、扭曲、变形，使它们显得更加滑稽可笑、荒诞不经，同时又令人感到苦闷和压抑。因此，有些评论家把"黑色幽默"称之为"绞架下的幽默"或"大难临头时的幽默"。在"黑色幽默"作家的笔下，往往塑造了一些乖僻的"反英雄"人物，借助他们可笑的言行来讽刺社会现实，表达作家对现实社会中出现的种种弊端的不满。在描写手法方面，"黑色幽默"作家打破常规，小说的情节缺乏逻辑联系，常常把叙述现实生活与幻想和回忆糅合起来，把严肃的哲理和插科打诨混成一团。例如海勒的《第二十二条军规》、平钦的《万有引力之虹》、小伏尼格的《第一流的早餐》。有些"黑色幽默"小说则嘲笑人类的精神危机，如巴斯的《烟草经纪人》和珀迪的《凯柏特·赖特开始了》。

"黑色幽默"作为一种美学形式，属于喜剧的范畴，同时又是一种带有悲剧色彩的变态的喜剧。"黑色幽默"的产生是与60年代美国的社会现状紧密相连的。资本主义社会中产生的种种荒谬可笑的事物和"喜剧性"的矛盾，不是作家凭空臆造出来的，它们是社会生活的生动反映。这种反映尽管具有一定的认识价值和社会意义，作家尽管也无情地抨击了包括统治阶级在内的一切权威，但是他们一再强调社会环境难以改变，因而作品中往往流露出悲观绝望等消极情绪。

如何理解美国爵士乐

爵士乐是19世纪末20世纪初，在美国新奥尔良发展起来的一种流行音乐。爵士乐的形成与发展有一个较为复杂的过程。

17～18世纪，非洲黑人被当作奴隶贩运到北美，音乐便成了这些黑人奴隶寻求精神慰藉和抒发内心痛苦的主要工具。在北美的黑人奴隶既保持

了非洲的传统音乐，同时又受到欧洲音乐的影响，于是在美国黑人中便产生了许多音乐形式，如灵歌、拉格泰姆、布鲁斯、福音歌等。其中的布鲁斯和拉格泰姆对爵士乐的形成产生了重要的影响，它们在表现上的一些艺术特征至今仍然保留在爵士音乐中。

布鲁斯是一种流行在黑人中间的民歌，伴奏乐器以吉他为主，其他相关乐器为辅。它是黑人奴隶劳动时经常唱的歌曲，内容大多表现黑人的不幸生活以及对幸福生活的渴望。最为著名的歌手是B. 史密斯，她极具特色的演唱（包括各种滑音和颤音的运用），对早期爵士音乐风格的形成起到巨大的推动。《圣路易斯布鲁斯》是B. 史密斯的经典代表作，在当时的黑人中流传甚广。拉格泰姆（曾译为散拍乐）是一种钢琴音乐，可能是从饼步舞（美国南方种植园中农奴们的一种舞蹈）、班卓琴曲与欧洲的舞曲、进行曲等综合、演变而来。重要代表人物是作曲家S. 乔普林，他最著名的作品是《枫叶拉格泰姆》。

20世纪初，布鲁斯和拉格泰姆等乐曲经常在新奥尔良黑人中演出，由于它们深受黑人们的喜爱，渐渐地便形成了最初的爵士乐，当时称这种音乐形式为“新奥尔良爵士”。刚开始时，那些爵士乐师都不识乐谱，他们凭借记忆、听觉以及良好的音乐素质进行即兴演奏。这种节奏变化无穷，可以充分施展爵士音乐家的创造力。实际上，爵士乐更多的是一种表演者的艺术。就算后来爵士乐发展到必须按曲谱演奏时，其间仍然保留着演奏者（特别是独奏时）即兴发挥的空间。

爵士乐在黑人中广泛流传，1917年前后，一些白人乐队也开始在舞厅、酒吧间模仿黑人演奏爵士乐。从此，爵士乐走出黑人的生活圈，进入城市娱乐场所，为更多人所接受。20世纪20年代，为了摆脱种族歧视和贫困的生活状态，一些优秀的爵士乐师们纷纷离开新奥尔良，一路北上来到芝加哥及密西西比河沿岸的城市。这个时候的爵士乐，在风格上已经出现了一些变化。此后，爵士乐的风格不断发生变化，随着时代的发展几乎每隔10年，就出现一种新的音乐形式，并且产生出一些相应的具有代表性的音乐家。芝加哥爵士乐基本上保持了新奥尔良爵士乐的特点，独奏变得更为重要。同时，萨克斯管成为主要的爵士乐器，并一直沿用至今。20年代的爵士乐常被称作“热爵士”，其代表人物有L. 阿姆斯特朗等。30年代，爵士乐的活动中心从芝加哥转到了纽约，并发展了一种被称作“摇摆乐”的风格。40年代，新奥尔良爵士乐再度兴起，同时出现了一种新的叫“比博普”的爵士形式。比博普因人们模仿乐曲开头动机的声音而得名，它的特点是旋律多大跳，节奏多变。50年代抛弃了比博普那种过分激烈的音响，而追求一种克制的、柔和的音乐风格。这种风格的爵士被称作“凉爵士”。这时受过专业音乐教育的爵士音乐家越来越多，他们经常采用严肃音乐的作曲技巧来从事爵士乐曲的创作。60年代，在凉爵士和传统爵士继续发展的同时，又出现了所谓“自由爵士”。它实际上是爵士音乐家受现代专业音乐创作的影响，把无调性、自由节奏等手法引入爵士乐的结果。70年代以后，爵士乐趋向于各种风格的结合，不仅综合了爵士乐自身发展过程中的各种风格，而且广泛吸取了其他流行音乐以及南美、中东等地的各种音乐成分。从50年代后半期开始，另一种新型的流行音乐“摇滚乐”兴起，使爵士乐退居次要地位。摇滚乐是从“节奏布鲁斯”发展而来的；而节奏布鲁斯是在传统布鲁斯的基础上吸取了爵士乐的舞蹈节奏等因素形成的。摇滚乐强调持续不断的两拍子的节奏型。虽然如此，爵士乐并没有停止发展。它仍然拥有自己的听众。有时爵士乐与摇滚乐互相影响、渗透，使人难以区分。

爵士乐产生以后，很快风靡美国，并且流传到世界许多个国家。爵士乐在自身发展的同时，不仅影响了其他流行音乐形式（包括音乐剧），也影响了严肃音乐的创作。20世纪一些欧洲作曲家，都曾把爵士乐作为创作素材和创作灵感。美国作曲家G. 格什温、A. 科普兰等，把爵士乐语言与欧洲传统作曲相结合、创作出富有美国特色的音乐作品而著称于世。

如何理解美国乡村音乐

1925年，美国田纳西州纳什维尔的一家广播电台，开办了一档名为“往昔的歌剧——老乡音”的专栏节目。当时，邀请了81岁的民间歌手杰

米·汤普森作为嘉宾，演唱一些在乡间流传的歌曲，没想到这个节目受到听众们的热烈欢迎。从此，人们称这种音乐为“乡村音乐”。由于乡村音乐受到美国劳动人民的喜爱。在美国，“蓝领”指的是生活在社会下层的劳动者，所以乡村音乐又称为“蓝领音乐”。

20 世纪 40～50 年代，乡村音乐走进大城市，由于受到其他乐队的影响，这些音乐人们便加进了钢琴及其他乐器和电声扩音，那时人们把这种改良的音乐叫“纳什维尔”。

在演唱方法上，乡村音乐起初本嗓演唱，演唱的形式基本为独唱或小合唱，用吉他、班卓琴、口琴、小提琴等乐器进行伴奏。在曲调上，乡村音乐流畅、动听，曲式结构比较简单。大多是歌谣体、二部曲式或三部曲式。演唱时歌手所穿的服饰也比较随意，牛仔裤、休闲装、皮草帽、旅游鞋都可以，即便参加大赛及在重要的场所或正规的音乐厅进行演出，也不需要穿正规的演出服。

弦乐伴奏和歌手的声音是乡村音乐的两个最重要的组成部分。它不需要“电子声”（效果器）。歌手的嗓音（民间本嗓）是乡村音乐的标志，由于乡村音乐起源于美国南部，歌手们在演唱时用南部口音才显得正宗，即便不是南部口音，至少会有乡村地区的口音。

乡村音乐表达的内容与流行乐、摇滚、说唱乐以及其他流派均有很大的区别。乡村音乐一般有八大主题：爱情、失恋、牛仔幽默、找乐、乡村生活方式、地区的骄傲、家庭、上帝与国家。前两个主题不是乡村音乐所独有，但后面六大主题就把乡村音乐与美国的其他流行音乐区别开来。简单地说，生活在乡村的人，有自己的幽默感，在音乐中也表现出独特的幽默感；他们穿着随意，喜欢牛仔风格；他们的生活方式与都市人的生活方式有所不同；他们以自己所生活的乡镇、州、地区为荣；极为重视家庭；热衷于表达爱国情感与宗教情感。这些主题使乡村音乐有别于诸如小甜甜布兰妮与 N－Sync 的音乐。

美国南部与西部乡村的白人是乡村音乐忠实的粉丝，他们往往是农民和蓝领，他们的生活质量要比美国人生活质量平均水平还要低一点，在政治与社会问题上也显得更加保守一些。

如何理解美国摇滚乐

从 20 世纪 50 年代起，一种新的音乐在广播和唱片中广为流传，这种音乐每一拍节奏都很强烈，歌词的个性也十分鲜明，它的出现一下子征服了许多美国人的心。1951 年，美国克利夫兰电台首次播放这类音乐时，播音员艾伦·弗里德在播放前介绍时，给这种音乐命名为“摇滚乐”。

20 世纪 50 年代中期，美国白人音乐家 Bill Haley（比尔·哈利，世界摇滚巨星——猫王）录制的《整日摇滚》，被誉为历史上第一首被打上摇滚烙印的作品。当时的 Bill Haley 西装革履，头发梳得油光发亮，如果这样的人走在大街上，或站在舞台上演唱这首歌，没有人认为他是在唱摇滚，可历史偏偏把它定义成第一首摇滚作品。

美国摇滚乐发生巨变是在 60 年代初，由 The Beatles 开始一群英国乐团在一瞬间打进了美国市场，就有人将这件事称为第一次英伦入侵，不过还好当时在美国仍有一些团体和他们分庭抗礼，如组合相似披头而曲风充满沙滩、阳光、美女、浪板等加州美景的 Beach boys。此外充满民族曲风的民谣摇滚亦紧接而生，但除了 Bob Dylan 外，以居尔特或爱尔兰等曲风鲜明的英国歌手亦不乏其人，但在 60 年代末美国乐团又再次主领大局，那就是以 3J（Jim morrison、Jimi Hendrix 及 Janis Joplin）引领而起的迷幻摇滚成为当时最受欢迎的摇滚乐，不过除了 Grateful Dead 外大部分的迷幻团都过早夭逝，在迷幻摇滚势微后，随即迈入风光的摇滚年代。

进入 70 年代的摇滚曲风丰富至极，由 David Bowie 引领而起的华丽摇滚就是在 70 年代初崛起的，此外为了不囿于既有的摇滚类型，前卫摇滚、古典摇滚和艺术摇滚也随即而起并成为当时乐界的新象，继而爵士摇滚亦逐渐扬名，此外横跨整个 70～80 年代最受欢迎且最长寿的重摇滚（重金属）产生了，或许说 Led Zeppelin、Deep Purple、Black Sabbath 的分贝 solo，然而在当时可说是震耳欲聋的摇滚类型了，此后经由不断的演进 heavy metal

一直受摇滚迷的青睐，此外在70年代还有跟HM曲风迥异的乡村摇滚、加州摇滚和南方摇滚亦深受欢迎。假若我们说60年代的盛事是英伦入侵，继而又有比尔·哈利和他组织的彗星乐团- His，那70年代的盛事非瞬间窜起于70年代末的庞克摇滚莫属，但就如60年代末的迷幻摇滚般，庞克亦不长命。

进入80年代除了初期仍还有庞克风外，挟着70年代余威的重金属便占据领导地位，且几乎风光的80年代都是由重摇滚（重金属）垄断，但他们仍是求新求变的，风格绝不同于以往，故又有新浪重金属的称号，在重摇滚的强势下，除了蓝领摇滚、流行摇滚和融合雷鬼曲风的摇滚外，要能闯出一片天就得以技巧取胜，所以一些强调速弹和速度的摇滚遂应运而生，而他们引起的风潮亦不容小觑，至今速金仍然有广大的听众。

接着90年代初期引领摇滚潮流的即是西雅图之声油渍摇滚，但随即被充满电子音乐的英伦摇滚所淹没，而因这些来自英国各地的乐团很快地征服了新一代的摇滚迷，故将之称为第二次英伦入侵。此外90年代末期带有庞克风或充满电音的一些另类摇滚也虏获相当多的歌迷。或许摇滚风潮不再，诚如麦克阿瑟所言老兵不死只是凋零，但摇滚新血不断产生，电音、工业、嘻哈，或许摇滚曲风已不若以往，但至少是另一种摇滚形态的延续。

那么，究竟什么是摇滚呢？下面是一些摇滚专家们所给出的定义：

《神秘列车》是一首摇滚名曲，它的作者格雷尔·马库斯认为摇滚无非是“一种美国文化”，比如埃尔维斯·普莱斯利无非是“把作为美国人的感受戏剧化，把这种感受的含义、价值和美国生活的利弊作形象的表达”。

卡尔·贝尔兹则在他那本《摇滚故事》中视摇滚为“民间艺术”，一种下意识的俚语表达方式。

查理·勒特称摇滚为“城市之声”，认为它是都市少年们发出的新音乐呐喊。

乔纳森·艾森则在《摇滚时代》中称摇滚为“对西方文化之伪善的反叛，是一种深刻的颠覆形式”。

戴夫·哈克在《物有所值》中用马克思主义的阶级斗争学说分析摇滚，

认为它是“工人阶级文化”；而保尔·约翰逊则在《新政治家》中视摇滚为资产阶级的阴谋，其目的是招安潜在的革命者，使他们“沉溺于其中而麻木不仁，懒散不堪并脱离实际”。

20世纪50年代摇滚乐诞生的初期，美国黑人音乐家Chuck Berry（查克·贝里）用他的作品《Johnny B Goode》，给摇滚乐下了这样的定义。《Johnny B Goode》讲述了一位年轻人靠着一把吉他走向成功的故事，它以叙事的手法给摇滚乐加上了一个十分诱人的光环，摇滚乐可以让一个普通人走向成功与辉煌。《Johnny B Goode》给我们的启示是，只要有理想，可以不懂音乐、不懂乐理知识，把心中的想法勇敢唱出来，就有可能走向成功。可见，摇滚不仅仅满足人们的听觉欲望，更能够激起人们身上的潜能量，这种潜能量一旦爆发出来，就会产生神奇的效果，就会让人收获无限的惊喜。

如何理解美国群众歌曲

美国是一个有着大量移民的国家，不同的人带来不同的文化，从而使美国文化表现出多元化。这种多元文化在融合的过程中，产生了美国文化的个性，美国的群众歌曲也不例外。从18世纪末至20世纪，美国群众歌曲经历了由借用、翻译、模仿欧洲各国歌曲，到逐渐发掘和发展本国不同民族的多种音乐元素，来创造自己的、具有美国特色的歌曲形式的过程。美国群众歌曲的发展经历了以下几个阶段：

1. 反抗殖民统治的歌曲

18世纪下半叶，美国人在遭受殖民统治时，就通过歌曲表达他们对殖民统治者的不满和反抗精神。独立战争取得胜利后，美国人有了自主权，美国群众歌曲在前期外来文化的影响下，得到了一定的发展，这时产生了许多优秀的歌曲，例如《扬基嘟得儿》（采用英国同名歌曲曲调），《切斯特》、《亚当斯和自由》（采用《阿那克里安》曲调，1814年此歌被重新填词，成为著名歌曲《星条旗》）等。这些歌曲在创作上，许多地方都借鉴了

英国歌曲的曲调，带有明显的宗教圣咏的痕迹，主要原因是当时美国的音乐生活还处在以教堂音乐为主的时期，世俗音乐刚在萌芽。

2. 外来歌曲

早期美国的流行音乐基本来自英国、爱尔兰、苏格兰、德国和意大利的歌曲和歌剧曲调。18 世纪末至 19 世纪初，美国的流行音乐以爱尔兰和苏格兰歌曲为主，其中《美好的往日》等带有乡土气息的歌曲，得到美国人民的喜爱。接着，德奥歌曲也登陆美国，如 F. 舒伯特、F. W. 阿布特、库克恩等许多音乐人的优秀歌曲被译成英文，印成歌片供美国人传唱和学习。在 19 世纪 20～40 年代期间，美国普遍流行采用欧洲歌剧的曲调填以英文歌词的歌曲，或英国作曲家用意大利歌剧风格谱写的歌剧曲调。

3. 游吟艺人的歌曲

游吟艺人的歌曲可以说是美国自己创造出来的本土音乐，发源于美国北部和中西部，最初是供白人欣赏。英国演员 C. 马修斯于 19 世纪 20 年代，根据黑人语言的拼音、节奏等特点，有意识地加入喜剧化成分，再配上简单的旋律进行表演，没想到这种形式受到人们的喜爱，G. W. 狄克逊、G. 尼科尔斯、J. W. 斯威尼、B. 法雷尔等当时许多美国游吟艺人纷纷效仿，成为当时最出名的作者和表演者。到了 19 世纪下半叶，游吟艺人的歌曲得到长足的发展，出现了许多专业的表演团体。值得一提的是，这时的表演者都是白人男子，据考证南北战争前的美国音乐很少与黑人音乐有联系。

4. 反蓄奴制和南北战争时期的歌曲

19 世纪下半叶，在美国反对蓄奴制的斗争及南北战争期间，出现了一些反映黑奴痛苦生活和争取解放的歌曲。南北战争是美国历史上影响较大的一次全民性战争，在当时和以后的文学艺术作品中，歌曲为数最多。这些歌曲在音乐上除与英国、爱尔兰等欧洲音乐保持联系外，明显地出现了黑人灵歌和其他黑人歌曲的音调，即明显地表现出美国特色。

5. 福斯特及其他作曲家的创作歌曲

F. 霍普金森、B. 卡尔、J. 休伊特、O. 肖、H. 拉塞尔、哈钦森家族和 S. C. 福斯特等都是美国 19 世纪著名的作曲家。其中，霍普金森是美国第一位歌曲作者；肖是第一位出生在美国的歌曲作家；拉塞尔被誉为在福斯特之前的美国最有成就的歌曲作家；哈钦森家族则是演唱和创作歌曲的著名小团体。19 世纪美国最重要的歌曲作家是福斯特，他在短暂的一生中创作了 200 余首歌曲，其中有的吸收了传统的英国民歌的特点。他的代表作《故乡的亲人》《我的肯塔基老家，晚安》《主人长眠在地下》等，成为世界名曲。

6. 19 世纪末 20 世纪初工人歌曲

随着工人运动的兴起，在美国工人群众中流传了一些反映他们斗争生活的工人歌曲。如《约翰·亨利》《八小时工作日》《红旗》等。20 世纪 20～30 年代，工人运动再度高涨，美国工人歌曲再次发展，如《萨柯给儿子信》《你站在哪一边?》《我们坚决不动摇》等。

灵歌是什么歌曲

灵歌是北美黑人在举行宗教仪式时唱的歌曲。这些歌曲主要反映黑人遭受残酷奴役、痛苦不堪，无法述说苦衷时，把希望寄托在宗教上的悲惨处境。

灵歌旋律朴素，用英语演唱，基本为五声大调式（如《溜回去》《下来，可爱的马车》《没有人知道我的痛苦》）或七声小调式（如《钉十字架》《去吧、摩西》），富于切分节奏，和声近似美国基督教会的赞美诗。由于通常为即兴演唱，几乎没有定谱可以遵循。南北战争后，由于菲斯克大学黑人歌唱团等黑人歌手的传布，以美国最有代表性的黑人民歌闻名于世，并成为爵士音乐的重要素材。北美白人演唱的民间赞美诗亦称灵歌。

如何理解美国民间舞蹈

在美国，传统舞蹈、仪式舞蹈、社交舞蹈、舞厅舞蹈中的许多舞蹈都可以称作民间舞蹈，可见美国对民间舞蹈的定义要比其他国家宽泛得多。

所以具有宽泛的定义，这和它的舞蹈文化构成有关。美国民间舞蹈主要分三部分：印第安人的舞蹈，欧洲移民及其后裔的舞蹈，黑人的舞蹈。

印第安人的舞蹈主要分：社交性的舞蹈、仪式性的舞蹈、和劳动生活紧密联系的舞蹈、用于治疗疾病的舞蹈等，这些舞蹈的最大特征几乎都是逆时针方向的圆圈舞，其中昭示着对“超自然力”的崇拜。由于印第安人大多没有自己的文字，他们要想保留自己的传统舞蹈，就得严格地一代代手把手地传下去，所以印第安人的舞蹈很少和外来舞蹈相融合。

欧洲的移民——英国人、爱尔兰人、法国人、德国人、西班牙人等踏上北美大陆的同时，也各自带来了本国或本民族的民间舞蹈、宫廷舞蹈、舞厅舞蹈，这些外来的移民结合当地新的生活条件，对自己熟悉的舞蹈进行改造，创造出了具有美国风格的新舞蹈形式。其中最流行的有方舞（英国乡村舞和法国卡德里尔舞的变体）、圆舞（华尔兹、波尔卡、绍蒂谢等舞蹈演变而来的沿舞厅周围旋转的舞蹈）；而集体游戏舞蹈顾名思义就是边舞边唱，旁观者也可用歌声和拍手相和，这种舞蹈的动作比较简单、生动有趣，跳舞者可以随时变换舞伴。

时至今日，美国黑人在社会中的地位仍然处于底层，但是他们对美国舞蹈的发展和舞蹈风格的形成起到了重要的作用。从 17 世纪起，大概有 800 万之多的非洲黑人，被当作奴隶源源不断地贩运到美国。这些被当作奴隶的非洲黑人，带来了非洲黑人舞蹈的激情和切分节奏（就是把欧洲音乐以重拍放在第 1 拍的传统改变为把重拍放在第 2 拍或弱拍上）。当黑人舞蹈和白人舞蹈进行融合与交流时，便逐渐创造出新的舞蹈形式，例如，踢踏舞和爵士舞就是把爱尔兰木底鞋舞的节奏改变成切分节奏，并一反爱尔兰人那种身躯僵直、面无表情的跳法，加上了身体和手臂的动作，形成了全新的舞种。当黑人奴隶模仿和嘲讽那些趾高气扬的白人奴隶主时，便创造了步态舞。其他的舞蹈还有狐步舞、布鲁斯和查尔斯顿等。这其中的许多舞蹈，后来成为现代舞厅里人们喜爱跳的舞蹈，不仅遍及美国，也风靡欧洲大陆。

如何理解美国哈得逊河画派

哈得逊河画派是美国风景画派，在1820～1880年间比较活跃，这一画派以纽约为基地，画派的名称来源于评论家T. W. 惠特里奇为《纽约论坛报》所撰写的文章。

J. 特朗布尔、R. 厄尔、W. 奥尔斯顿和S. F. B. 莫尔斯等人是哈得逊河画派的先驱，为画派日后的兴起打下了坚实的基础。该画派的真正确立始于1820年，第一代代表画家是T. 道蒂、A. 费希尔、T. 科尔、H. 英曼、C. 科德曼。第二代画家在20世纪40年代开始作画，当第一代画家逐渐离世后，第二代画家们登上舞台，主要代表画家有A. B. 杜兰德、J. F. 肯塞特和F. E. 丘奇。其中，杜兰德是哈得逊河画派的理论家，肯塞特的基本画题是画哈得逊河全景、山景、湖景、森林内部景、简单的海岸景。丘奇是该画派的另一位领袖，他认为肯塞特画的东部风景过于朴素，他本人则偏重于世界奇景，如安第斯山、北极、近东、尼亚加拉瀑布等，都是丘奇创作的对象。

哈得逊河画派的第三代画家成熟于20世纪70年代，主要代表画家有G. 英尼斯、A. H. 怀安特、H. D. 马丁、R. A. 布莱克洛克。印象主义画法是这一代画家的最大特征，他们的作品富有诗意。

如何理解美国垃圾箱画派

垃圾箱画派是美国20世纪初反学院派的画派。又称八人派，顾名思义是由8个人组成，他们分别是：R. 亨利、G. B. 卢克斯、W. 格拉肯斯、J. F. 斯隆、E. 希恩、A. B. 戴维斯、M. B. 普伦德加斯特、E. 劳森。

这8个人都是写实的画家。1905年，R. 亨利、G. B. 卢克斯、W. 格拉肯斯、J. F. 斯隆组成亨利派。亨利是这4个人中年龄最大的，又是教师，他鼓励另外3位年轻人从报刊画家转变为油画家，并留心观察周围生活，向

17 世纪现实主义大师 D. 委拉斯贵支、F. 哈尔斯、伦勃朗等画家学习。亨利派反对美国的印象主义，主张以写实的风格描绘现代城市生活，他们的作品以热情、真挚、幽默的态度，描绘普通市民和生活在贫民窟里的贫民。他们早期的作品以灰、棕、黑色为主，色彩颇为灰暗。

为了反对学院派长期独霸艺坛，1908 年亨利派联合浪漫主义画家戴维斯、现代主义先锋普伦德加斯特、印象主义画家劳森组成了八人派，并在同年的 2 月 3 日举办了八人的画展。这次画展在美国引起轰动。由于他们作品表现的是城市中贫穷、肮脏、阴暗的一面，所以被人讥讽为垃圾箱画派。

他们的写实画法被称为城市写实主义。八人画展引起轰动后，他们八人没有再联合举办画展，但在这八位成员中，尤其是亨利、戴维斯、斯隆、格拉肯斯后来都成为独立艺术的领袖。1913 年，他们和其他画家一起举办了军械库展览会，1917 年创办了独立艺术家协会。垃圾箱画派的代表作有《蓝色的早晨》《吉奥瑞塔》《海岸风景》等。

如何理解美国行动绘画

行动绘画是美国现代绘画流派，也称抽象表现主义、塔希主义、纽约画派。代表画家有 J. 波洛克、W. 德·库宁、F. 克兰等人。行动绘画于 20 世纪 40 年代中期出现在纽约，50 年代风靡美国画坛并波及欧洲。

1952 年，美国评论家 H. 罗森伯格在评论这种绘画风格时，第一次使用了“行动绘画”，行动绘画派由此诞生，波洛克是该画派的创始人。1945～1946 年间，波洛克开始把画布铺在地板上，然后直接把颜料滴在画布上。他不用一般画家作画时所必需的画架、调色板、画笔等工具，取而代之的是枝条、泥铲、刀子和滴漏颜料，或掺沙的碎玻璃和其他不同的物质来做浓厚的涂抹。他用“滴”彩的方法来寻找新的线条和节奏，开创了“满幅画”的构图。画面上只是线条和色彩的相互渗透和重叠，这看似是对传统绘画的“破坏”，实际上却达到了另外一种艺术效果。

行动绘画派中的另外一位画家——克兰则利用漆墙的排刷进行作画，

以黑色为基调在画布上恣意挥洒，笔道遒劲有力，似有雷霆万钧之势，一些看似不经意的点滴飞溅或向下淌流，则恰恰表现出画家在作画过程中的速度与激情。一些西方美术史论家评论该画派时，不惜溢美之词，他们认为：行动绘画与中国画的泼墨有相通之处，画面的视觉效果与中国书法艺术比较接近，把趣味和美感全部融入画布。

如何理解美国波普艺术

波普艺术是西方现代美术思潮。20 世纪 50 年代初在英国萌发，随后传到美国并盛兴于 50 年代中期。波普为英文“Popular”的缩写，意思是流行艺术、通俗艺术。

美国在波普艺术的追求上继承了达达主义精神，作品中大量运用电影广告、废弃物、商品招贴、各种报刊图片作拼贴组合，所以又称“新达达主义”。

美国波普艺术的开创者是 J. 约翰斯和 R. 劳申伯格。其中，最有影响和最具代表性的画家是安迪·沃霍尔（1927～1986 年）。安迪·沃霍尔试图完全取消艺术创作中手工操作因素，他的所有作品，都是用丝网印刷技术制作，形象可以无数次地重复，因而给画面带来一种特有的呆板效果。对于他的作品，哈罗德·罗森伯格曾经戏谑地说：“麻木重复着的坎贝尔汤罐组成的柱子，就像一个说了一遍又一遍的没有丝毫幽默感的笑话。”他的画，几乎无法解释，“因而它能引起无限的好奇心——是一种略微有点可怕的真空，需要用闲聊和空谈来填满它。”实际上，安迪·沃霍尔画中特有的单调、无聊和重复，所传达的是某种冷漠、空虚、疏离的感觉，表现了当代高度发达的商业文明社会中人们内在的感情。安迪·沃霍尔在 1967 年所做的《玛丽莲·梦露》一画中，画家以好莱坞性感影星的头像，作为画面的基本元素，一排排地重复排列。那色彩简单、整齐单调的一个个梦露头像，反映出现代商业化社会中人们无可奈何的空虚与迷惘。

除了安迪·沃霍尔外，波普艺术的代表人物还有 J. 戴恩、R. 利希滕斯坦、C. 奥尔登伯格、T. 韦塞尔曼、J. 罗森奎斯特和雕塑家 G. 西格尔等

人。他们声称美国的波普艺术与美洲的原始艺术有相通之处，更是在继承美洲原始艺术的基础上的一种创新。

如何理解美国观念艺术

观念艺术是西方现代美术流派。20 世纪 60 年代初期萌发于美国，中期以后流入欧洲及世界各地。美国观念艺术的代表人物有 J. 迪比茨、D. 格雷厄姆、D. 许布勒、J. 科萨斯、D. 奥本海姆、K. 林克等。

观念艺术反对传统艺术的造型性，认为真正的艺术作品不是由艺术家创作出来的，而是观念或概念的结晶。当一件艺术品以物质形态出现在观众眼前时，观众获得的信息并不比某一事物的概念或某一事件的意义在空间中更强烈或更有视觉冲击力。因此，录音带、录像、教科书、照片、地图、图表甚至艺术家的身体都可被视为观念艺术的传达媒介。如果观众需要更好地理解这些物质，就需要在大脑中刻画观念或概念的形成、发展及变异的过程。

观念艺术的审美主要表现在两个方面：第一，记录艺术形象由构思转化成图式的过程，要让观众把握艺术家的思维轨迹；第二，通过声、像或实物强迫观众改变欣赏习惯，参与艺术创作活动。

观念艺术最开始的表现形式与语言紧密相连。观念可以通过语言进行表达，这种表达可以无数次地重复。观念艺术在强调自己个性的同时，吸收其他好的艺术表现形式，他们从 M. 杜尚展出小便池制成品《泉》中得到启发，从而使自己的表现手法变得多样化、灵活化，在他们看来，持创造者主观的人认为是艺术的东西，都可以被视为艺术品陈列出来。

如何理解美国照相写实主义

照相写实主义是 20 世纪 70 年代兴起于美国的艺术流派，又名超级写实主义。利用摄影成果做客观、逼真的描绘是照相写实主义的主要特征。代表画家有R. 皮尔斯坦、R. 戈因斯、R. 埃斯蒂斯、C. 克洛斯、R. 科廷厄姆、C. 贝尔和T. 布莱克韦尔等；代表雕刻家有J. 安德烈亚和D. 汉森。

1974年R. 马丁在超级写实主义展览的目录中写道："超级写实主义是把物体完全置于照相机的视线下，把物体的影像真实而客观地表现出来。"照相写实主义的画家先制作平面的（两度空间的）照片形象，然后再把这两度平面的形象巧妙地移植到画布上来。他们认为传统的写实主义被作者添加了个人意愿，是一种主观的写实或人文的现实，观众不容易接受，而不含个人感情，用照相机来观察和反映出来的事物，是最真实的，观众则能够接受，传达的范围也就更普遍。因此，照相写实主义的作品给人一种冷漠、严峻的感觉，但这种感觉恰恰反映了事物的真实特性，没有任何人为的因素，具有自然的味道。

照相写实主义虽然在表现手法上缺乏人文味，但包含有积极的因素：利用照相机拍摄照片，可以把充满着光和运动的现代城市的景象凝聚在一瞬间；照相写实主义的作品常常把描绘对象放大到5～10倍，改变日常事物的尺寸，造成一种异乎寻常的美学和心理效果。不仅如此，照相写实主义作品中严峻和冷漠的形象，把西方社会人与人之间的疏远、冷漠和缺乏人情味表达得淋漓尽致。

如何理解美国新表现主义

新表现主义是20世纪80年代在美国和西欧兴起的一股美术思潮，萌发于联邦德国。1980年联邦德国几名画家在威尼斯双年展中陈列的作品以运用绘画语言表达强烈感情的特色引起人们的注意。1981年秋，5位联邦德国的画家在纽约举办展览，他们的展览很成功，对美国艺术界震动很大，于是出现了学习这些德国画家表现语言的思潮，被称为新表现主义。

新表现主义的画家们在继承表现主义的基础上，广泛吸纳50年代以来一些流派的手法，给现代艺术注入新的反叛精神。新表现主义的表现手法属于典型的抽象表现主义，画家们运用了色面绘画的色面层次组织，同时

也运用直接表现法和波普艺术的形象法。新表现主义画家们的作品没有具体的题材内容，他们作画时想象丰富，表现方式不拘泥于形式，强调感情的率直、天真。美国60～70年代绘画的表现形式基本上以冷色调为主，新表现主义的出现，从某种意义上说，给美国画坛注入了新的气息，使画家们的作品变得温暖起来。D. 萨勒和J. 施纳贝尔是美国新表现主义画家群中的代表人物。